改正法対応

事例解説

個人再生

～大阪再生物語～

編集　大阪地方裁判所・大阪弁護士会
　　　個人再生手続運用研究会

新日本法規

「改正法対応 事例解説 個人再生〜大阪再生物語〜」の刊行にいたるまで

　個人債務者再生手続が平成13年4月1日に施行されてもうすぐ5年となる。この間，大阪地方裁判所における個人再生手続の申立件数は年間2,000件を超える状況を維持しており，全国の裁判所の中で最も多い。

　このような状況の中，平成17年1月1日，「破産法の施行に伴う関係法律の整備等に関する法律」による改正民事再生法が施行された。個人再生手続は，通常の民事再生手続の特則である上，住宅資金特別条項も加わっていることから，法文として非常に難解なものであるが，今回の改正では，個人再生手続の利用要件の緩和及びこれに伴う最低弁済額要件の整備，非免責債権の制度の導入等が盛り込まれたことから，その難解さの度合いはさらに高まったといえる。

　本書は，前身である「大阪再生物語」に始まる「個人再生手続をわかりやすく，使いやすいものとして利用する」とのコンセプトを引継ぎ，この一冊があれば個人債務者再生手続を利用できるものにするという目標の下，細部にわたって実務上の効用を高め，かつ，避けて通れない理論上の問題点にも踏み込むという方針も変わらず維持している。

　その上で，平成17年改正の内容及び前版刊行後の運用改善等を盛り込むべく，実務から寄せられた質疑応答から作成する「Q&A」の増設及び内容の補充を行った。また，個人債務者のモデルを設定し，ストーリー展開の中で手続を説明するというスタイルを維持しつつ，大阪地方裁判所における標準的運用の概略を記載した総論部分に，重要事項を詳説した箇所を示すことにより索引機能を持たせ，より使いやすいものにするための試みも行った。

　本書が今まで同様大いに利用され，個人債務者再生手続によってより多くの債務者の生活の再建が図れることを期待している。

　平成18年2月

　　　　　　　　大阪地方裁判所・大阪弁護士会　個人再生手続運用研究会

「最新版 事例解説 個人再生～大阪再生物語～」の刊行にいたるまで

　個人債務者再生手続は平成13年4月1日に施行された。同年4月の大阪地方裁判所第6民事部への申立ては21件にすぎなかったが，現在は，毎月200件を超える申立てがなされており，全国の裁判所の中で最も多い。

　個人債務者再生手続は，通常の民事再生手続の特則であり，それも小規模個人再生と給与所得者等再生という二重の特則という複雑な規定となっている。更に，住宅資金特別条項（住宅ローン特則）が加わっており，法文としては非常に難解である。この手続をできるだけわかりやすく，使いやすいものとして大いに利用してもらうためにわれわれが作成したのが，本書の前身である『大阪再生物語～ストーリーによる個人債務者再生手続解説～』であった。法施行の直前の平成13年3月31日にこれを刊行し，そのほぼ1年後の平成14年7月には，法施行後の経験を踏まえた改良版の『大阪再生物語Ver.2』を刊行した。

　大阪地方裁判所における個人再生事件の「成長」には，『大阪再生物語』が大きく寄与したと自負している。

　今回，平成14年の民事再生法改正（平成15年4月1日施行）を織り込み，また昨年から1年間の運用改善も織り込んで，新しく「最新版 事例解説 個人再生～大阪再生物語～」を発行することとなった。

　研究会メンバー，特に，裁判所側のメンバーが前回から大きく変化したが，細部にわたって実務上の効用を高めるという方針を徹底しつつ，避けて通れない理論上の問題点にも踏み込むという方針と，この1冊があれば個人債務者再生手続を利用できるものにするという目標は今回も変わっていない。個人債務者のモデルを設定し，ストーリー展開の中で手続を説明するというスタイルも『大阪再生物語』を引き継いでいる。そして，27問の「Q&A」を新しく設けた。この「Q&A」は，これまでの実務で実際に寄せられた質疑応答から作成したものであり，この手続を利用する際に多くの者が抱く疑問への回答となっている。

この「最新版 事例解説 個人再生〜大阪再生物語〜」が大いに利用され，個人債務者再生手続によってより多くの債務者の生活の再建が図られることを期待している。

　平成16年１月

大阪個人再生手続運用研究会

個人再生手続の指針

　個人債務者の民事再生手続を創設した民事再生法等の一部を改正する法律が平成13年4月1日に施行されてから2年半が経過した。また，平成14年秋に会社更生法の施行に伴う関係法律の整備に関する法律により，民事再生法中の「住宅資金貸付債権に関する特則」等が改正され，平成15年4月1日から施行された。

　個人再生手続は，破産免責手続，特定調停，任意整理の問題点を解消した新しい債務整理手続であって，施行後の運用改善努力の積み重ねもあり，大変利用しやすい手続であることが広く理解され，積極的に活用されている。

　その結果，大阪地方裁判所第6民事部（倒産部）における個人再生事件の申立件数は，手続創設以来，著しい増加の一途を辿っており，累計申立件数は3,500件を超えて（平成15年10月末日時点）全国最多であり，平成15年度は前年度の約8割増の申立件数を記録している。

　大阪地方裁判所第6民事部では，個人再生手続の運用をコンパクトでスピーディなものとすることを目指し，①弁護士代理を基本とし，②個人再生委員は原則として選任せず，③ＤＩＰ型を念頭に置き手続の当事者主義的運用を行うことを基本的方針としてきた。この基本方針は，大阪弁護士会の倒産法改正問題検討特別委員会と消費者保護委員会所属の倒産事件や消費者問題に精通した弁護士との徹底した討論による検討を通じて形成されたものである。

　裁判所と弁護士会とで立ち上げた大阪個人再生手続運用研究会は，基本方針に従って，個人再生手続を使いやすく利用しやすい手続とするため，実務的ノウハウを持ち寄り，手続運用モデル，標準スケジュール，申立て等に関する標準書式を作成し，改善を重ね，これらの成果を公表してきた。

　そのため，大阪地方裁判所第6民事部の運用は，全国の多数の裁判所において既に模範とされており，運用の改善等に関する関心も極めて高く，問い合わせも多い。

　このように，裁判所と弁護士会の密接な連携による不断の活動が，大阪地方裁判所第6民事部における個人再生手続の運用を汎用性のあるものにし，顕著な利用実績を生み出したと考えられる。

ところで，個人再生手続は，かなり複雑な手続であり，必ずしも理解が容易とはいえない。そのため，手続の誤解に基づくと思われる申立時の誤りや不備も生じやすい。

　そこで，本書では，大阪地方裁判所第6民事部における運用改善の内容を紹介し，事例に基づいた手続解説を行うとともに，申立時に誤りやすい点や不備が多い点，その他，申立代理人からの問い合わせが多い点などについて，Q＆Aなども織り交ぜて，実務的観点から手続全般を分かりやすく解説している。

　本書が，個人再生手続に携わる弁護士により座右の手引として活用され，この手続がさらに積極的に利用されるようになることを期待したい。

　最後に，本書の刊行は，倒産事件や消費者問題に精通した弁護士，裁判所側メンバーのほか，とりわけ，飯島敬子判事補の多大な献身的努力によるところが大きいことを報告したい。

　平成16年1月

大阪地方裁判所第6民事部（倒産部）

部総括判事　林　圭介

執筆者一覧

大阪地方裁判所・大阪弁護士会　個人再生手続運用研究会

大阪地方裁判所第6民事部(倒産部)

裁判官	林　　圭介
裁判官	井上　一成
裁判官	島崎　邦彦
裁判官	石山　仁朗
（平成17年7月から堺支部填補）	
裁判官	瀬戸　茂峰
裁判官	和田　はる子
裁判官	島田　正人
裁判官	林　　　潤
裁判官	近藤　幸康
裁判官	田辺　暁志
（以上3名　平成17年3月まで在籍）	
主任書記官	疋田　　隆
主任書記官	益本　幸昌
書記官	大迫　真弓
書記官	川村　晃之
書記官	西川　美鈴
書記官	松嶋　清秀
書記官	佃　　紀代子
書記官	渡士　邦男
書記官	宮　　浩三
書記官	山口　　節
書記官	太田　孝信
書記官	林　　誠治郎
書記官	福冨　治美
（以上3名　平成17年3月まで在籍）	

大阪弁護士会

弁護士	木内　祥郎
弁護士	小松　陽一
弁護士	延澤　信博
弁護士	釜田　佳孝
弁護士	小谷　寛子
弁護士	尾川　雅清
弁護士	宮本　圭夫
弁護士	鈴木　嘉司
弁護士	野村　　剛

執筆者一覧
（旧版　最新版　事例解説　個人再生～大阪再生物語～）

大阪個人再生手続運用研究会

大阪地方裁判所第6民事部（倒産部）

裁判官	森　　宏司
	（平成15年3月まで在籍）
裁判官	林　　圭介
裁判官	井上　一成
裁判官	橋本　都月
裁判官	飯島　敬子
裁判官	堀　　禎男
裁判官	末弘　陽一
裁判官	林　　　潤
裁判官	瀬戸　茂峰
裁判官	本村　曉宏
	（平成15年6月まで在籍）
主任書記官	舟谷　　司
書記官	久保田敏夫
書記官	鎌田　誠文
書記官	山口　博紀
書記官	入川　美信
書記官	太田　孝二
書記官	黒木　　浩

大阪弁護士会

弁護士	木内　道祥
弁護士	小松　陽一郎
弁護士	延澤　信博子
弁護士	小谷　寛清子
弁護士	尾川　雅圭夫
弁護士	宮本　　嘉
弁護士	鈴木

目 次

総論

第1 個人再生手続に関する改正点 ································· 3
第2 大阪地方裁判所第6民事部における個人再生事件の申立状況と
　　最近の特徴 ··· 4
第3 大阪地方裁判所における個人再生手続の標準的運用 ······· 8

事例

〔Aモデル〕給与所得者等再生（住宅資金特別条項なし）············25
　【書式①　受任時チェックリスト】···43
　【書式②　受任通知及び債権調査へのご協力のお願い】···············51
　　　【参考資料】「残債推計表」作成の参考資料
　【書式③　債権明細調査票】···57
　【書式④　添付書類一覧表】···58
　【書式⑤　申立書・陳述書（給与所得者等再生用）】···················59
　【書式⑥　債権者一覧表】··69
　【書式⑦　財産目録（給与所得者等再生用）】····························71
　【書式⑧　家計収支表】···73
　【書式⑨　可処分所得額算出シート】···74
　【書式⑩　申立てチェックリスト】··77
　【書式⑪　開始決定書】···83
　【書式⑫　開始決定についての債権者宛通知書】························84
　【書式⑬　再生計画案】···85
　【書式⑭　再生計画による弁済計画表】·····································86
　【書式⑮　再生計画案についての意見聴取決定書】·····················87

- 【書式⑯　再生計画案についての意見聴取書】……………………88
- 【書式⑰　再生計画認可決定書】……………………89

〔Bモデル〕給与所得者等再生（住宅資金特別条項あり）……………90
- 【書式⑱　申立書・陳述書（一部）】……………………113
- 【書式⑲　弁済許可申立書】……………………116
- 【書式⑳　債権者一覧表】……………………117
- 【書式㉑　可処分所得額算出シート】……………………119
- 【書式㉒　再生計画案（同意型住宅資金特別条項）】……………………120
- 【書式㉓　再生計画による弁済計画表】……………………124
- 【書式㉔　住宅資金特別条項の対象債権者に対する意見聴取書】……………………125
- 【書式㉕　再生債権者に対する意見聴取書】……………………126
- 【書式㉖　再生計画案（約定型住宅資金特別条項）】……………………127

〔Cモデル〕小規模個人再生（住宅資金特別条項なし）……………132
- 【書式㉗　申立書・陳述書（小規模個人再生用）】……………………149
- 【書式㉘　債権者一覧表】……………………159
- 【書式㉙　財産目録（小規模個人再生用）】……………………161
- 【書式㉚　家計収支表】……………………163
- 【書式㉛　事業収支実績表】……………………164
- 【書式㉜　事業に関する報告書】……………………165
- 【書式㉝　開始決定書】……………………166
- 【書式㉞　開始決定についての債権者宛通知書】……………………167
- 【書式㉟　異議書】……………………168
- 【書式㊱　異議通知書】……………………169
- 【書式㊲　異議一部撤回書】……………………170
- 【書式㊳　再生計画案】……………………171
- 【書式㊴　再生計画による弁済計画表】……………………173
- 【書式㊵　再生計画案を決議に付する旨の決定書】……………………174
- 【書式㊶　再生計画案の決議についての債権者宛通知書】……………………175
- 【書式㊷　再生計画認可決定書】……………………176

Q & A

Q&A	細目次………………………………………………………………	179
1	個人再生申立ての準備……………………………………………	185
2	個人再生手続における非免責債権の扱い………………………	189
3	否認の対象となる弁済がある場合の取扱い……………………	191
4	申立前の給与の仮差押え…………………………………………	193
5	専業主婦やアルバイト,パートタイマーの個人再生の利用の可否………	194
6	1人会社の代表取締役の給与所得者等再生の利用の可否……	196
7	可処分所得額の算出方法…………………………………………	197
8	可処分所得額がゼロの場合の履行可能性………………………	199
9	同居の親族に収入がある場合の給与所得者等再生……………	200
10-1	不動産の財産価値(1)……………………………………………	203
10-2	不動産の財産価値(2)……………………………………………	205
11	債権者一覧表作成上の留意点……………………………………	207
12	知れたる債権者を債権者一覧表に記載しない場合の取扱い…	212
13	会社からの借入金の取扱い………………………………………	215
14	滞納家賃の取扱い…………………………………………………	218
15	養育費の取扱い……………………………………………………	220
16	別除権付再生債権の取扱い………………………………………	224
17	リース料債権の取扱い……………………………………………	230
18	個人再生委員の選任………………………………………………	232
19	保証債務の評価……………………………………………………	234
20	再生計画案作成上の留意点………………………………………	236
21	少額債権の定め……………………………………………………	243
22	全額弁済の再生計画案……………………………………………	245
23	債権者からの少額支払残額免除の申出…………………………	247
24	住宅資金特別条項を定める場合の留意点………………………	249
25	「住宅」について…………………………………………………	250
26	住宅資金特別条項を定めない場合の留意点……………………	252
27	住宅の処分と住宅資金特別条項…………………………………	255

28 ペアローンと住宅資金特別条項……………………………………258
29 連帯債務型の住宅ローンと住宅資金特別条項……………………260
30 巻戻し及び競売中止命令……………………………………………262
31 個人再生手続と不動産の仮差押え…………………………………265
32 個人再生における再生計画の変更…………………………………266

資料等

【資料①　申立書を提出する前のお願い】………………………………277
【資料②　簡易説明書】……………………………………………………278
【資料③　積立状況等報告書】……………………………………………299
【資料④　趣旨変更の申立書】……………………………………………300
【資料⑤　確定証明申請書】………………………………………………301
【資料⑥　確定証明書】……………………………………………………302

〔政令（平成13年政令第50号）に基づく居住地域区分・各費用額の早見表〕
【表①　都道府県別の居住地域区分一覧表】……………………………303
【表②　個人別生活費一覧表】……………………………………………313
【表③　世帯別生活費一覧表】……………………………………………313
【表④　冬季特別生活費一覧表】…………………………………………314
【表⑤　住居費一覧表】……………………………………………………315
【表⑥　勤労必要経費一覧表】……………………………………………324

事項索引……………………………………………………………………327

略語表

（法　令）

民事再生法	法
民事再生法第241条第3項の額を定める政令	政令
民事再生規則	規則
破産法	破
破産規則	破規
民法	民
民事執行法	民執
所得税法	所税
租税特別措置法	税特措
租税特別措置法施行令	税特措令

（雑　誌）

最高裁判所民事判例集	民集
判例時報	判時
判例タイムズ	判タ
金融法務事情	金法

総　論

総論

第1　個人再生手続に関する改正点

1　「破産法の施行に伴う関係法律の整備等に関する法律」による改正

　「破産法の施行に伴う関係法律の整備等に関する法律」による民事再生法の一部改正が平成17年1月1日に施行され、個人再生手続についても幾つかの改正がされた（本書では、改正後の民事再生法（及び改正後の民事再生規則）を「法（規則）」と標記し、改正前の条文については、「改正前の法（規則）」と標記する。）が、その主要な点は以下のとおりである。

(1)　個人再生手続の利用要件の見直し及びこれに伴う最低弁済額要件の整備

　　改正前は、住宅資金貸付債権の額、別除権の行使により弁済を受けることが見込まれる額及び再生手続開始前の罰金等を除いた再生債権の額（以下「負債総額」という。）が3,000万円を超えないことを個人再生手続の利用要件としていたが、個人債務者が破産に至らず経済生活の再生を果たすことができる手段を拡大するとの見地から、改正法では、負債総額が5,000万円を超えなければ個人再生手続を利用できるものとした（法221条1項）。

　　また、これに伴い、最低弁済額要件についても、負債総額が3,000万円を超える場合の最低弁済額要件に関する規定（負債総額の10分の1が最低弁済額となる。）を整備した（法231条2項3号）。なお、負債総額が3,000万円以下の場合における最低弁済額の算定方法に変更はない（法231条2項4号）。

(2)　給与所得者等再生の申立ての制限期間の短縮

　　改正前は、給与所得者等再生の申立てが、①給与所得者等再生による再生計画が遂行された場合には、当該再生計画認可の決定の確定の日から、②ハードシップ免責があった場合には、当該免責に係る再生計画認可の決定の確定の日から、③破産免責が確定した場合には、当該免責決定の確定の日からそれぞれ起算して10年以内にされた場合を、申立棄却事由及び再生計画の不認可事由として規定していたが、この期間を7年間に短縮した（法239条5項2号）。

(3)　非免責債権制度の創設

　　改正前は、非免責債権の制度は存在しなかったが、破産手続において非免責債権の制度が存在することとの不均衡が指摘されていた。このようなことから、改正法

では，個人再生手続につき，非免責債権の制度を導入した（Q&A〔2〕「個人再生手続における非免責債権の扱い」189頁参照）。

(4) その他

前記(1)ないし(3)のほか，議決権の不統一行使に関する規定の整備（法172条2項・230条3項4項），関連管轄（法5条各号）に関する規定の整備等がされた。

2 「会社法の施行に伴う関係法律の整備等に関する法律」（平成17年7月26日公布）による改正

「会社法の施行に伴う関係法律の整備等に関する法律」によって，破産法，民事再生法，会社更生法の一部改正が行われたが，個人再生の部分に関しては，再生債権者等が個人再生委員による資料の提出の要求に応じない場合について過料の規定が266条2項に設けられたこと（破産法の施行に伴う整備法で削除されていた規定の復活）以外は，表現上の変更であり実質的な改正がされたものではない。なお，この法律は，平成18年5月ころに施行の見込みである。

第2 大阪地方裁判所第6民事部における個人再生事件の申立状況と最近の特徴

大阪地方裁判所第6民事部における個人再生事件の申立件数は平成17年10月末までで合計7,600件を超えており，月間申立件数は，平成17年9月は，186件[*1]と，活発に利用されている状況にある。

平成17年1月から10月までの申立件数のうち，住宅資金特別条項を定める旨の申述があった事件は641件で，全体の約39パーセントを占めており，相変わらず利用率が高く，2年前の同時期と比べると10パーセント以上増加している。

また，同時期の申立てのうち，小規模個人再生が1,377件（約83パーセント），給与所得者等再生が284件（約17パーセント）であり，平成14年7月から見られる毎月の小規模個人再生の申立てが給与所得者等再生の申立てを上回る傾向が，近時一層顕著になっていることがいえる。

[*1] 本書で用いられている統計資料については，速報値であり，概数としてご理解いただきたい。

もっとも，小規模個人再生の申立て1,377件のうち1,182件は非事業者により申し立てられたものであって，これは政令に基づいて計算された可処分所得額の2年分が負債額に基づく法定最低弁済額を上回ること，小規模個人再生における決議で否決される事案が極めて少ないことから小規模個人再生を選択したものと考えられる。給与所得者等が小規模個人再生手続を選択する割合は，今後も増加していくものと予想している。

　また，改正法では負債総額が5,000万円を超えない場合には，個人再生手続の利用が可能になったが，平成17年10月末時点での3,000万円を超え5,000万円以下の新受件数は45件で，このうち，事業に基づく負債が3,000万円を超える事業者（個人再生委員設置類型）（Q&A〔18〕「個人再生委員の選任」232頁参照）の新受件数は10件といった状況である。これについては，個人再生手続の利用が5,000万円以下にまで利用範囲は広げられたが，その分，最低弁済額も増加されたことから，この程度の件数となっている。今後も同程度の割合で推移していくものと思われる。

【個人再生事件推移表】

大阪地方裁判所第6民事部

		小規模(イ)				給与(ロ)			開始決定件数	
		新受件数	(内, 事業者)	(内, 司法書士申立)	(内, 住特条項使用)	新受件数	(内, 司法書士申立)	(内, 住特条項使用)	(イ)	(ロ)
平成13年度	4月	3	2	0	1	18	3	1	0	6
	5月	10	6	1	0	34	6	9	3	15
	6月	13	6	0	2	29	3	3	9	25
	7月	34	18	2	5	38	3	6	16	32
	8月	24	13	0	4	31	4	10	22	30
	9月	28	9	1	4	30	1	8	23	33
	10月	25	10	1	4	58	3	7	29	38
	11月	22	11	2	2	56	3	13	26	47
	12月	33	12	3	7	58	3	15	15	37
平成14年度	1月	20	8	5	6	33	0	12	25	52
	2月	42	16	1	11	44	0	4	32	52
	3月	37	8	3	13	52	3	8	34	43
	4月	46	9	1	6	60	4	20	48	65
	5月	49	9	0	9	44	3	16	57	48
	6月	43	17	4	10	51	3	14	47	47
	7月	63	15	1	16	56	5	12	35	44
	8月	46	17	3	15	45	2	16	50	48
	9月	58	9	5	19	54	5	15	62	62
	10月	83	17	5	20	70	8	22	78	55
	11月	79	20	5	15	47	2	20	70	58
	12月	89	19	13	12	66	2	23	70	49
平成15年度	1月	58	12	2	13	52	6	12	65	50
	2月	85	22	4	21	49	8	11	78	57
	3月	98	25	6	22	70	7	19	71	55
	4月	94	21	6	33	60	3	20	90	52
	5月	127	31	10	31	71	8	20	111	72

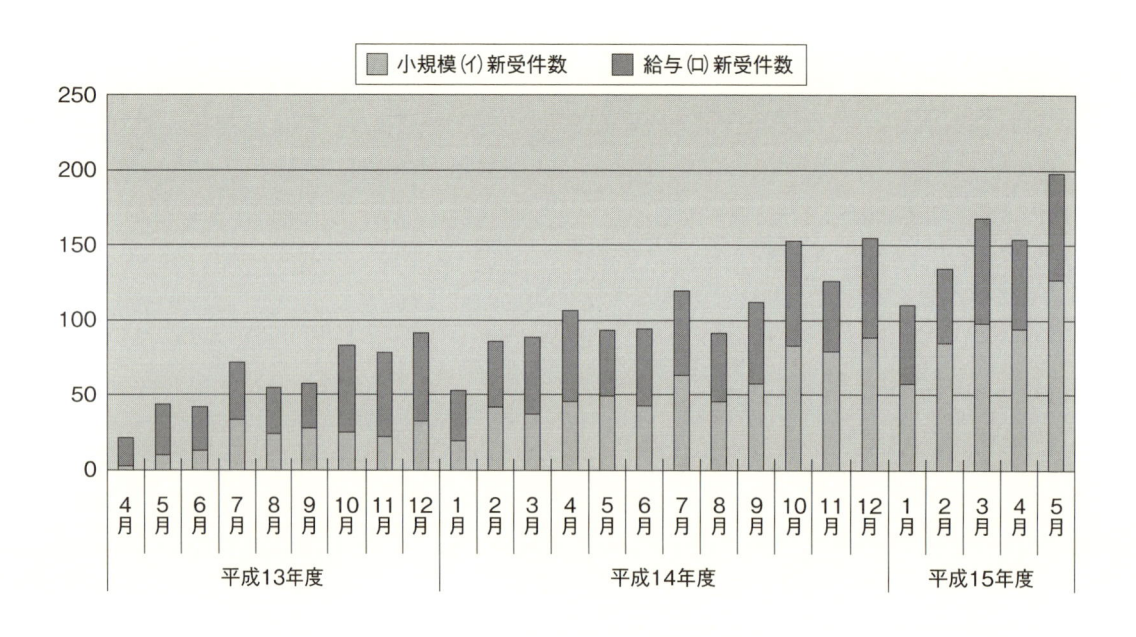

総　論

		小規模(イ)				給与(ロ)			開始決定件数	
		新受件数	(内,事業者)	(内,司法書士申立)	(内,住特条項使用)	新受件数	(内,司法書士申立)	(内,住特条項使用)	(イ)	(ロ)
平成15年度	6月	122	17	11	40	75	5	19	116	65
	7月	123	19	8	34	58	1	11	131	61
	8月	102	12	8	25	60	7	10	94	48
	9月	139	26	9	41	62	7	13	115	68
	10月	139	20	17	40	68	14	17	115	67
	11月	117	26	13	37	48	4	7	129	67
	12月	157	33	13	49	49	7	11	117	48
平成16年度	1月	70	10	7	18	33	2	12	119	39
	2月	102	25	15	36	50	2	16	106	43
	3月	146	35	21	61	40	5	15	119	57
	4月	135	27	16	43	64	8	21	115	31
	5月	114	18	18	28	41	7	7	117	53
	6月	144	19	15	42	41	6	13	137	39
	7月	143	27	15	56	66	3	18	120	42
	8月	116	23	24	43	39	9	16	128	46
	9月	125	32	17	49	45	3	15	112	48
	10月	135	15	22	38	46	3	23	93	39
	11月	125	22	23	56	42	6	18	128	47
	12月	173	20	18	46	52	2	22	132	40
平成17年度	1月	77	6	11	33	16	3	4	135	36
	2月	118	18	24	50	36	5	12	123	39
	3月	163	32	24	54	28	3	6	151	38
	4月	153	20	21	56	39	2	18	111	22
	5月	130	14	19	49	30	1	10	156	29
	6月	145	21	16	51	34	3	16	168	43
	7月	148	19	22	59	35	4	13	130	32
	8月	143	15	19	58	17	2	13	140	26
	9月	155	27	36	67	31	4	9	132	26
	10月	145	23	19	53	20	3	10	156	24
合計		5,113	989	585	1,616	2,540	229	731	4,841	2,425

（注）数字は全て速報値である。

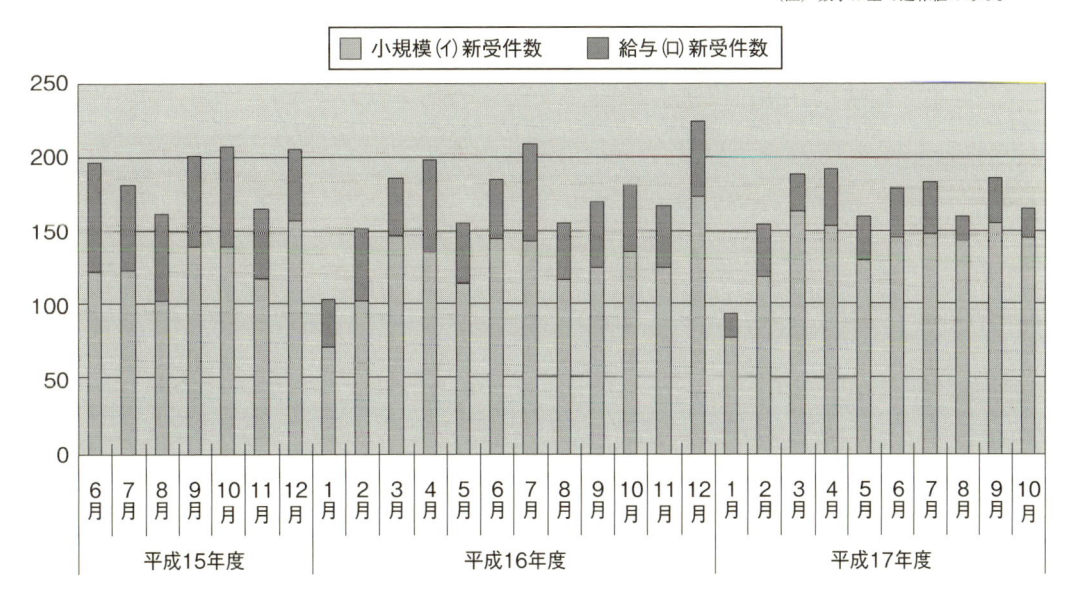

第3　大阪地方裁判所における個人再生手続の標準的運用

1　個人再生手続に関する基本的運用方針

　民事再生手続は，いわゆるＤＩＰ型を基礎とする手続であるところ，個人再生手続は，通常の民事再生手続の特則として，これを簡素化，合理化した手続であることから，そこでは，再生債務者が公平，誠実義務（法38条2項）を負いながら，「自らの権限と責任」の下で主体的に手続を遂行することになるのが手続運用の基本である。

　そこで，大阪地方裁判所第6民事部では，個人再生手続の施行当初から，コンパクトでスピーディーな手続とすることを目指し，①弁護士代理を基本とし，②個人再生委員は原則として選任せず，③ＤＩＰ型を念頭に置いた手続の当事者主義的運用を行うとの基本的運用方針を採用している。

　そして，上記の基本的運用方針を前提に，大阪地方裁判所第6民事部では，①申立てから2週間以内に開始決定を行い，②開始決定から4週間を債権届出期間，その終期の3日後から2週間を一般異議申述期間，③その終期から1週間後（申立後66日）を再生計画案の提出期限とし，④再生計画案の提出日から3日後に，4週間の決議回答期間又は意見聴取期間を定めて，決議に付する旨の決定又は意見聴取する旨の決定をし，⑤回答期間又は意見聴取期間の終期の3日後（申立後100日）に再生計画の認可決定を行うという標準スケジュールを定め，これに従った運用を行っている。

2　手続開始要件の審査

(1)　手続開始要件の審査方法

　手続開始要件については，特段必要がない限り，すべて書面による審尋（疎明資料に基づく説明を要求している。）の結果，開始できるものは申立直後に開始決定をすることとしている。また，上記のとおり，再生債務者が自己の権限と責任で手続を遂行するとの見地から，申立書の補正ないし書類の追完の必要がある場合でも，補正ないし追完の期限を予め指定し，それまでになされない場合には，補正ないし追完しないものとして手続開始に関する判断をするという運用を行っている。

　したがって，申立代理人は，個人再生の申立てを検討する際，債務者に対して適切なアドバイスをするのはもちろん，受任時チェックリスト（【書式①　43頁】），申立てチェックリスト（【書式⑩　77頁】）を参考として，申立書類の作成及び疎明資料（資料から，一目瞭然に内容，数字等が判明しない場合には，説明を必ず付記し，上申書等で説明する。）の提出に遺漏がないよう準備する必要がある。この点に不備が

多々あって、その都度裁判所から指摘を受けるようでは、ＤＩＰ型を基礎とした手続運用における申立代理人の職責を果たしているとは到底評価されないであろうばかりか、前記運用のもとでは、個人再生委員を選任すべきこととなったり（Ｑ＆Ａ〔18〕「個人再生委員の選任」232頁参照）、申立棄却の判断に至ることもあるから注意が必要である。

(2) 手続開始要件

　民事再生手続は、①破産手続開始の原因たる事実の生ずるおそれがあるとき又は債務者が事業の継続に著しい支障を来すことなく弁済期にある債務を弁済することができないときに利用できるものであるが（法21条1項）、小規模個人再生では、さらに、②将来における継続的又は反復的な収入の見込みがあること（法221条1項）、③負債総額（無担保の再生債権の額）が5,000万円を超えないこと（法221条1項）が必要であり、さらに給与所得者等再生では、④給与又はこれに類する定期的な収入を得る見込みがあり、かつその額の変動の幅が小さいと見込まれるものであることが必要である（法239条1項）（Ｑ＆Ａ〔5〕「専業主婦やアルバイト、パートタイマーの個人再生の利用の可否」〔9〕「同居の親族に収入がある場合の給与所得者等再生」194、200頁参照）。

　また、再生計画認可の見込み（履行可能性）がない場合（Ｑ＆Ａ〔8〕「可処分所得額がゼロの場合の履行可能性」〔9〕「同居の親族に収入がある場合の給与所得者等再生」199、200頁参照）、いわゆる不誠実申立ての場合等、申立棄却事由（法25条各号）に該当しないことも必要である。

(3) 負債総額の調査と債権者一覧表

　個人再生手続を申し立てる際には、受任時に債権者に送付し返送された債権調査票の記載、開示された取引履歴に関する資料や残債推計表（33頁、【書式②　51頁】）等を基礎として負債の状況を把握するとともに、債権者一覧表（Ｑ＆Ａ〔11〕「債権者一覧表作成上の留意点」207頁参照、【書式⑥⑳㉘　69、117、159頁】）を作成して裁判所に提出しなければならない（法221条3項・244条）。これは、個人再生手続では、負債総額が5,000万円を超えないことが手続利用の要件の1つとなっており、この要件を判断するために債権者一覧表の提出が必要不可欠であることによる。また、再生債権者は、債権者一覧表の記載内容を争う意思がない限り、再生債権の届出を要せず、この場合債権者一覧表に記載された内容で再生債権の届出をしたものとみなされる（みなし届出。法225条・244条）ことから、再生債務者が、債権者一覧表に記載した債権につき、手続上争う余地を残しておきたい場合には、当該債権につき異議を述べることがある旨の記載（異議留保。法221条4項・226条1項・244条）をしておかなければならない。

このように，債権者一覧表は，個人再生手続の利用要件の判断及び再生債権の確定（手続内確定）の基礎になる。そして，債権者一覧表は，再生手続開始決定と同時に各再生債権者に送付される（法222条4項・244条）ため，開始決定後の補正は許されないことから，その記載に誤りがあったとしても，当該記載を前提として以後の手続を進めなければならなくなる。

また，債権者一覧表の記載については，別除権付債権の場合（Q＆A〔11〕「債権者一覧表作成上の留意点」〔16〕「別除権付再生債権の取扱い」207，224頁参照），住宅資金貸付債権の場合（Q＆A〔11〕「債権者一覧表作成上の留意点」207頁参照），保証債権の場合（Q＆A〔11〕「債権者一覧表作成上の留意点」〔19〕「保証債務の評価」207，234頁参照）など，実務上記載の誤りや不備の生じやすいところであり，そのために，手続開始の判断ができるにもかかわらず開始決定が遅れることも多々あるから，申立てチェックリスト（【書式⑩ 77頁】）と複数回照合するなどして十分に確認することが必要である。

(4) 財産状況の調査と財産目録・清算価値保障原則

また，個人再生手続を申し立てる際には，債務者の財産の存否，額を調査した上，申立時に，財産目録を提出しなければならない（法125条，【書式⑦㉙ 71，161頁】）。個人再生手続における再生計画は，再生債権者に対し，破産した場合と比較してより多くの満足を与える内容のものでなければならず（清算価値保障原則），これに反する再生計画は不認可となる（法231条1項・174条2項4号・241条2項2号）。

財産目録は，再生債務者が通常有する種類の財産については，その存否，金額を記入すれば足りる形に書式化されているが（【書式⑦㉙ 71，161頁】），財産の種類によっては，その評価が問題となることがある（Q＆A〔10〕「不動産の財産価値」〔11〕「債権者一覧表作成上の留意点」〔13〕「会社からの借入金の取扱い」203，207，215頁参照）。また，個人再生手続においては否認権の制度はないが，申立前に否認の対象となる行為がある場合，清算価値に上乗せすべきこととなる（Q＆A〔3〕「否認の対象となる弁済がある場合の取扱い」191頁参照）ので注意が必要である。

(5) 法定可処分所得額の算定（給与所得者等再生の場合）

給与所得者等再生の手続を利用する場合は，法定可処分所得額の2年分に相当する金額以上の支払を行う内容の再生計画を作成しなければ，同計画は不認可となる（法241条2項7号）。したがって，この場合には，法定可処分所得額の算出過程（Q＆A〔7〕「可処分所得額の算出方法」〔8〕「可処分所得額がゼロの場合の履行可能性」〔9〕「同居の親族に収入がある場合の給与所得者等再生」197，199，200頁参照）を示す可処分所得額算出シート（【書式⑨㉑ 74，119頁】）を提出することとなる。

(6) 個人再生委員の選任

　前記1で述べたとおり、代理人申立ての事件については、原則として個人再生委員は選任しない運用を行っている。なお、本人申立てのうち、司法書士のサポートがある事件については事案に応じて判断し（この場合、申立時に、個人再生委員が選任された場合の手続費用の半額（15万円）を予納し、個人再生委員が選任されずに手続が終了した場合には返納する扱いとしている。）、そうでない事件については個人再生委員を選任している（Ｑ＆Ａ〔18〕「個人再生委員の選任」232頁参照）。

　しかし、改正法で個人再生手続の利用要件が緩和されたことにより、負債総額が3,000万円を超える者も、新たに個人再生手続の利用が可能となったところ、このうち、事業に基づく負債が3,000万円を超える事業者は、事業規模としても零細とはいえないばかりか、売掛、買掛や手形取引などの信用取引を反復、継続的に行っていることも多いため、申立代理人の存在を前提としても、財産及び収入の状況の把握や再生計画の遂行可能性の判断に困難を生じることが類型的に予想される。

　そこで、大阪地方裁判所第6民事部では、破産手続における取扱いを参考として、「住宅ローンと保証債務を除いた負債総額が3,000万円を超える事業者」が個人再生手続の申立てをした場合には、代理人申立て、本人申立ての別を問わず、個人再生委員を選任して財産及び収入の状況の調査等を行うとの運用を行うこととした（Ｑ＆Ａ〔18〕「個人再生委員の選任」232頁参照）。

3　債権調査手続に関する運用

(1) 債権の届出とみなし届出

　債権者一覧表に記載された再生債権は、債権者から届出がない限り、債権届出期間の初日に、その記載内容と同一の内容で届出があったものとみなされる（法225条・244条）。

　したがって、再生債権者は、送付された債権者一覧表を見た上で、その存否や額につき争いがない場合には届出を行う必要はないが、債権者一覧表に記載された再生債権の存否や額に争いがある場合や債権者一覧表に記載がない場合には、再生債権者は、届出期間内に再生債権の届出をすることとなる（39頁参照）。再生債権の届出に対して再生債務者が異議申述をしない場合には、債権者一覧表の記載にかかわらず、届出がされた内容で再生債権の存否・額が確定することとなる。

　なお、債権届出期間が経過した直後に債権届出がされる例が見受けられる。しかも、届出が遅れた理由は、そのほとんどが届出期限を失念していたというもので、届出の追完が認められないものである（法95条）。したがって、この場合は、期限遅

れの届出として手続からは排斥されることになる。

他方，届出の追完（法95条1項）が認められる場合（例えば，債権者一覧表に記載のない債権者）には，本来，特別異議申述期間を定めて調査を行うことになるのであるが，一般異議申述期間が始まる前の届出であれば，再生債務者に異議がない限り，届出期間内の届出と同一に取り扱っている。

(2) 届出債権に対する異議申述及び評価の裁判

再生債務者は，届出がされた（みなし届出の場合で，異議留保をした場合を含む。）再生債権の存否，額及び担保不足見込額につき，異議申述をすることができる（法226条1項）（142頁参照，【書式㉟ 168頁】）。

異議申述があった場合，異議申述期間の末日から3週間（評価申立期間）の不変期間内に，再生債権者（再生債権が執行力ある債務名義又は終局判決のあるものである場合には再生債務者）は，評価の申立てをすることができる（法227条1項本文・244条）。

上記の期間内に評価の申立てがなかったときは，当該債権は未確定債権として扱われる（再生債務者が評価の申立てをすべき場合は，当該異議がなかったものとみなされる（法227条2項・244条）。）こととなる。

そして，評価の申立てがあった場合には，申立てを却下すべき場合を除き，裁判所は，個人再生委員を選任しなければならない（法223条1項ただし書・244条）。選任された個人再生委員は，当該債権の存否等に関する調査及び裁判所に対する報告を行い（法223条1項・244条），裁判所は，報告を受けて評価の決定をすることとなる（法227条7項8項・244条）。なお，評価決定に対して不服申立てをすることはできない。

4　再生計画案の提出及びその審査

(1) 再生計画案の提出時期及び提出期限

標準スケジュールでは，一般異議申述期間の終期の一週間後を再生計画案の提出期限としており，再生計画案の提出期限は伸長しない扱いである（40頁＊19参照）。

ところで，期限内に提出された再生計画案についても，下記(2)のとおり，実務上，初歩的な誤りや不備が少なからず見受けられ，その補正に期間を要することも多いことから，さらに一歩進め，再生計画案については提出期限1週間前に提出することを依頼し，提出期限までの間に必要な補正などの処理を行う運用としている。

なお，再生計画案が提出期限内に提出されなかった場合には手続を廃止しなければならない（法191条2号・243条2項）が，近時，申立代理人が提出期限を失念していたために，再生計画案が提出されず，手続廃止決定をする例が散見される。改めて

手続を一からやり直すことは，手続経済上無駄であるばかりか，再生債務者のみならず再生債権者に対しても，無用の時間と費用を負担させるものであり，決してあってはならないことである。

(2) 再生計画案の不備

再生計画案の策定は，個人再生手続の中心作業である。再生計画案の内容については，小額債権に関する定めをする場合（Q&A〔21〕「少額債権の定め」243頁参照），別除権付債権に関し適確条項（法160条）を定める場合（145頁，Q&A〔16〕「別除権付再生債権の取扱い」224頁参照），弁済協定を行った場合（139，142，144頁，【書式㊳　171頁】），住宅資金特別条項を定める場合（【資料②簡易説明書　278頁】参照）などのバリエーションはあるものの，基本的にはシンプルで定型的なものであるから，その策定はさほど難しいものではないはずである。それにもかかわらず，提出される再生計画案には初歩的な誤りや不備が少なからず見受けられる。これらの誤りや不備については，訂正や補正を促しているが，なかにはそれが理解されず，何度も訂正・補正を指示するようなケースもあり，迅速な手続運用を阻害する要因となっていることから，注意が必要である。なお，修正を前提とするような計画案の提出はもってのほかである。また，ＦＡＸでの提出も認められない（【資料②簡易説明書　278頁】参照）。

(3) 再生計画の内容に関する審査

提出された再生計画案について，法に規定された不認可事由がない場合には，これを書面決議に付する決定（小規模個人再生の場合）又は再生債権者の意見を聴取する旨の決定（給与所得者等再生の場合）をすることになるが，再生計画案の主な不認可事由は，以下のとおりである。

① 再生計画の遂行の見込みがないこと（法231条1項・241条2項1号・174条2項2号）

② 再生計画に基づく弁済額（計画弁済総額）が清算価値を下回っていること（清算価値保障原則）（法231条1項・174条2項4号・241条2項2号）

③ 無異議債権の額及び評価済債権の額の総額（住宅資金……）が5,000万円を超えている（法231条2項2号・241条2項5号）

④ 計画弁済総額が，以下のa又はbの金額を下回っていること（法231条2項3号4号・241条2項5号）

　a 負債総額が3,000万円を超え，5,000万円以下の場合には，負債総額の10分の1

　b 負債総額が3,000万円以下の場合は，基準債権の5分の1（ただし，基準債権が100万円以下の場合はその全額，基準債権の5分の1が100万円を下回る場合

は100万円，300万円を超える場合は300万円）
⑤ 計画弁済総額が，再生債務者の2年分の可処分所得額を下回っていること（給与所得者等再生の場合。法241条2項7号）
⑥ 再生計画の内容が，以下a又はbに反している場合（法229条2項）
　a　最終の弁済期を，再生計画認可の決定の確定の日から原則として3年後の日が属する月中の日に設定されていること（特別の事情がある場合には，再生計画認可の決定の確定の日から5年を超えない範囲で，3年後の日が属する月の翌月の初日以降の日に設定されていること）
　b　弁済期を3月に1回以上の間隔で定めていること

5　書面による決議に付する旨の決定に関する運用
　　……議決権の不統一行使制度との関係

　改正法では，議決権の不統一行使を認めるとともに，付議決定の際には，不統一行使をする場合にその旨を通知すべき期間を定めるべきこととされた（法169条2項）。この通知期間の指定の制度は，事前の通知なしにいきなり不統一行使がされると，決議に関する債権者集会の運営や議決権の集計に混乱を生じるおそれがあるとの見地から設けられたものである。

　しかし，個人再生手続の場合には，議決方法は書面決議の方法のみで，かつ，債権者数も少数であることが多いため，事前の通知を要さずに不統一行使をし得ることとしても上記のような混乱を生じるおそれはないことから，大阪地方裁判所第6民事部では，個人再生手続については，議決権の不統一行使に関する通知期間を指定しない運用としている（したがって，特段通知をすることなく書面回答期間まで不統一行使をすることができる。）。

6　認可決定とその後の再生計画の遂行
(1) 再生計画認可決定確定後の履行確保に関する方策

　再生計画認可決定確定後の履行確保に関する方策として，手続進行中に，最低でも，予定している再生計画に基づく毎月の弁済額に相当する金員を積み立て，再生計画案提出時に，その積み立て状況等についての報告書（【資料③積立状況等報告書299頁】参照）及びこれを裏付ける通帳の写しの提出を受け，これを履行可能性に関する判断材料の1つとして，付議決定又は意見聴取決定を行う運用としており，この運用により，履行可能性をより明確な形で判断することができる。

なお，この積立ては，弁済原資確保のためのものである。積立てた金員については清算価値に上乗せしない運用としている（財産目録に記載する場合には，積立原資と注記の上，通帳の写しを提出する。）。
(2)　再生計画の履行ができなくなった場合等に関する制度
　再生計画認可決定が確定すると，個人再生手続は当然に終結する（法233条・234条・244条）が，再生計画の履行を怠った場合には，再生債権者の申立てにより，再生計画が取り消されることがある（法189条）。
　したがって，そのような事態に至らないよう，申立代理人としては，再生計画認可決定確定後の履行に関しても，可能な限りフォローすることが望ましく，また手続運用としても，前記(1)のような履行確保のための方策を採っている。しかし，それでも再生計画認可決定確定後の事情の変化により，再生計画の履行が困難となるという事態は生じうるところである。
　そこで，法は，この場合に対処するものとして，ハードシップ免責の制度（法235条・244条）及び再生計画の変更（法234条・244条）（Ｑ＆Ａ〔32〕「個人再生における再生計画の変更」266頁参照）の制度を設けている。なお，再生計画認可決定が確定すると，再生債権は，再生計画に定められた内容にしたがって変更（減縮）されるため，再生計画認可決定確定後にその履行が困難になったとして破産手続開始の申立てをしても，破産手続開始要件（支払不能）の認定ができないことが多いので注意が必要である（大阪弁護士会月報平成16年7月号「はい六民です　お答えします」(80)51頁以下参照）。

7　住宅資金特別条項に関する問題点と運用
(1)　住宅資金特別条項の基本的な要件
　「住宅資金貸付債権に関する特則」に基づく住宅資金特別条項の制度は，再生債務者が，その生活の本拠である住宅を維持しながら経済的再生を可能とする趣旨で設けられたものである。もっとも，この制度は，再生債権である住宅資金貸付債権について他の再生債権と異なる取扱いを認める点で，債権者平等原則の重大な例外に該当するから，その要件は厳格に法定されている。したがって，住宅資金特別条項を定める旨の申述をしようとする場合には，その要件該当性を慎重に判断する必要がある。
　住宅資金特別条項を定めるための基本的な要件は以下のとおりである。
①　「住宅資金貸付債権」に該当すること（法196条3号）
　a　住宅の建設若しくは購入に必要な資金又は住宅の改良に必要な資金の貸付け

に係る分割払いの定めのある再生債権であること
- b 当該債権又は当該債権に係る債務の保証人（保証を業とするものに限る。以下「保証会社」という。）の主たる債務者に対する求償権を担保するための抵当権が住宅に設定されているものであること
② 住宅資金貸付債権を担保する目的となっている住居が「住宅」に該当すること
  住宅とは、再生債務者が所有（共有）し（Ｑ＆Ａ〔27〕「住宅の処分と住宅資金特別条項」255頁参照），自己の居住の用に供する建物であり，その床面積の2分の1以上がもっぱら再生債務者の居住の用に供するものであるもの（95頁参照，Ｑ＆Ａ〔25〕「「住宅」について」250頁参照）をいう（法196条1号）。
③ 前記①②に該当する場合でも，下記の事由に該当しないこと
- a 再生債権が住宅資金貸付債権を有する者に法定代位した再生債権者が当該代位により取得したものである場合（法198条1項）（ただし，保証会社が代位弁済した場合には，住宅資金特別条項を定めることができる場合がある（法198条2項）（94頁参照，Ｑ＆Ａ〔30〕「巻戻し及び競売中止命令」262頁参照）。
- b 住宅資金貸付債権を担保するための抵当権以外に法53条1項に規定する担保権が存する場合（法198条1項ただし書）（95頁参照，Ｑ＆Ａ〔28〕「ペアローンと住宅資金特別条項」258頁参照）
- c 住宅資金貸付債権を担保するための抵当権が住宅以外の不動産にも設定されている場合において，当該不動産に後順位の法53条1項に規定する担保権が存在する場合（法198条1項ただし書）（95頁参照）

(2) 手続開始段階での審査
① 住宅ローン債権者との事前協議
  再生債務者が住宅資金特別条項を定めようとする場合は，住宅ローン債権者と協議を行うこととされている（規則101条1項）が，さらに手続の円滑な進行を図るために，申立前に協議をする運用とした上で，その周知を図っている（95頁参照，Ｑ＆Ａ〔1〕「個人再生申立ての準備」185頁参照）。その結果，住宅ローン債権者との事前協議は概ね励行されている状況にあるといえる。
  もっとも，中には，リスケジュール型や同意型の住宅資金特別条項（98～102頁参照）を予定しているにもかかわらず，未だに住宅ローン債権者に手続申立ての連絡をするだけという例も見受けられるが，事前協議が不十分であると，住宅ローン債権者との交渉に思わぬ時間を要し，再生計画案提出期限までに住宅資金特別条項を作成できなかったり，あるいは住宅ローン債権者から同意（法199条4項，規

則100条）を取り付けることができず，手続を廃止せざるを得なくなることもあるから注意が必要である。

② 申立時の留意点，添付資料等

住宅資金特別条項を定めようとする場合，申立てをするに当たっては，事前協議を行った上，陳述書の該当欄に，㋐住宅ローンの支払金額，㋑住宅ローンの支払い状況（遅滞の有無），㋒住宅ローン債権者との協議の経過，㋓予定している住宅資金特別条項の内容を記載することを求めているとともに，疎明資料として，ⓐ住宅ローン契約書（及び償還表），保証委託契約書，ⓑ不動産登記簿謄本又は，全部事項証明書（共同担保の場合には，必ず共同担保目録付の謄本）（以下合わせて「不動産登記簿謄本」という。），ⓒ固定資産評価証明書，ⓓ査定書等を提出する必要がある（105頁参照）。

また，住宅資金特別条項を定める旨の申述は，債権者一覧表中の「住特条項」欄に「○」印を付することにより行うこととされている（法221条3項4号の申述，法244条）ので，住宅資金特別条項を盛り込む場合には，これを忘れてはならない。開始決定後は，債権者一覧表の訂正ができないので，忘れた場合，再生計画案に住宅資金特別条項を盛り込むことができなくなる。

③ 住宅資金貸付債権の弁済許可

住宅資金特別条項を定める旨の申述をした場合においては，住宅資金貸付債権につき，裁判所の許可を得て弁済することができるものとされている（法197条3項）が，この弁済許可は，個人再生手続開始の申立てと同時に，弁済許可の申立書（【書式⑲ 116頁】）（正本，副本各1通）を提出して行う扱いである（Q＆A〔24〕「住宅資金特別条項を定める場合の留意点」249頁参照）。

(3) 再生計画案の提出とその審査

① 住宅資金特別条項の内容

住宅資金特別条項として定められる内容は，法の定めるものに限定されており，㋐期限の利益回復型（法199条1項）（なお，従前から遅滞なく支払を行っており，かつ，今後も当初の約定どおり支払う場合『約定型』もこれに含まれる。），㋑リスケジュール型（同条2項），㋒元本猶予期間併用型（同条3項）及び㋓同意型（同条4項）の4つである（98～102頁参照）。

② 住宅資金特別条項作成上の留意点

住宅資金特別条項は，選択した上記各項の要件に該当するものでなければならないが，㋑リスケジュール型の場合には，「㋐期限の利益回復型を定めた場合には

認可の見込みがないこと」が、⑦元本猶予期間併用型の場合には、「㋐期限の利益回復型、㋑リスケジュール型を定めた場合には認可の見込みがないこと」がそれぞれ要件とされているから、この要件該当性もよく検討した上で作成する必要がある。

また、㋐期限の利益回復型、㋑リスケジュール型、⑦元本猶予期間併用型の場合は、いずれも、住宅資金貸付債権の元本、利息、遅延損害金の全額を支払う内容でなければならないから、住宅ローン債権者との間で十分協議した上で条項を作成する必要がある。書面決議若しくは意見聴取決定後に上記の全額を支払う内容になっていないことが発見されると、再生計画案に補正できない違法があるものとして、廃止又は不認可とせざるを得ない（法202条2項1号・174条2項1号・241条2項1号）。

③ 再生計画の認可要件

住宅資金特別条項を定めた再生計画案の場合、一般の場合よりも認可要件が加重されている。具体的には、一般の場合の不認可要件がある場合に加え、①再生計画の遂行可能性について、積極的な見込みの存在が認められない場合、②再生債務者が住宅の所有権又は住宅の用に供されている土地を住宅の所有のために使用する権利を失うこととなると見込まれるときにも、再生計画は不認可となる（法202条2項・241条2項2号3号）。

【5,000万円要件と最低弁済額要件】

1 5,000万円要件

再生債権の総額（住宅資金貸付債権の額，別除権行使弁済予定額，再生手続開始前の罰金等を除く。）が5,000万円以下でなければならない（法221条1項・231条2項2号・239条1項・241条2項5号）。

《計算式》
①－②－④－⑤≦5,000万円

(注1) ① 再生債権の総額
② 住宅資金貸付債権の額
③ 住宅資金貸付債権のうち，別除権の行使によって弁済を受けることができると見込まれる再生債権の額
④ 別除権付債権のうち，別除権の行使によって弁済を受けることができると見込まれる再生債権の額
⑤ 再生手続開始前の罰金等の額

(注2) 住宅資金貸付債権が同時に別除権付債権である場合には，②として控除し，④では，住宅資金貸付債権以外の別除権付債権を控除する。

2 最低弁済額要件

再生計画に基づく弁済額（以下「計画弁済総額」という。）は，小規模個人再生の場合は次の(1)(2)により，給与所得者等再生の場合は次の(1)(2)(3)によりそれぞれ算出される金額のいずれをも下回ってはならない（すなわち，最も多い金額以上を支払う内容のものでなければならない。）。

(1) 負債総額からの算出

ア 5,000万円要件の算定式で算出した金額が3,000万円以下の場合（法231条2項4号・241条2項5号）

基準債権額の1/5（注1）

「基準債権額」とは，無異議債権及び評価済債権の額から，別除権の行使により弁済を受けることが見込まれる額，再生手続開始前の罰金等の額を除いた額をいい，計算式は以下のとおりとなる。

《計算式》
(ア) 住宅資金特別条項を定める場合
　　（①－②－④－⑤）×1/5
(イ) 住宅資金特別条項を定めない場合
　　（①－③－④－⑤）×1/5（注2）
(ウ) 住宅資金貸付債権がない場合
　　（①－④－⑤）×1/5

(注1) 基準債権額が100万円未満の場合は全額，(ア)ないし(ウ)の算定の結果が100万円未満の場合は100万円，300万円を超える場合は300万円が最低弁済額となる。
(注2) 住宅資金貸付債権が同時に別除権付債権である場合で，住宅資金特別条項を定めない場合には，住宅資金貸付債権の全額ではなく，別除権行使により弁済を受けることができると見込まれる金額のみが除かれるので，③を控除する。④では，住宅資金貸付債権以外の別除権付債権を控除する。

イ 5,000万円要件の計算式により算出した金額が3,000万円を超え，5,000万円以下の場合

5,000万円要件の計算式で算出した金額の1/10（法231条2項3号）

《計算式》
（①－②－④－⑤）×1/10

(2) 清算価値からの算出

計画弁済総額は，破産した場合の配当額以上でなければならず（清算価値保障原則），これを下回る計画案は，再生債権者一般の利益に反するものとして認可されない（法230条2項・174条2項4号・241条2項2号）。

(3) 法定可処分所得額の2年分

給与所得者等再生の場合，計画弁済総額は，法定可処分所得額の2年分以上の金額以上でなければならない（法241条2項7号）。

【イメージ図（住宅資金特別条項を定める場合及び住宅資金貸付債権がない場合）】

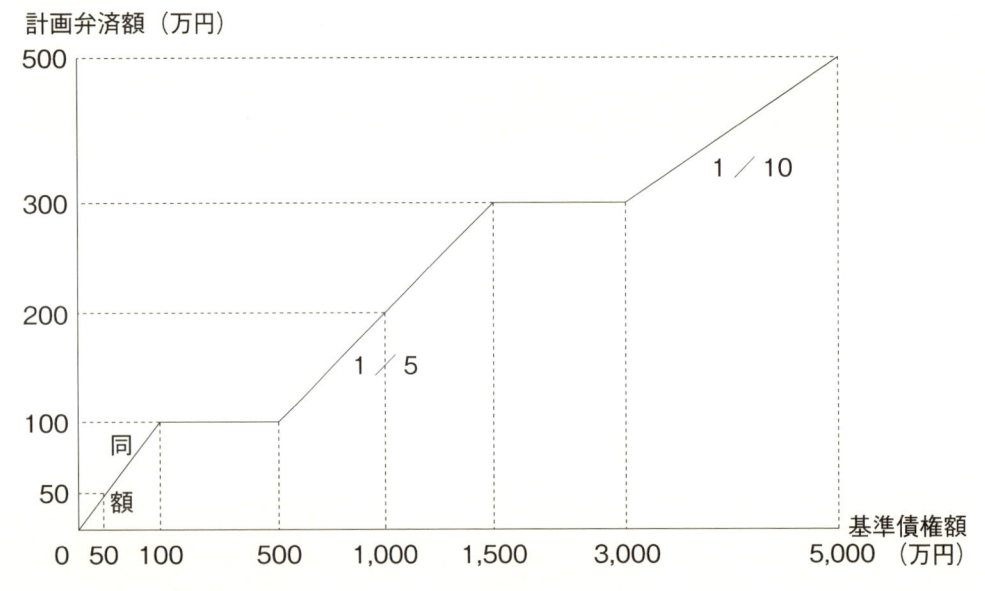

(注) 住宅資金貸付債権があり，かつ，住宅資金特別条項を定めない場合については上記(1)イ参照

【現在の標準スケジュール】

(かっこ内は申立てからの日数)

① 申立て

 ↓ 2週間

② 手続開始決定（14日）

 ↓ 4週間

③ 債権届出期間の終期（42日）

 ↓ 3日後

④ 異議申述期間の始期（45日）

 ↓ 2週間

⑤ 異議申述期間の終期（59日）

 ↓ 1週間

⑥ 再生計画案提出期限（66日）

 ↓ 3日後

⑦ 書面による決議に付する旨の決定又は意見聴取決定（69日）

 ↓ 4週間

⑧ 書面による決議の回答期間又は意見聴取期間満了（97日）

 ↓ 3日後

⑨ 認可決定（100日）

事 例

[Aモデル]
給与所得者等再生（住宅資金特別条項なし）

第1 Aモデルの役割分担表

(年月日)	曜日	(債務者・申立代理人)	(裁判所等)
H☆.3.20	(木)	債務者が，大阪弁護士会総合法律相談センターに行って，概略的説明を受ける。	
H☆.3.26	(水)	債務者が大阪弁護士会総合法律相談センターで，法律相談を受けた弁護士の名前と連絡先を確認し，同弁護士の事務所へ。	
H☆.3.31	(月)	弁護士が，給与所得者等再生の申立ての方針で正式に受任する。	
H☆.4.1	(火)	申立代理人から，受任通知発送。債権調査票を同封する。返送の期限をH☆.4.11とする。申立書その他の提出書類の作成・準備開始	
H☆.4.14	(月)	債権調査票の検討	
H☆.4.25	(金)	再生手続開始の申立て，印紙・郵券の納付。疎明資料の追完を指示されたので，開始決定予定日前日までに提出，保管金の予納	申立書等の受理，疎明資料の追完指示，保管金提出書の交付
H☆.5.9	(金)	知れたる債権者の宛名シートの提出，開始決定後，再生計画案作成の準備を開始	再生手続開始決定。官報公告手続。知れたる債権者に対する通知
H☆.5.23	(金)		官報掲載（開始決定の主文及び債権届出期間・異議申述期間）（公告手続から約2週間）
H☆.6.6	(金)		債権届出期間の終期(開始決定から4週間後)
H☆.6.11	(水)		一般異議申述期間の始期
H☆.6.25	(水)		一般異議申述期間の終期（異議申述期間の始期から2週間後）
H☆.6.26	(木)	再生計画案，積立状況報告書，通帳の写しの提出	
H☆.6.27	(金)		再生計画案に対する意見聴取決定。官報公告手続。届出債権者に対する通知
H☆.7.2	(水)		再生計画案の提出期限
H☆.7.11	(金)		官報掲載（再生計画案について意見を聴く旨）（公告手続から約2週間）
H☆.7.25	(金)		意見聴取期間の終期（意見聴取決定から4週間後）
H☆.7.30	(水)		再生計画の認可決定。認可決定の主文及び理由の要旨の送達に代わる官報公告手続
H☆.8.13	(水)		官報掲載（認可決定の主文及び理由の要旨）
H☆.8.28	(木)		認可決定確定，再生手続終結
H☆.9.29	(月)	第1回弁済	

第2　事例内容

　大阪太郎さん（申立当時32歳）は，大阪市内にある電機部品を製造している中規模の会社に勤めていたが，会社は3年前ころから不況のあおりを受けて受注が減少し，残業もなくなって基本給だけの給料では生活費が足りなくなった。そこで，大阪さんは消費者金融業者から借入れをして生活費の不足分を補うようになったが，借換えを繰り返すうち，平成☆年2月ころには，覚えているだけでも11社約700万円以上の借入れがあり，月額約20万円の返済をしなければならなくなっていた。その上，大阪さんは同じころに自宅の浴室で転倒して足を骨折し，医者から約3か月間（同年5月ころまで）は就労不能であると診断された結果，給料も減額され，借入金の返済ができないでいるうちに，消費者金融業者から支払いの催促を受けるようになった。

　大阪さんは，妻花子さん（申立当時29歳）と子供1人（申立当時4歳）の3人暮らしである。大阪さんの収入は，ここ2年間ほとんど変動がなく，平成☆年2月当時，給料は，手取り月額23万円（額面27万6,000円，所得税，住民税，社会保険料等の合計額4万6,000円），手取り年額350万円（夏のボーナスが手取り30万円，冬のボーナスが手取り44万円，額面420万円，所得税，住民税，社会保険料等の合計額70万円）である。

　また，大阪さんは，大阪市内の賃貸アパート（家賃10万円，契約上の敷金の返戻金50万円）に住んでおり，預金その他の資産はなく，生命保険（月額保険料1万円）に入っているが，解約返戻金は20万円である。

　大阪さんは，復職の目処は立っていたものの，消費者金融業者への対応に不安を覚え，何らかの法的対応をしなければいけないと考え始めたが，どうしてよいのか分からず，以前，新聞記事で読んだ大阪弁護士会の総合法律相談センターに相談に行ってみることにした。

第3　事実経過

1　最初の法律相談

　平成☆年3月20日(木)，大阪さんは，松葉づえをついて大阪弁護士会総合法律相談センターの法律相談[*1]に行き，相談票に債務の件数・総額，1か月の返済額等を記入した後，相談室に入った。相談担当者は勤勉一郎弁護士であった。

事例　Aモデル

> 大阪さん「このとおり足を骨折して3か月仕事を休まなければならなくなってしまいました。この状態ですと，休んでいる間，給料も減らされてしまって，これまでかつかつでやってきたのに，そんなんじゃサラ金から借りた金を返すどころではありませんわ。」

　そこで，勤勉弁護士は，大阪さんから事情を聞きながら，破産，特定調停，任意整理，個人債務者の民事再生手続の概略，それに伴う弁護士費用，予納金の説明をした。
　個人債務者の民事再生手続は，経済的破綻に瀕した一般の個人債務者にとって利用しやすい再建型の倒産手続であり，小規模な個人事業主等を対象とする小規模個人再生とサラリーマンを主な対象とする給与所得者等再生とがある（なお，サラリーマンも小規模個人再生を利用することができる。）。これらの手続は，個人債務者が破産しないで再生でき，債権者も破産の場合よりも多くの債権回収を図ることができるようにすることを目的とするものである。大阪さんはサラリーマンなので給与所得者等再生を利用することが考えられる。民事再生手続は，①破産手続開始の原因たる事実の生ずるおそれがあるとき，又は債務者が事業の継続に著しい支障を来すことなく弁済期にある債務を弁済することができないときに利用できるものであるが（法21条1項），給与所得者等再生では，さらに，②将来における継続的又は反復的な収入の見込みがあること（法221条1項），③給与又はこれに類する定期的な収入を得る見込みがあり，かつ，その額の変動の幅が小さいと見込まれるものであること（法239条1項），④負債総額（無担保の再生債権の額）が5,000万円を超えないことが必要である（法239条1項・221条1項）。債務者は，原則として3年間の分割払いで一定額を弁済することを内容とする再生計画を定め，それを弁済することによりその余の債務が免除されるが，最低弁済しなければならない金額は，法231条2項3号4号に所定の額（19頁参照）以上で，かつ，債務者の手取収入から再生債務者及びその被扶養者の最低生活費（民事再生法第241条第3項の額を定める政令所定のもの）のみを控除した額（可処分所得額）の2年分以上の額でなければならない（法241条2項7号。なお，破産の場合の配当額

---

*1　大阪弁護士会総合法律相談センター
　　法律相談・弁護士紹介は原則予約制（電話番号06-6364-1248）。相談料金は30分以内5,000円（消費税別）。15分延長毎に2,500円（消費税別）の追加料金。生活保護受給証明書を持参すると無料相談となる。

を上回ることも必要である（法241条2項2号）。）。

> 大阪さん「いろいろな手続があることや弁護士さんにお願いするには30万円程度の弁護士費用と実費が必要なことはよく分かりました。私は今まで裁判などやったことがありませんし，いろいろと話を聞いてもらったんで，手続をするとしたら先生にお願いしたいと思うてるんですけど，なんせ費用のかかることですから嫁さんや父親に相談せんと勝手にお願いする訳にはいきませんねん。どないしたらよろしいですか。」
> 勤勉弁護士「そうですね。奥さんや親御さんと十分に相談してもらって，やっぱり私に依頼したいということでしたら，相談センターに『3月20日に相談した弁護士に依頼したい』と電話をしてください。そしたら私の方に連絡が取れますから。それと今度私の事務所に来てもらう時は，できるだけ奥さんも一緒に来てくれた方がいいですね。それから，今日から家計簿を付けてください。」
> 大阪さん「分かりました。」

　大阪さんは帰宅後，勤勉弁護士から教えてもらったことを妻に説明して相談したところ，①復職の見込みは確定していること，②一定額の返済はしたいこと，③ただし，返済額の減縮も必要であるということになり，個人債務者の民事再生手続でやってみようということになった。相談センターで聞いた弁護士費用等については，父親に援助を頼んだところ，父親が何とか用立ててくれることになった。

2　相談担当弁護士による受任（直接受任）と受任通知の発送

　翌週の同月24日(月)に，大阪さんは，大阪弁護士会総合法律相談センターに電話をして，3月20日に相談した弁護士に依頼したいと言った。相談センターの担当者は，勤勉弁護士に受任の意思を確認して，折り返し大阪さんに勤勉弁護士の連絡先を伝えた。大阪さんが勤勉弁護士に電話をしたところ，大阪さんは3月26日(水)に妻の花子さんと一緒に勤勉弁護士の事務所に行くことになった。

　当日，勤勉弁護士は，受任時チェックリスト（【書式①　43頁】）に基づいて，大阪さんと花子さんから詳しく事情を聴取した。

大阪さん「先生，嫁の花子です。嫁さんや父とも相談して，民事再生の個人なんとかっていうので，何とかしたいんですけど，よろしくお願いします。」

花子さん「よろしくお願いします。」

勤勉弁護士「そうですか。分かりました。奥さんも一緒に来てもらったことですし，改めて詳しく事情をお聞きしましょう。ところで，これまでに，債権者と返済について何か話合いをしたことがありますか。」

大阪さん「けがをした後で，自宅に督促してきたサラ金と話をしました。元本だけは5年で何とか返済するから利息・損害金は免除してほしいと言うたんですが，将来の利息・損害金はともかく，元本と今までの利息・損害金は3年以内に絶対払わなあかんっていう話で，そんなん他の借金もあるし，今の収入だと無理や言うたんですが，だめですわ。そんな状況なんで，他とは話をしてません。でも，借りたもんを返すのが当たり前というのはよう分かってますし，できる範囲では何とか返したいとも思うし，やっぱり破産はしたくないんです。」

勤勉弁護士「それでしたら，やはり，個人債務者の民事再生手続を考えることになりますね。大阪さんはサラリーマンだから給与所得者等再生でいくことも考えられるので，大阪さんの負債額，職業や収入，家族関係などを教えてください。」

大阪さん「借金については，正確にはよう分からんようになってしもうたんですが，サラ金11社からざっと700万円程度だと思います。嫁さんと子供1人がいて，10年前から，あんまり大きい会社ではないんですが，電機部品の製造会社に勤めてます。月収は，手取りで約23万円くらいです。ボーナスは夏と冬に出ます。年収だと手取りで350万円程度です。嫁さんはパートをちょっとやってます。」

花子さん「子供がまだ小さいし，パートが精一杯です。」

勤勉弁護士「けがが治ったら，職場に戻れそうですか。」

大阪さん「会社の上司に確認したんですが，けがが治ったらまた働いてもらうって言ってました。」

勤勉弁護士「ここ2年間の収入額に変動*2はありますか。」
大阪さん「いいえ。ほとんど変わってません。」
勤勉弁護士「何か，不動産や生命保険など価値のある資産を持ってますか。」
大阪さん「借家に住んでます。不動産なんてありません。生命保険は1つ掛けてます。今回，骨折したときに，何かお金がもらえました。その他には特にこれといった財産はありません。」
花子さん……（うなずく。）。
勤勉弁護士「会社を今辞めたら退職金がいくらぐらいか分かりますか。」
大阪さん「え，会社辞めんとあかんのですか，それやったら，再生なんとかはやめますわ。」
勤勉弁護士「いえいえ，そうではなくて，会社を辞める必要はないんですが，退職金も大阪さんの現在の財産とみなされるのでお聞きしているんですが……。」
大阪さん「ふぅ，びっくりしましたわ。退職金がいくらになるかですか，ちょっと分かりませんわ。結構，なごう勤めたから，いくらかはあると思うんですが……。」
勤勉弁護士「なんとか調べてみてください。大阪さんのお話によると給与所得者等再生による再生手続でいけそうですね。まず，このソフト（〔Bモデ

*2 定期収入の要件，収入額の変動の幅が小さい見込みであることの要件
　収入に歩合給を含む者（タクシー運転手，生命保険の外交員等）でも，通常，源泉徴収票や給与支給明細書によって定期的な収入を得る見込みがあることが推定できるから，定期収入の見込みの要件（法239条1項）は充たすことになる。これに対し，収入の額の変動の幅が小さい見込みであることの要件を充たすか否かについては，本人の地位，職種，収入の実態に応じて判断されることになる。源泉徴収票や給与支給明細書等によって，年単位の収入の変動の幅が5分の1未満であれば（法241条2項7号イ），変動の幅は小さいと解してよいであろう。
　年俸制の者，パート，アルバイト収入のみの者についても同様である（Q&A〔5〕「専業主婦やアルバイト，パートタイマーの個人再生の利用の可否」194頁参照）。
　例えば，兼業農家のような，給与のような確実かつ容易に算出できる収入とそれ以外の収入がある者については，給与以外の収入の部分が多いときには，債務者の全体の収入について，「（給与に類する）定期的な収入を得る見込みがある」という点はともかく，収入の「額の変動の幅が小さい」といえないこともある。したがって，この場合には給与所得者等再生を利用することはできない。
　また，転職や再就職の結果，年収に5分の1以上の変動が生じた場合は，現在の収入で判断する。勤務が過去の一定期間継続していたことが要件ではないので，就職してすぐの場合でも，正社員で相応の基本給がある等安定した収入が見込まれる場合には，本要件を充たすといえるが，その疎明は難しい面がある。

事例　Aモデル

ル】96頁＊5参照）を使って大阪さんの可処分所得の2年分を計算してみましょう。大阪さんの場合，手取り350万円，大阪市居住の3人世帯ですね。可処分所得額を算出するにあたって基礎にする大阪さんと被扶養者である奥さんと子供さんの年齢は，再生計画案を提出する日以後の最初の4月1日時点の年齢[*3]によることになります。そうすると，本件では平成〇年の翌年の4月1日時点の年齢ということになり，大阪さんが33歳，奥さんが30歳，子供さんが5歳ということになります。

　これで，可処分所得の2年分を算出すると，45万円ということになり，この点は問題なさそうですね。そうすると，借金の額が約700万円だということなので，債権者に，原則として3年間でその5分の1の140万円は払わないといけません。月々3万9,000円程度ですが，どうですか，できそうですか[*4]。」

大阪さん「うーん，月に3万9,000円でっか。まあ，何とかなるやろ。」

花子さん「何気楽なこと言うてんのん。毎月きっちり3万9,000円ゆうたら，大変やで。借りて返す訳にもいかんし……。生活切り詰めてもいけるかどうか……。」

勤勉弁護士「いっぺん，家計収支表に書き出して考えてみてください。」

　2人は，その場で思い付く限り，1か月の家計収支を勤勉弁護士が用意した表（【書式⑧　73頁】）に書き出した。

＊3　個人別生活費算出における再生債務者及び被扶養者の年齢の基準時
　　可処分所得額の算出のため個人別生活費を算出するに当たっては，再生債務者及び被扶養者の年齢は，再生債務者が再生計画案を提出した日以後の最初の4月1日における年齢による（政令2条2項）。
＊4　必要となる弁済原資の水準
　　この手続では，再生計画による弁済額（計画弁済総額）の最低水準は，法241条2項5号・231条2項3号4号に所定のとおりである（19頁参照）。また，再生計画において定める最終の弁済期は，再生計画認可決定の確定の日から3年（特別の事情がある場合には5年を超えない範囲内）後の日の属する月の日とすることとされており（法244条・229条2項2号），例えば，基準債権の総額が100万円以上，500万円以下である場合には最低100万円は弁済しなければならず，弁済期間を3年間とすると年間33万3,333円（月2万8,000円程度），弁済期間を5年間とすると年間20万円（月1万7,000円程度）は弁済原資を準備する必要がある。

花子さん「そら。苦しいで。幼稚園が高いんや。」

大阪さん「そやけど,ボーナスをやり繰りしたらいけるんちゃうか。3年間や。頑張ろ。」

花子さん「そやな。先生。なんとか頑張りますわ。」

勤勉弁護士「分かりました。現在の負債額の調査をしたり,債権者一覧表とか再生計画案とかいうのを作らなければならないんで,私に委任していただけるのであれば[*5],着手金30万円と実費をいただきますが,そういうのはすべて私の方でやりますが……。」

大阪さん「私,裁判なんかやったことありませんし,書類とかもよう作られしませんので,先生,お願いします。費用は,父親が何とかしてくれるはずなので,後日,父親から受け取って持ってきます。」

勤勉弁護士「分かりました。この手続をするには,裁判所に手続費用(印紙代,予納金,郵券)としてあらかじめ約2～3万円を納めないといけませんし,債権者に通知する切手代なんかの実費も約1万円必要ですから,34万円を持ってきてください。それから,戸籍謄本と住民票の写し,預金通帳などあなたの財産を示すものや給与明細書等が必要になりますので,それらも持ってきてください。債権者にも私が受任したという通知を出さなければならないので,すべての借入先の住所とか,いくら残っているかとかが分かる資料も持ってきてください。」

大阪さん「そういうと30万円だけやなかったですね。分かりました。それじゃ,先生,よろしくお願いします。34万円ですが,来週まで待ってもらえませんでしょうか。」

勤勉弁護士「いいですよ。それじゃ31日の月曜日だったらどうですか。」

大阪さん「それくらいなら準備できると思います。」

勤勉弁護士「じゃ,31日の月曜日にまた来てください。正式に受任したら私から

[*5] 弁護士による申立代理

債権者の主張する債権について,債権者一覧表を作成したり,債権者からの異議に対応したり,再生計画案を作成したりするのは,法律専門家である弁護士によらなければ難しいことから,大阪地方裁判所では,個人再生手続の申立ては,弁護士による代理申立てが一般的である。

> 債権者に対して受任通知を出します。そうしたら債権者からの取立てが止まって，とりあえず借金の返済をしなくてもよくなり，家計に余裕ができるでしょうから，無駄使いをしないようにして，余ったお金は積み立てるようにしましょう。」

　同月31日(月)，大阪さんは，父親が用立ててくれた34万円と弁護士から指示された書類（債権者の住所や残債務額を示す疎明資料，戸籍謄本・住民票その他の資料）を持って，再度，松葉づえをついて勤勉弁護士の事務所に行った。

　大阪さんが弁護士費用及び概算費用を持参したので，勤勉弁護士との間で，着手金・報酬・費用を最終確定の上，総合法律相談センター所定の内容で委任契約を締結した。そして勤勉弁護士は，委任状を大阪さんからもらい，同日，総合法律相談センターへの受任承認申請手続を行った。

　勤勉弁護士は，債権者の名称と所在をパソコンに打ち込んで宛名シートを作り，翌4月1日(火)にすべての債権者へ受任通知を発送した。

　受任通知には債権調査票を同封し，提出期限（同年4月11日(金)）を定めて取引経過の開示を求め，開示のない場合は，残債推計表*6による金額とする旨を付記した（【書式②③　51, 57頁】）。

3　申立ての準備

　勤勉弁護士は，適宜，大阪さんに事情聴取を行い，また資料の提出を求めた上で，定型の申立書式（大阪弁護士会の会員用ホームページからダウンロード可）を使い，以下のように申立ての準備をした。また，勤勉弁護士は，事情聴取の際に，大阪さんに対し，今後毎月給料日後直ちに，計画案で弁済を予定している月額3万5,000円を勤

---

*6　残債推計表
　　債権者に対して取引経過等の資料の開示を求め，それらを開示しない場合に，債権者一覧表に記載する債権額を，債権者の主張する金額又は債務者の申告による残債務額に，弁済期間等によりあらかじめ計算された一定の率を掛けた金額として推計するものである。例えば，利息制限法に定める利率を超えて長期間にわたり弁済を継続しており，引き直し計算をすれば，既に過払いとなっているような債権については，債権額は0円となり，過払いとなっていないとしても，過去の支払利率及び弁済期間等によっては債権者の主張する金額の50パーセントの額となったりする。

勉弁護士のところに送金するよう指導した。

① 申立書・陳述書の作成（【書式⑤ 59頁】）

必要事項を申立書式に記載する方法で，申立書・陳述書を作成した。陳述書の第5には，計画弁済総額126万円を3年間で弁済する（1か月当たりの弁済額3万5,000円）と記載し，その履行可能性については，添付する家計収支表の収支状況に照らして月額3万5,000円の弁済をしていくことが可能である旨記載した。

② 添付資料の確認

各疎明資料を大阪さんに提出してもらい，添付書類一覧表（【書式④ 58頁】）にチェックをしながら，内容を確認した。

③ 財産目録の作成（【書式⑦ 71頁】）

書式に従って，財産目録を作成した。問題となるのは，退職金，生命保険，敷金・保証金請求権の取扱い等であり，これらについては特に注意が必要である。

④ 債権者一覧表[*7]の作成（【書式⑥ 69頁】）

債権者から返送された債権調査票（【書式③ 57頁】）を検討し，利息制限法による引き直し計算をした上，債権者一覧表を確定したところ，結局，負債の合計額（再生債権総額）は約630万円となった。その際，異議を留保する債権者を検討したが，取引経過等を開示しなかった債権者については，債務者の申告した債務残額，弁済期間等に基づいて，利息制限法による引き直し計算の概算額（残債推計表の金額）

*7 債権者一覧表

再生債務者が，給与所得者等再生による再生手続を求める旨の申述をするためには，債権者一覧表を提出しなければならない（法244条・221条3項）。

債権者一覧表には，再生債権者の氏名又は名称並びに各再生債権の額及び原因等を記載しなければならず，これが提出されなければ，給与所得者等再生による再生手続は開始されない。手続が開始されると，債権者一覧表は，そこに記載されたすべての債権者に対して送付される（法244条・222条4項）。

債権者一覧表に記載されている再生債権者は，債権者一覧表に記載されている再生債権について，裁判所の定めた債権届出期間内に当該再生債権の届出又は当該再生債権を有しない旨の届出をした場合を除き，債権届出期間の初日（通常は，手続開始決定の日となる。）に，債権者一覧表の記載内容と同一の内容で再生債権の届出をしたものとみなされる（法244条・225条）。したがって，債権者は，送付された債権者一覧表に記載された金額で良いと考えれば，債権届けをする必要はない。

なお，債権者一覧表は，再生債権の届出書や異議書などとともに，申立代理人の事務所等において閲覧することができる状態に置く措置を執り，債権者から開示を求められた場合には，これに応じなければならない（規則140条・124条）。

を債権額として記載したので，本件では異議は留保*8しないこととした。
(5) 可処分所得額算出シート*9の作成（【書式⑦ 74頁】）
　　資料を確認の上，ソフトを用いて可処分所得額算出シートを作成した。可処分所得額の2年分は45万円であった。
(6) 滞納税の確認
　　大阪さんについては，自動車税の滞納が3万5,000円あることが判明し，課税庁と交渉の上，月額5,000円を弁済することとした。
(7) 給与所得者等再生手続申立ての方針確定と再生計画案の素案作成
　　資産（財産目録），負債（債権者一覧表），大阪さんの収入状況から，基準債権額が5,000万円を超えないこと，最低弁済基準額，清算配当額，可処分所得額，計画弁

*8　異議の留保
　　再生債務者の手元に各債権についての十分な資料がなく，債権の正確な額を記載することが困難な場合のあることを考慮して，再生債務者は，当該額の全部又は一部につき異議を述べることがある旨を記載することができる（法244条・221条4項）。
　　再生債権の総額は，最低弁済額算出の基準となるものであるから，それが高ければ再生債務者はその分多くの額の弁済をしなければならないことになるので，再生債務者にとっては再生債権の総額は低額である方が有利である。この異議の留保をすることによって，申立ての当初一応の金額として記載した債権額が，手続開始後の申立代理人から債権者に対する資料開示請求（規則119条）や債権届出手続において債権者が届出書に添付した資料等に基づき利息制限法によって引き直し計算をした結果，過大であることが明らかになった場合に，その超過部分が再生債権として手続上確定され，最低弁済額の基礎となることを阻止することができる。
　　しかし，申立代理人が，受任通知と同時に，各債権者に対して取引経過等の資料の開示を求め，それらを開示しない場合には，残債推計表（33頁*6参照）による処理を行うこととすれば，妥当な債権額による債権者一覧表を作成でき，異議の留保の必要性は極めて低くなると思われる。
　　本件でも，そうした処理を行い，異議を留保する必要がなかったため，異議の留保を債権者一覧表に記載することはしなかったのである。
*9　可処分所得額の算出
　　転職等により再生債務者の年収の額が再生計画案提出前2年間の途中で5分の1以上の変動があった場合には（このような場合でも，今後は，年収の変動の幅が5分の1未満と見込まれれば，法239条1項にいう「その額の変動の幅が小さいと見込まれるもの」に該当することになる。受任時チェックリスト（【書式① 43頁】）の給与所得者等再生の項参照），変動後の収入額をもとにして可処分所得額を算出することになる（法241条2項7号）。
　　大阪地方裁判所第6民事部では，可処分所得額の算出について，①給与明細書等から通勤手当が判明する場合は，それを収入金額から控除して可処分所得額を算出することができる，②再生債務者が離婚して未成熟子と別居している場合において，再生債務者が，その子のために一定額の養育費を支払っているときは，養育費として支払った額を被扶養者の個人別生活費として控除することができる（ただし，民事再生法第241条第3項の額を定める政令所定の個人別生活費の額が控除の最高限度額となる。）としている。

済総額，計画遂行の見込み等認可要件が充足される見込みであることを確認の上，3年間で合計126万円（月平均3万5,000円）の弁済をする内容の再生計画の素案を作成した。

4　再生手続開始の申立て及び予納金の納付

平成☆年4月25日(金)，勤勉弁護士は，大阪地方裁判所第6民事部に再生手続開始の申立てを行った。裁判所に提出した書類は，申立書・陳述書，委任状，戸籍謄本，住民票，財産目録，債権者一覧表，家計収支表，可処分所得額算出シート，添付書類一覧表，債務関係の疎明資料，財産関係の疎明資料，過去及び将来の所得に関する疎明資料である。定型申立書には，給与所得者等再生による再生手続を求め，給与所得者等再生による再生手続が認められない場合には小規模個人再生による再生手続をも求める旨の申述[*10]があらかじめ記載されている。申立ての方針もそのとおりなので，特に訂正をせずそのまま申立てをした。

申立書類が受理されたので，勤勉弁護士は予納金[*11]を納付した[*12]。

なお，特に必要性はなかったので保全処分の申立ては行わなかった。

5　書面による審尋及び再生手続開始決定

裁判所は，申立書類を受け付けた後，形式的審査を行い，申立書に必要事項の記載

[*10]　**給与所得者等再生が認められない場合の手続についての申述**
　　給与所得者等再生の申立てをする者は，その手続によることが認められない場合に備えて，小規模個人再生による手続開始，それも認められない場合の通常の民事再生による手続開始を求めるか否かを明らかにしなければならない（法239条3項）。この点，小規模個人再生による手続は給与所得者等再生による手続と，再生計画案についての決議を行うこと以外はほとんど変わらないが，通常の民事再生は手続の重厚さや手続費用の点から適合しにくいので，通常の民事再生手続は求めないが，小規模個人再生による手続は求めるという申述パターンが一般的である。

[*11]　**本人申立ての場合の予納金額**
　　再生債務者が，弁護士に委任せずに申立てを行った場合，大阪地方裁判所第6民事部では，司法書士によるサポートがあるときであっても，必要に応じて個人再生委員（法244条・223条1項）を選任し，財産調査の権限及び再生計画案作成に必要な勧告をする権限を付与して（法244条・223条2項1号3号）手続を進める方針であることから（なお，司法書士によるサポートもないときは，全件について個人再生委員を選任する方針である。），個人再生委員が選任される場合には，予納金も，それに必要な費用が加算されることになる。

[*12]　**予納金の納付**
　　予納金の納付がないと，手続は進行しないため（法25条1号），申立代理人としては申立後速やかに予納金を納付できるよう準備しておく必要がある。

事例　Aモデル

漏れがないか，必要書類が揃っているかどうかを確認するとともに，書面等の記載内容を審査した上（書面による審尋），裁判官は，給与所得者等再生による再生手続開始の原因があるとして，5月9日(金)午後5時付けで手続を開始する決定をした。開始決定後の手続の日程*13は，①債権届出期間が開始決定当日（5月9日(金)）から4週間後の6月6日(金)まで，②異議申述期間が債権届出期間の終期から土日祝日を除いた3日後の6月11日(水)から6月25日(水)まで（2週間），③再生計画案の提出期限が7月2日(水)（異議申述期間の終期から1週間後）というものであった。

裁判所は，再生手続を開始する旨の主文，その理由及び前記手続の日程等が記載された開始決定を作成した（【書式⑪　83頁】）。また，裁判所書記官は，直ちに，開始決定の主文並びに債権届出期間及び異議申述期間を官報公告する手続を執り，債権者一覧表に記載された債権者に対して上記公告の内容を記載した書面（【書式⑫　84頁】）と債権者一覧表を通常郵便で送付した。

なお，大阪地方裁判所第6民事部では，弁護士が申立代理人となって申し立てられた事件については，原則として個人再生委員を選任しない方針であり，この事件でも個人再生委員は選任されなかった。

そして，手続開始決定は約2週間後の5月23日(金)の官報に掲載された。

6　再生計画案の提出の準備

勤勉弁護士は，手続開始決定があったので，再生計画案作成の準備に入った。

勤勉弁護士は，受任以降，大阪さんに作らせていた家計簿や休職前及び復職後の給与明細等により，出入金状況を確認した上，実際に弁済に回すことができると見込まれる額を計算し，法定の最低弁済額を3年で弁済することができるかどうかを検討し

---

*13　規則による手続の日程に関する規定
　　規則には，手続の日程について以下のような規定が置かれている。
　① 債権届出期間
　　再生手続開始決定の日から2週間以上1か月以下（知れている再生債権者で日本国内に住所，居所，営業所又は事務所がない者がある場合には，6週間以上4か月以下）（規則138条2項・116条2項1号）
　② 一般異議申述期間の始期
　　債権届出期間の末日から2週間以下の期間を置いた日（規則138条2項・116条2項2号）
　③ 一般異議申述期間
　　1週間以上3週間以下（規則138条2項・116条2項2号）
　④ 再生計画案提出期間の末日
　　一般異議申述期間の末日から2か月以内の日（規則140条・130条・84条）

た。

　申立前に検討していたとおり，大阪さんの2年分の可処分所得額は45万円であり，財産目録により算出された清算配当額の総額は41万8,550円であった。したがって，本件の再生債権の総額である630万円の5分の1の126万円（3年で弁済するとすると1年当たり42万円）が法定の最低弁済額となる。一方，大阪さんの収入は年350万円であり，家賃年120万円（月10万円），食費その他生活費年156万円（月13万円）が必要としても，年74万円を弁済に回すことができることになるので，年42万円の返済であれば，臨時的な支出増などを考えても何とか支払える見込みがあると判断した。

　そこで，勤勉弁護士は，申立時に作成していた再生計画案の素案に基づき，再生計画案（【書式⑬　85頁】）を作成し，併せて，各債権者に対する弁済計画を記載した一覧表[*14]も作成した（【書式⑭　86頁】）。

7　財産目録及び報告書の提出

　勤勉弁護士が提出した申立書では，財産目録及び報告書は申立書添付のものを援用し，開始決定までに記載内容に変動があった場合は改めて提出することとしており，申立後，開始決定までの間に変動はなく，新たに報告すべきこともなかったので，勤勉弁護士はこれらを提出しなかった[*15]。

[*14]　**再生計画による弁済計画表**
　　再生計画案では，弁済に係る一般的基準しか示されず，各債権者がいつ，いくらの弁済を受けるか判然としない。そこで，制度上作成を要求されているものではないが，各債権者に対する弁済額及び弁済時期を明示した一覧表を作成し，再生計画案を各債権者に送付する際に，同時に申立代理人から送付するのが相当である。

[*15]　**再生債務者の財産目録・報告書の提出**
　　法124条2項，125条1項により，再生債務者は，開始後遅滞なく財産目録及び報告書を提出しなければならないとされている（貸借対照表の提出は法244条，228条で免除されている。）。しかし，個人債務者再生手続においてはその簡略化が図られていることもあり（規則140条・128条），大阪地方裁判所第6民事部では，申立時に申立書において，それらは申立書添付の財産目録及び陳述書等を引用する旨記載し，その後開始決定までに変動があった場合のみそれらを提出するという取扱いである。したがって，変動がない場合には，それらを改めて提出する必要はない。
　　なお，財産目録・報告書は，債権者一覧表等（規則140条・124条）と同様に，申立代理人の事務所等において閲覧することができる状態に置く措置を執り，債権者から開示を求められた場合には，これに応じなければならない（規則140条・129条）。

8 債権届出

6月6日(金)までの債権届出期間*16が満了した。その間に届出をした債権者はいなかったので*17，債権者一覧表に記載された債権者らは，その内容によって債権届出期間の初日である開始決定日（5月9日）に再生債権の届出をしたものとみなされることとなった。

9 異議申述

6月25日(水)までの異議申述期間が満了した。その間に異議の申述をした債権者はいなかったので*18，手続の基礎となる再生債権の額は届出がされたとみなされる内容で確定した。

なお，給与所得者等再生において，確定した再生債権の金額は，①5,000万円という

---

*16 **債権者届出の再生債権に関する要約書面の提出**

再生債務者及び届出再生債権者は，債権者一覧表及びその後に提出された再生債権の届出書を見て，異議を述べるかどうかを判断することになるが，個人再生においては，法律上認否書（法101条）に相当するものの作成が要求されていない（法245条・238条）ため，実務上一般異議申述期間において，特に届出再生債権者に対して必要な情報を開示するための工夫をする必要があると考えられる。そこで，裁判所が必要があると認めるときは，再生債務者に対し，債権者一覧表の記載に関し，債権者一覧表の提出後に生じた記載内容の変更等を集約した書面の提出を求めることがある（規則140条・120条1項前段）。

*17 **債権の届出**

債権者一覧表に記載されている再生債権に関する記載内容を争う意思のある場合や債権者一覧表に記載のない再生債権を有する場合，再生債権者は，通常の再生手続と同様，債権届出期間内に再生債権の届出をすることができる（法94条）。この届出には，金額の拡張の場合のほか，対象債権の追加又は差替えの場合があり，これらの違いを届出書上明らかにするため，届出書においては，各債権について，債権者一覧表に記載されている再生債権との関係を明らかにしなければならない（規則140条・118条）。

また，再生債権の届出をするときは，届出書のほか，その写しを提出しなければならない（規則32条1項）。この写しは，再生債務者が届出再生債権に関する証拠資料を求め（規則119条），異議を述べるかどうかを判断するためのものであり，届出書の写しが提出されたときは，裁判所書記官は，再生債務者に対し遅滞なくその写しを送付しなければならない（規則32条2項）。

*18 **異議の申述が行われた場合の手続の日程**

本件では，債権の届出も異議の申述も行われなかったが，債務者が債権者一覧表に記載した額を上回る額の債権の届出があった場合や，債務者が異議を留保した債権について，その後債権者から資料を入手するなどして債権者一覧表に自ら記載した金額が実際の債権額を超過していることが判明した場合には（規則には，再生債務者が，再生債権に対して異議を述べるかどうかを判断するため必要があるときは，再生債権者に対し，当該再生債権に関する証拠書類の送付を求めることができる旨の規定が置かれている（規則140条・119条）。），再生債務者が異議の申述をすることがあり得る。

上限要件算定の基礎，②最低弁済額を求めるための基準，③再生計画案の作成にあたって債権のカット率を定める目安となる。

10 再生計画案の提出及び再生計画案に対する意見聴取手続の開始決定

勤勉弁護士は，再生計画案の提出期限[*19]の6日前である6月26日(木)に再生計画案を提出した[*20]。

また，大阪さんは，勤勉弁護士の指導により，申立前から毎月3万5,000円を勤勉弁

[*19] 再生計画案の提出期限
　大阪地方裁判所第6民事部では，再生計画案の提出期限を異議申述期間の終期の数日後と定める方針である。これは再生計画案は将来の収入金額との関係で規律されるため申立前からおおむね策定できるので，異議申述期間終了後速やかに提出することが可能と思われるからである。
　なお，大阪地方裁判所第6民事部では，従前の取扱いを改め，届出債権に対して異議が述べられても原則として再生計画案提出期限の伸長はしないこととしている。異議申述後に評価の申立てがされることはまれであるし，評価の裁判の結果，免除率等再生計画案の変更が必要になる場合は，その時点で再生計画案を修正すれば足りるからである（法167条）。
　また，最初に提出した再生計画案の不備を補正するため，裁判所の許可を得て再生計画案を修正する場合，大阪地方裁判所第6民事部では，従前，修正許可申請書を提出する取扱いであったが，平成16年11月からはこれを改め，補正された計画案が提出されれば，黙示の修正許可申請があったものとして，裁判所がその許可をすることとした（ただし，再提出する再生計画案の作成日付は，その提出日を必ず記載することとしていただきたい。）。

[*20] 手続の廃止
　再生計画案を期限までに提出しないと，裁判所は再生手続を廃止する（法243条2号）。手続が廃止されると，職権で破産手続開始決定がされることがある（牽連破産。法250条1項）。再生手続開始の申立ての棄却，再生手続廃止，再生計画不認可，再生計画取消しの決定が確定すると，職権で破産手続開始決定されることがあるが，その主な場合としては以下のようなものがある。
① 再生計画案提出の関係
　再生計画案を期限までに提出しない場合（法243条2号）
② 再生計画における弁済額の関係
　再生計画案における弁済額が，法定の最低弁済額未満（法241条2項5号7号・231条2項3号4号）又は再生債務者が破産した場合の配当総額未満（法241条2項2号）の場合や，上記金額以上の金額を弁済する内容の再生計画案であっても，その履行可能性がないと認められる場合（法241条2項1号・174条2項2号）
③ 再生債権総額の関係
　再生債権の総額が5,000万円を上回ることが判明した場合（法241条2項5号・231条2項2号）
④ 破産免責等の関係
　過去7年間に破産法による免責許可を受けていたことなどが判明した場合（法241条2項6号・239条5項2号）

護士に送金していたが、勤勉弁護士は、履行可能性を示す資料として、積立状況等報告書（【資料③積立状況等報告書　299頁】参照）及びこれを裏付ける通帳の写しを提出した。

　裁判所は、提出された再生計画案について不認可事由の有無を審査したところ、不認可事由があるとは認められなかったので、提出日の翌日の6月27日㈮に当該再生計画案について再生債権者の意見を聴く旨決定（【書式⑮　87頁】）し、その旨を公告する手続を執り、再生債権者に対し、再生計画を記載した書面及び当該再生計画について不認可の決定をすべき事由がある旨の意見がある者は、7月25日㈮までにその旨と当該事由を具体的に記載した書面を提出すべき旨を記載した書面（【書式⑯　88頁】）を通常郵便で送付した。

　なお、再生計画案の主要な認可要件は以下のとおりである。

① 再生計画案の遂行の見込みがないとはいえないこと（法241条2項1号・174条2項2号）

② 再生計画案に基づく弁済額（計画弁済総額）が清算価値を下回らないこと（清算価値保障原則）（法241条2項2号）

③ 計画弁済総額が法231条2項3号4号に所定の額を下回っていないこと（19頁参照，法241条2項5号）

④ 計画弁済総額が再生債務者の2年分の可処分所得額[21]以上の額であること（法241条2項7号）[22]

⑤ 最終の弁済期を、再生計画認可の決定の確定の日から原則として3年後の日が属する月中の日とすること（法244条・229条2項2号）

⑥ 弁済期が3月に1回以上到来する分割払いの方法によること（法244条・229条2項1号）

---

[21]　可処分所得額の算出
　　ここでいう可処分所得額は、実際の可処分所得額ではなく、再生債務者の過去2年分の実際の収入額を基準として算出する1年分の収入額から生活に必要な費用（生活維持費）を控除して算出した金額であり、その生活維持費は、再生債務者及びその被扶養者の年齢、居住地域、被扶養者の数、物価の状況その他一切の事情を勘案して政令で定められるものである（法241条3項）。

[22]　可処分所得要件
　　再生計画は原則として3年で弁済することとされているので、形式的には、最低2年分の可処分所得相当額以上の額を3年で弁済することになる。

11 官報公告

再生計画案の意見聴取手続の開始決定から約2週間後の7月11日㈮の官報に、この事件の再生計画案について意見を聴く旨が掲載された。

12 再生計画認可決定とその送達及び手続の終結

意見聴取期間の終期である7月25日㈮までに意見の提出がなく、その後、不認可事由が判明したということもなかったので、裁判所は、意見聴取期間の終期から土日祝日を除いた3日後の7月30日㈬に再生計画の認可決定を行い(【書式⑰ 89頁】)、認可決定の主文及び理由の要旨の送達に代わる官報公告（法10条3項）の手続をした。

再生計画認可決定は、約2週間後の8月13日㈬の官報に掲載され、それから2週間の即時抗告期間（法9条）内に即時抗告がなかったので、8月28日㈭に確定し、これにより、大阪さんの再生手続は終結した。

13 再生計画の履行

大阪さんは、申立前に勤勉弁護士から指導を受けて以来、毎月、給料日後直ちに金3万5,000円を勤勉弁護士に送金していたが、勤勉弁護士は、再生計画認可決定確定の翌月から[*23]再生計画に従い債権者に送金し[*24]、3年後に履行を終了した。

個人再生においては履行監督の制度はないので、申立代理人は再生計画による債務者の弁済を監督することが望ましい。本件でも、勤勉弁護士を通じて債権者に対して支払いをすることで、履行の監督が行われ、3年間の履行が確保された。

[*23] 認可決定確定の日の確認
　　申立代理人としては、第1回目の弁済月を把握するため、官報をチェックするか、又は決定の約1か月後に裁判所に問い合わせをして、認可決定確定の日を確認しておくことが必要である。

[*24] 再生計画に従った弁済の方法
　　再生計画に従った弁済を、申立代理人である弁護士が債務者から送金を受けて行うか、債務者自身が行うかについては、従来の任意整理でも両方の方法が選択されていた。履行の監督の趣旨では、申立代理人である弁護士が行うことが望ましいといえる。なお、このような再生計画の履行についての弁護士業務に別途費用を要するとする場合には、当初の段階で債務者本人に説明をしておくべきであろう。

【書式①　受任時チェックリスト】

受任時チェックリスト

第1　自己破産，特定調停，任意整理と個人債務者再生（小規模個人再生・給与所得者等再生）の概略

1　自己破産〔H15　242,377件，H16　211,402件〕
　①　着手金約30万円が必要である。
　②　予納金等が必要である。
　③　支払不能の要件がある。
　④　資格制限がある。
　⑤　破産者への偏見・誤解がある。
　⑥　免責不許可事由がある。
　⑦　自宅を失う可能性がある。
　⑧　原則7年間は再度の免責が困難である。
　⑨　連帯保証人があるとき，連鎖破産の危険がある。

2　特定調停〔H15　537,015件，H16　約44万件〕
　①　費用が安い。
　②　調停委員が債権者との調整を促進する。
　③　個別に全員の合意が必要。
　④　利息制限法引き直しはあるが元本カットは難しい。

3　任意整理
　①　債権者1名当たり弁護士の着手金2万円程度（大阪弁護士会総合法律相談センターの事件受任審査基準では，着手金は債権者1名当たり2万円，ただし，5万円を最低限とする。報酬の定めも一定の範囲で可能）である。
　②　分割弁済で利息制限法引き直し後の元本カットは困難。

4　小規模個人再生（給与所得者等再生に共通なものは〔◎〕，異なる点は〔★〕）
　①　弁護士に委任した場合，着手金30万円程度である。〔◎〕

（大阪弁護士会法律相談センターでは，着手金30万円・報酬はなし〔住宅資金特別条項を定める時は40万円まで受領可能である〕）

② 費用は，大阪地方裁判所第6民事部の場合，1万円（印紙）＋予納金1万1,928円である（個人再生委員が選任されないとき）。〔◎〕

③ 支払不能のおそれでよい（法21条1項）。〔◎〕

④ 負債5,000万円（住宅ローン等除く）以下である（法221条1項・239条1項）。〔◎〕

⑤ 将来において継続的又は反復して収入を得る見込みが必要である。〔◎〕

⑥ 給料差押えの中止が可能である（法26条・39条）。〔◎〕

⑦ 場合によれば自宅の保持が可能である（住宅資金特別条項・抵当権実行中止もあり得る）。〔◎〕

⑧ 3（〜5）年間での分割払いである（法229条2項2号・244条）。〔◎〕

⑨ 最低弁済額は基準債権（無異議と評価済み）の5分の1か100万円の多い方である（例えば，当初の負債額700万円，債権調査で元本充当の結果に基づき630万円になったならば，その5分の1は126万円（＞100万円），それを3年間〔月35,000円〕。ただし，基準債権が100万円未満のときは全額，基準債権が3,000万円まではその5分の1が300万円を超えるときは300万円，また基準債権が3,000万円を超える場合は，その10分の1が最低弁済額となる）。〔★〕

⑩ 最低弁済額は仮に破産した場合の配当額を上回る必要がある。〔◎〕

⑪ 年4回以上の分割支払いが求められる（法229条2項1号・244条）。〔◎〕

⑫ 債権者の消極的同意でよい（例えば，議決権者6名で700万円なら，反対が2名まで，かつ，合計350万円までならば計画案は可決されたとみなされる（法230条6項））。〔★〕

⑬ 借入の主たる原因が浪費・賭博でも手続の利用は可能であり，再生計画にしたがった返済が途中で支払いが著しく困難となれば2年間の延長が可能である（法234条・244条）。ハードシップ免責がある（法235条・244条）。〔◎〕

⑭ 不法行為等により生じた債権については，再生計画で債権額を減免できない場合がある（法229条3項）。〔◎〕

5 給与所得者等再生

① 小規模個人のうち給与又はこれに類する定期的収入を得る見込みがあり，かつ変動の幅の小さい者（年間で見て5分の1以内のぶれならば可。なお，転職や再就職で5分の1以上のぶれがあっても給与所得者等再生は利用できる（法239条1項・241条2項7号イ参照））。

② 小規模個人の最低弁済額か可処分所得（収入－最低生活費←政令で当てはめる〔最低生活費の額を自動的に算定するソフトをインターネットで入手できる。「松尾さんのHome Page」http://www1.ocn.ne.jp/~matsuo3/。現在，生年月日を入力すれば年齢等反映されるように改良され定期的に更新されている。なお，大阪地方裁判所第6民事部の場合は，給与明細書等から通勤手当が判明する場合は，収入金額からの控除をすることができる）の2年分（これを原則3年間で支払う）の多い方を支払うこととなる。

【例1】 大阪市在住，夫（32）・妻（30）・子（5）同居，家賃10万，清算価値50万の場合
・手取年収（税込み年収－源泉税－地方税－社会保険料）＝377万円→ 99万円
・手取年収   ＝477万円→299万円

【例2】 大阪府南河内郡千早赤阪村在住，男（32）独身
・手取年収   ＝217万円→ 98.2万円
・手取年収   ＝317万円→298.2万円

（年収が高額の時，300万円以上支払わねばならないことがある。債権者の消極的同意で足りる小規模個人再生との選択について検討が必要である。給与所得者であっても，実際の家計支出額が多く，3年間（最長5年間）で可処分所得の2年分を弁済することができない場合は，小規模個人再生の選択をすることになろう。cf.先に小規模個人再生の申立てをして不認可決定のあと，給与所得等再生の申立ても可）

③ 債権者の同意が不要である（法240条）。
④ 再申立ての制限がある（法239条5項2号）等。

第2 個人債務者再生の個別チェックリスト

□ 負債総額（住宅ローンの額，別除権の行使で弁済が受けられる額及び罰金を除く。保証債務も含む）が5,000万円以下か

・自宅建物に分割払いの住宅ローンの抵当権があるときは（さらに後順位抵当権が付いていても）全額無視できる（法239条1項・221条1項）。

・それ以外の抵当権付き不動産があるときは，残被担保債権から抵当権実行で配当されると予想される額を控除して負債額の計算に入れる（不動産の簡易評価が必要である）。

・例えば，自宅の住宅ローン5,000万円，それ以外の抵当権付き不動産（残債権5,000万円，実行による配当予想額4,000万円），その他の借金800万円とすると，0＋（5,000万円－4,000万円＝）1,000万円＋800万円＝1,800万円＜5,000万円であるので，要件を満たす。

□ 職業は何か
  ・サラリーマン→給与所得再生・小規模個人再生可。
  ・歩合給，パート・アルバイトも同じ。
  ・年金・恩給収入も同じ。
  ・農業従事者・季節労働者は小規模個人再生は可。
  ・個人と同視できるような小規模な会社の代表取締役は小規模個人の方が無難である。

□ 給与等の年収が変動している場合，過去2年間（相談の年の前年度と前々年度）の年収の比較で20％以上の違いがないか
  ・給与所得者等再生についての法239条1項の「変動の幅が小さいと見込まれる」とは，年収で2年間比較して20％以上の違いがないとき，と一般にいわれている。20％を超えるときは，小規模個人再生を選択すべきである（なお，途中で転職したり，就職したりして20％以上変動あるときでも，転職後の給与等の変動の幅が小さいと見込まれるときは，給与所得者等再生の申立てが可能である）。
  ・再生債務者の年収額が再生計画案提出前2年間の途中で5分の1以上の変動があった場合には，変動後の収入をもとに可処分所得を計算し，また，再生計画案提出前の2年間の途中で給与所得者等に新たになった場合には，そのようになった後の収入額をもとに可処分所得を計算する。

□ 毎月の返済可能額が月2万7,778円程度支払えるか（最低弁済額100万円÷3年÷12か月＝約2万7,778円〔なお，特別の事情があり返済期間を5年間とすると100万円÷5年÷12か月＝約1万6,667円〕）
  ・法241条2項5号で引用する231条2項4号，244条で準用する229条2項2号。これも無理なら，破産か（日弁連2002年の破産記録全国調査1,209件中，負債額200万円以下での破産宣告が8％ある。負債額100万円以下でも破産が認められた例がある）。
  ・配偶者その他の同居世帯の家族に収入があるときは，再生計画案のイメージを描くときに，その収入も履行可能性の要素として考慮してよい（これに対し，政令の可処分所得額を計算する際には，配偶者等の収入を可処分所得額算出の基礎となる収入の金額に算入しなくてよい。例えば，本人の年収が300万円，配偶者の年収がパートで50万円とすると，350万円の年収があるとして政令の可処分所得額を計算するのではなく，本人の年収300万円のみがその計算の基礎となる。また，配偶者に収入があっても，税込み年収が

103万円以下の場合には，その配偶者は被扶養者のままであり，法241条3項の「1年分の費用」の算出に際しては，その配偶者に係る控除費目も控除してよいが，配偶者の年収が103万円を超える場合は，被扶養者にカウントできず，その配偶者に係る控除費目を控除することはできない。なお，大阪地方裁判所第6民事部では，再生債務者が離婚して子と別居している場合であっても一定額以上の養育費を支払っている場合には，政令で定める個人別生活費までの範囲で，支払った額を被扶養者の個人別生活費として控除することを認めている）。

☐ **計画弁済額が清算価値以上か**
- 計画弁済額は破産の場合の清算価値以上でなければならない。そうでなければ再生債権者の一般の利益に反することになる（法230条2項・174条2項4号・241条2項2号）。最低弁済額は原則100万円なので，消費者破産で任意配当しない同時廃止相当な事案の場合は問題ない。

- 退職金は大阪地方裁判所では原則8分の1（各地の裁判所で異なる）とし，借家の敷金・保証金は解約返戻金から60万円及び滞納家賃をさし引いて算定する（他に一定額の控除を認める裁判所もある）。預貯金・保険金は借入があれば相殺し，動産類については時価10万円以上のものを記載する。

☐ **過去に破産免責を受けていないか（給与所得者等再生の場合）**
- 免責決定を受けている場合は，免責決定確定から7年経過しているか（法239条5項2号）。
- 7年経過していなければ，小規模個人再生の申立てをする。

☐ **着手金が準備できるか**

☐ **勤務先に知られずに申立てが可能か**
- 給与所得者等再生の関係で，定期的収入の疎明のための添付書類（規則136条3項1号）として，確定申告書写し，源泉徴収票写し，給与支給明細書，退職金証明が必要である。確定申告書は納税額が多くなくても税金還付の申告のときのものがあろう。2年分も残していない人が多いかも知れない。給与支給明細書が一部欠けていても説明書なりで補足説明すればよいだろう。しかし，法241条2項7号の関係で，手取額を明らかにするためには，所得税・地方税・社会保険料（所得税等という）の額が必要である。

- 源泉徴収票が入手できない場合は課税証明書（市町村で発行）の総収入等の記載から，所得税額等を計算しなければならない。

- 退職金証明が入手できない場合は就業規則及び計算式等でも代替可能である。

- いずれにしても，会社等から受け取るこれらの書類を保管するよう指導することが大切である。

□ 在日外国人でも申立てできるか
- 現在は可能である。法3条で「外国人…は，再生手続に関し，日本人…と同一の地位を有する。」（破産法も同様に改正された）と定める。

□ 連帯保証人がいる場合でも利用できるか
- 個人再生手続の申立てにより連帯保証人の返済義務が具体化するので，連帯保証人についても倒産手続の検証が必要である。住所が異なっても同一の裁判所へ双方が個人再生手続の申立てをすることが可能である（夫婦の場合も同じ）。

□ 住宅資金特別条項が利用できるか
- 居住用建物の建設・購入・増改築資金（敷地や借地権取得費用も含む）で，分割ローンであること，そのローン債権か保証会社の求償権担保の抵当権が建物に設定されている場合に利用できる（法196条1号〜3号・198条1項本文）。ただし，住宅の上に他の使途に関する抵当権が設定されている場合は，先順位・後順位を問わず，利用することができない（商工ローンなどが設定する仮登記も含む）（法198条1項ただし書）。

- 住宅兼店舗でも住宅の床面積が2分の1以上であれば利用できる（法196条1号）。

- 延滞により保証会社が代位弁済していても代位弁済から6か月以内なら申立てができる（法198条2項）。

- 抵当権が実行されていても，競売手続の中止が可能である（法197条。なお，借地権付き建物で底地の抵当権実行により借地権がなくなるとき，定期借地権で期間満了が近いとき，滞納処分による差押えがあり処分解除の合意ができないなどで，所有権を失う見込みがあるときは不認可となる，法202条2項3号）。

- 住宅ローン以外に負債がなくてもこの制度を利用できる。

- 期限の利益回復型（延滞分を上乗せして3（5）年間で支払う。なお，住宅ローンを遅滞していない場合にもこの期限の利益回復型となる。），最終弁済期延長型（10年延長かつ70歳まで），元本据置型，同意型がある（法199条）。

- 再生計画に住宅資金特別条項を定める場合には，一般債権者への弁済額以外で支払わねばならないので，これが可能か見定める必要がある。実際には，ローンを延滞していれば，かなりの額を支払うこととなるので，同意型が相当の割合を占める実情がある。また，債権者一覧表に住宅資金特別条項を定める記載をしたのに，あとで遂行可能性がないとして定めない場合には，再生計画案が排除され手続が廃止または不認可となる可能性があるので注意が必要である（法230条2項・191条2号・243条・231条2項5号・241条2項5号）。

- したがって，事前に住宅ローン債権者と交渉することが必要である（規則101条1項）。特に同意型を予定している場合，具体的な弁済計画について同意が得られる見通しをつけた上で申し立てる必要性が高く，このような見通しのないまま申立てをして開始決定がなされると，計画案の提出期限内（大阪地方裁判所第6民事部では開始決定後約7週間後）に同意を得ることができず，手続廃止となるおそれもある。

- マンション管理費に滞納がある場合は住宅資金特別条項が利用できない（∵別除権付債権として扱われる）。

☐ 返済の経過を証する領収証等が殆どなく債権額が確定できない場合，この制度は利用できないか
- 申立てを急がなければならないときは（給料差押え等があり早く申立てをして，早く開始決定をしてもらう必要がある場合など），とりあえずの金額を債権者一覧表に記載しておき（ただし，定型書式では債権者一覧表に「異議の留保」欄があるので，かならずマークをしておかなければならない（法226条1項ただし書・244条）ので注意を要する），開始決定後に債権者から資料送付を求めればよい。

- 過払いが明らかと思われる場合には「0円」と記載することも許されると思われる。

☐ 家計簿や日計表をつけていなければならないか
- 家計管理等をしていない債務者が多いと思われる。再生計画の立案に際しては，将来の（定期的）収入を予想する必要がある。任意整理では一般に少なくとも3か月程度の収支状況をみて履行可能性とその継続性を検討する。したがって，相談を受け個人債務者

再生の申立てが可能性であると判断すれば，直ちに家計簿等の作成（なお，【書式⑧ 73頁】）を指導する。

□ 再生計画の立案について

・再生計画の立案については，申立後（相談後）返済資金のプールが可能な状態となっているかを見定める必要がある。したがって，きめ細かなサポートが不可欠である。弁護士等が受任後直ちに「口座」を設けて積立てをすることが望ましい。再生手続開始決定後は必ず積立てを行い，通帳を示すことができるようするものとする。

・小規模個人再生での計画弁済総額の最低額，給与所得者等再生の場合の可処分所得2年分で本当に返済が可能か，多少の余裕があるか，等について本人とよく協議しなければならない（途中で挫折したときは破産に移行する可能性があることをよく説明する）。

・手続内で確定した基準債権が630万円とする。この場合には，小規模個人再生では収入如何に関わらず3年間（～5年間）で126万円以上（基準債権の5分の1）の返済が必要。一方，給与所得者等再生では，仮に標準3人世帯で税込み500万円を超えるような場合には，1年分の費用を控除した2年分の可処分所得が126万円を超えることがある（これを3～5年で返済する必要がある）。126万円を3年で弁済するのであれば月35,000円というように月額ベースでの返済額を計算してイメージを掴むこととなろう。

□ 再生計画が認可された場合，弁護士等のサポートはどうなるか

・再生計画に対し認可決定がなされ公告の後確定すれば，再生手続は終結する。通常の民事再生のように監督委員が履行の監督をするのでもなく，本人が支払っていくこととなる。もし途中で支払いを延滞すれば，再生債権者の申立てにより再生計画が取消されることもある（法189条1項2号3項）し，再生債務者による再生計画変更の申立て（法234条・244条）が必要なこともあろう。

・履行についても弁護士等が引き続いて支援していくことが大切である。弁護士が顧問となったり，弁済毎に一定の費用（振込送金料も含めて）を支払う（例えば，債権者1名あたり1,000円とか）という方法も考えられる（大阪弁護士会総合法律相談センターの事件受任審査基準では，再生計画履行補助費用として，月額2,000円以下〔金融機関への振込手数料は除く〕と定められている）。このような場合には，あらかじめ債務者に十分な説明を行い，弁済額の計算の際にも，この費用を予定しておく必要がある。

事例　Aモデル

【書式②　受任通知及び債権調査へのご協力のお願い】

（申立前の資料請求）

平成☆年　4月　1日

債権者　各位

住　所　〒530-0000　大阪市○区△△△○丁目○番○号
氏　名（債務者）　　大　阪　太　郎
　　　　　　　　　　〔昭和☆年6月28日　生〕

住　所　〒530-0047　大阪市北区西天満○−○−○
　　　　　　　　　　△△ビル3F
（TEL06-0000-0000，FAX06-0000-0000）
代理人　弁護士　勤　勉　一　郎　㊞

受任通知及び債権調査へのご協力のお願い

拝啓　貴社（殿）ますますご清栄のこととお慶び申し上げます。
　当職は，債務者　大阪　太郎　より委任を受けた代理人弁護士として本書を呈上致します。
　さて債務者は，生活費捻出等のために貴社らから借入れをしており，これまでの本人の返済努力にもかかわらず，借入金は徐々に増え続け，現在，貴社をはじめ11社に対し合計約700万円の負債を負っており，支払不能（のおそれある）状態となっています。
　そこで鋭意検討の結果，万やむを得ず，個人債務者再生手続の申立てをすることとなりました。
　つきましては，まず，貴社の債務者に対する債権額を確定する必要がありますので，ご多用とは存じますが，同封の「債権明細調査票」に必要事項をご記載の上，貴社と債務者との借用書又は契約書の写し等債権の存在を明らかにする書面と共に，当職宛4月11日（金）までに速やかにご送付下さるようお願い申し上げます。
　また，その際，当初契約分から現在までのすべての取引履歴のご送付をお願い致しますと共に，利息制限法による計算書もお付け下さい。
　このように取引当初からの取引履歴を求める理由並びに取引当初からの資料の送付が頂けない場合の対応（やむを得ず概算で異議を述べることとなる予定です）につきましては，別紙の記載を参照願います。
　なお，債務者本人及びその家族は完全に疲弊しておりますので，債務者の窮状にご理解願い，いわゆる貸金業規制法及び金融庁の事務ガイドラインに従って，本人には一切ご連絡なきようお願い申し上げます。万一，信用毀損，威迫等の言動があった場合には，断固たる措置を採る所存ですので念のため申し添えます。
　貴社には誠にご迷惑をおかけいたしますが，債務者の窮状をご賢察下さりご協力頂きたくお願いする次第です。

（別紙） （申立前の資料請求）

1 借換前の資料も含め取引当初からの取引履歴を求める理由
① 全国の弁護士会の統一基準となっている「クレジット・サラ金問題処理の統一基準」において，会員（弁護士）は多重債務者の債務整理の処理に際して，「債権者に対し，債務者との取引開始時点からのすべての取引経過の開示を求めること。」とされています。
② また，最高裁判所事務総局民事局監修「債務の調整に関する調停執務資料」27頁において，最高裁昭和55年1月24日判決（判例時報956号53頁）も引用して，「旧債務に関する資料の提出を受ける必要があると考えられる。」とされています。そして，最高裁判所第三小法廷平成17年7月19日判決は，貸金業者が「貸金業法の適用を受ける金銭消費貸借契約の付随義務として，信義則上，保存している業務帳簿（保存期間を経過して保存しているものも含む。）に基づいて取引履歴を開示すべき義務を負う」との判断を示しました（金融商事判例1221号2頁）。

2 取引当初からの資料の送付が頂けない場合の対応
① 本人からの申出内容と異なって，取引当初からの資料提供がない場合には，やむを得ず，申立書には下記の表を参考に適宜の額を記載します。また，添付の債権者一覧表には異議留保をします（民事再生法221条4項・244条）。
　この「残債推計表」は，利息制限法に従って元本充当した結果の残債務の概略を若干債務者に有利に示しています。この表について，あるいは実際の取引との相違（借換毎の貸与額問題等）について債権者にご不満があるかも知れませんが，その場合は次に説明する「評価の申立て」制度があります。

残債推計表

返済年数	返済状況		
	利息のみ支払		元利支払
	年利40.004%	年利29.2%	
6月	90%	90%	80%
1年	70%	85%	50%
1年6月	60%	80%	25%
2年	45%	70%	0%
2年6月	30%	60%	0%
3年	10%	50%	0%
3年6月	0%	40%	0%
4年	0%	30%	0%
4年6月	0%	20%	0%
5年	0%	10%	0%
5年6月以上	0%	0%	0%

（この表の元利支払では，10万円までの借入れについて20分の1の5,000円ずつの返済というように，借入額を20等分した月々の返済額を想定）
② 個人再生手続が開始された場合，債務者からの資料送付請求が認められており，その要求があったときは，債権者は，速やかにこれに応じなければならないとされています（民事再生規則119条・140条）。しかし，本件では，申立前に請求させていただいていますので，提出がない場合には，開始決定後に再度請求するつもりはありません。
③ もし，一覧表記載の金額に債権者が不満な場合，債権届をすることができますが，当方は一覧表記載の金額より多ければ，異議申述をすることとなります。
④ 債権者が異議申述に不満な場合，異議申述期間末日から3週間の不変期間内に再生債権について評価の申立てができますが，この場合，個人再生委員が選任されます（既に選任されている場合には，債権調査について職務の指定がなされます）。そして，評価の申立てと同時に債権者から費用の予納をしなければなりません。この予納金の納付については費用対効果が考えられるべきでしょう。
　さらに，個人再生委員からは，当然のことながら，取引当初からの資料提出の要求がなされ，不提出の場合には罰則があります（民事再生法227条6項・244条・266条2項）。
⑤ したがって，この段階での資料送付請求に応じていただく方が賢明と思われます。

以上

事例　Aモデル

【参考資料「残債推計表」作成の参考資料】

利息制限法による計算書（年利40.004％の利息のみの支払）

残債推計表

		借入日	借入金額	弁済額	利率	日数	利息	未払利息	元本充当額	残元金	
		返済日									
	1	H12.1.31	500,000		0.18				0	500,000	
	2	H12.2.29		13,020	0.18	29	7,131	0	5,889	494,111	
	3	H12.3.31		17,000	0.18	31	7,533	0	9,467	484,644	
	4	H12.4.30		17,000	0.18	30	7,150	0	9,850	474,794	
	5	H12.5.31		17,000	0.18	31	7,238	0	9,762	465,032	
	6	H12.6.30		17,000	0.18	30	6,861	0	10,139	454,893	
6月	7	H12.7.31		17,000	0.18	31	6,935	0	10,065	444,828	<90%
	8	H12.8.31		17,000	0.18	31	6,781	0	10,219	434,609	
	9	H12.9.30		17,000	0.18	30	6,412	0	10,588	424,021	
	10	H12.10.31		17,000	0.18	31	6,464	0	10,536	413,485	
	11	H12.11.30		17,000	0.18	30	6,100	0	10,900	402,585	
	12	H12.12.31		17,000	0.18	31	6,137	0	10,863	391,722	
1年	13	H13.1.31		17,000	0.18	31	5,988	0	11,012	380,710	>70%
	14	H13.2.28		13,020	0.18	28	5,256	0	7,764	372,946	
	15	H13.3.31		17,000	0.18	31	5,701	0	11,299	361,647	
	16	H13.4.30		17,000	0.18	30	5,350	0	11,650	349,997	
	17	H13.5.31		17,000	0.18	31	5,350	0	11,650	338,347	
	18	H13.6.30		17,000	0.18	30	5,005	0	11,995	326,352	
1年6月	19	H13.7.31		17,000	0.18	31	4,989	0	12,011	314,341	>60%
	20	H13.8.31		17,000	0.18	31	4,805	0	12,195	302,146	
	21	H13.9.30		17,000	0.18	30	4,470	0	12,530	289,616	
	22	H13.10.31		17,000	0.18	31	4,427	0	12,573	277,043	
	23	H13.11.30		17,000	0.18	30	4,098	0	12,902	264,141	
	24	H13.12.31		17,000	0.18	31	4,038	0	12,962	251,179	
2年	25	H14.1.31		17,000	0.18	31	3,839	0	13,161	238,018	>45%
	26	H14.2.28		13,020	0.18	28	3,286	0	9,734	228,284	
	27	H14.3.31		17,000	0.18	31	3,489	0	13,511	214,773	
	28	H14.4.30		17,000	0.18	30	3,177	0	13,823	200,950	
	29	H14.5.31		17,000	0.18	31	3,072	0	13,928	187,022	
	30	H14.6.30		17,000	0.18	30	2,766	0	14,234	172,788	
2年6月	31	H14.7.31		17,000	0.18	31	2,641	0	14,359	158,429	>30%
	32	H14.8.31		17,000	0.18	31	2,422	0	14,578	143,851	
	33	H14.9.30		17,000	0.18	30	2,128	0	14,872	128,979	
	34	H14.10.31		17,000	0.18	31	1,971	0	15,029	113,950	
	35	H14.11.30		17,000	0.18	30	1,685	0	15,315	98,635	
	36	H14.12.31		17,000	0.18	31	1,507	0	15,493	83,142	
3年	37	H15.1.31		17,000	0.18	31	1,271	0	15,729	67,413	>10%
	38	H15.2.28		13,020	0.18	28	930	0	12,090	55,323	
	39	H15.3.31		17,000	0.18	31	845	0	16,155	39,168	
	40	H15.4.30		17,000	0.18	30	579	0	16,421	22,747	
	41	H15.5.31		17,000	0.18	31	347	0	16,653	6,094	
	42	H15.6.30		12,000	0.18	30	90	0	11,910	-5,816	
3年6月	43	H15.7.31		12,000	0.18	31	0	0	12,000	-17,816	<0%

50万円借入，年利40.004パーセントの場合（年間で200,020円）

事例　Aモデル

利息制限法による計算書（年利29.2％の利息のみの支払）
残債推計表

		借入日 返済日	借入金額	弁済額	利率	日数	利息	未払利息	元本充当額	残元金	
	1	H12.7.31	500,000		0.18				0	500,000	
	2	H12.8.31		13,000	0.18	31	7,622	0	5,378	494,622	
	3	H12.9.30		13,000	0.18	30	7,297	0	5,703	488,919	
	4	H12.10.31		12,000	0.18	31	7,454	0	4,546	484,373	
	5	H12.11.30		12,000	0.18	30	7,146	0	4,854	479,519	
	6	H12.12.31		12,000	0.18	31	7,310	0	4,690	474,829	
6月	7	H13.1.31		12,000	0.18	31	7,259	0	4,741	470,088	>90%
	8	H13.2.28		12,000	0.18	28	6,491	0	5,509	464,579	
	9	H13.3.31		12,000	0.18	31	7,102	0	4,898	459,681	
	10	H13.4.30		12,000	0.18	30	6,800	0	5,200	454,481	
	11	H13.5.31		12,000	0.18	31	6,947	0	5,053	449,428	
	12	H13.6.30		12,000	0.18	30	6,649	0	5,351	444,077	
1年	13	H13.7.31		12,000	0.18	31	6,788	0	5,212	438,865	>85%
	14	H13.8.31		13,000	0.18	31	6,709	0	6,291	432,574	
	15	H13.9.30		13,000	0.18	30	6,399	0	6,601	425,973	
	16	H13.10.31		12,000	0.18	31	6,512	0	5,488	420,485	
	17	H13.11.30		12,000	0.18	30	6,220	0	5,780	414,705	
	18	H13.12.31		12,000	0.18	31	6,339	0	5,661	409,044	
1年6月	19	H14.1.31		12,000	0.18	31	6,253	0	5,747	403,297	>80%
	20	H14.2.28		12,000	0.18	28	5,568	0	6,432	396,865	
	21	H14.3.31		12,000	0.18	31	6,067	0	5,933	390,932	
	22	H14.4.30		12,000	0.18	30	5,783	0	6,217	384,715	
	23	H14.5.31		12,000	0.18	31	5,881	0	6,119	378,596	
	24	H14.6.30		12,000	0.18	30	5,601	0	6,399	372,197	
2年	25	H14.7.31		12,000	0.18	31	5,690	0	6,310	365,887	>70%
	26	H14.8.31		13,000	0.18	31	5,593	0	7,407	358,480	
	27	H14.9.30		13,000	0.18	30	5,303	0	7,697	350,783	
	28	H14.10.31		12,000	0.18	31	5,362	0	6,638	344,145	
	29	H14.11.30		12,000	0.18	30	5,091	0	6,909	337,236	
	30	H14.12.31		12,000	0.18	31	5,155	0	6,845	330,391	
2年6月	31	H15.1.31		12,000	0.18	31	5,050	0	6,950	323,441	>60%
	32	H15.2.28		12,000	0.18	28	4,466	0	7,534	315,907	
	33	H15.3.31		12,000	0.18	31	4,829	0	7,171	308,736	
	34	H15.4.30		12,000	0.18	30	4,567	0	7,433	301,303	
	35	H15.5.31		12,000	0.18	31	4,606	0	7,394	293,909	
	36	H15.6.30		12,000	0.18	30	4,348	0	7,652	286,257	
3年	37	H15.7.31		12,000	0.18	31	4,376	0	7,624	278,633	>50%
	38	H15.8.31		13,000	0.18	31	4,259	0	8,741	269,892	
	39	H15.9.30		13,000	0.18	30	3,992	0	9,008	260,884	
	40	H15.10.31		12,000	0.18	31	3,988	0	8,012	252,872	
	41	H15.11.30		12,000	0.18	30	3,741	0	8,259	244,613	
	42	H15.12.31		12,000	0.18	31	3,739	0	8,261	236,352	
3年6月	43	H16.1.31		12,000	0.18	31	3,603	0	8,397	227,955	>40%
	44	H16.2.29		12,000	0.18	29	3,251	0	8,749	219,206	
	45	H16.3.31		12,000	0.18	31	3,341	0	8,659	210,547	
	46	H16.4.30		12,000	0.18	30	3,106	0	8,894	201,653	
	47	H16.5.31		12,000	0.18	31	3,074	0	8,926	192,727	
	48	H16.6.30		12,000	0.18	30	2,843	0	9,157	183,570	
4年	49	H16.7.31		12,000	0.18	31	2,798	0	9,202	174,368	>30%
	50	H16.8.31		13,000	0.18	31	2,658	0	10,342	164,026	
	51	H16.9.30		13,000	0.18	30	2,420	0	10,580	153,446	
	52	H16.10.31		12,000	0.18	31	2,339	0	9,661	143,785	
	53	H16.11.30		12,000	0.18	30	2,121	0	9,879	133,906	
	54	H16.12.31		12,000	0.18	31	2,041	0	9,959	123,947	
4年6月	55	H17.1.31		12,000	0.18	31	1,894	0	10,106	113,841	>20%
	56	H17.2.28		12,000	0.18	28	1,571	0	10,429	103,412	
	57	H17.3.31		12,000	0.18	31	1,580	0	10,420	92,992	
	58	H17.4.30		12,000	0.18	30	1,375	0	10,625	82,367	
	59	H17.5.31		12,000	0.18	31	1,259	0	10,741	71,626	
	60	H17.6.30		12,000	0.18	30	1,059	0	10,941	60,685	
5年	61	H17.7.31		12,000	0.18	31	927	0	11,073	49,612	>10%
	62	H17.8.31		13,000	0.18	31	758	0	12,242	37,370	
	63	H17.9.30		13,000	0.18	30	552	0	12,448	24,922	
	64	H17.10.31		12,000	0.18	31	380	0	11,620	13,302	
	65	H17.11.30		12,000	0.18	30	196	0	11,804	1,498	
	66	H17.12.31		12,000	0.18	31	22	0	11,978	-10,480	<0%
5年6月											

50万円借入，年利29.2パーセントの場合（年間で146,000円）

利息制限法による計算書
（元金30万円に対し1/20の元利均等返済の場合）

残債推計表

		借入日	借入金額	弁済額	利率	日数	利息	未払利息	元本充当額	残元金	
		返済日									
	1	H16.1.31	300,000		0.18				0	300,000	
	2	H16.2.29		15,000	0.18	29	4,278	0	10,722	289,278	
	3	H16.3.31		15,000	0.18	31	4,410	0	10,590	278,688	
	4	H16.4.30		15,000	0.18	30	4,111	0	10,889	267,799	
	5	H16.5.31		15,000	0.18	31	4,082	0	10,918	256,881	
	6	H16.6.30		15,000	0.18	30	3,790	0	11,210	245,671	
6月	7	H16.7.31		15,000	0.18	31	3,745	0	11,255	234,416	78%＜80%
	8	H16.8.31		15,000	0.18	31	3,573	0	11,427	222,989	
	9	H16.9.30		15,000	0.18	30	3,290	0	11,710	211,279	
	10	H16.10.31		15,000	0.18	31	3,221	0	11,779	199,500	
	11	H16.11.30		15,000	0.18	30	2,943	0	12,057	187,443	
	12	H16.12.31		15,000	0.18	31	2,857	0	12,143	175,300	
1年	13	H17.1.31		15,000	0.18	31	2,679	0	12,321	162,979	54%＞50%
	14	H17.2.28		15,000	0.18	28	2,250	0	12,750	150,229	
	15	H17.3.31		15,000	0.18	31	2,296	0	12,704	137,525	
	16	H17.4.30		15,000	0.18	30	2,034	0	12,966	124,559	
	17	H17.5.31		15,000	0.18	31	1,904	0	13,096	111,463	
	18	H17.6.30		15,000	0.18	30	1,649	0	13,351	98,112	
1年6月	19	H17.7.31		15,000	0.18	31	1,499	0	13,501	84,611	28%＞25%
	20	H17.8.31		15,000	0.18	31	1,293	0	13,707	70,904	
	21	H17.9.30		15,000	0.18	30	1,048	0	13,952	56,952	
	22	H17.10.31		15,000	0.18	31	870	0	14,130	42,822	
	23	H17.11.30		15,000	0.18	30	633	0	14,367	28,455	
	24	H17.12.31		15,000	0.18	31	435	0	14,565	13,890	
2年	25	H18.1.31		15,000	0.18	31	212	0	14,788	-898	＜0%
	26					0	0	0	0	0	

利息制限法による計算書
（元金50万円に対し1/20の元利均等返済の場合）

残債推計表

		借入日	借入金額	弁済額	利率	日数	利息	未払利息	元本充当額	残元金	
		返済日									
	1	H16.1.31	500,000		0.18				0	500,000	
	2	H16.2.29		25,000	0.18	29	7,131	0	17,869	482,131	
	3	H16.3.31		25,000	0.18	31	7,350	0	17,650	464,481	
	4	H16.4.30		25,000	0.18	30	6,852	0	18,148	446,333	
	5	H16.5.31		25,000	0.18	31	6,804	0	18,196	428,137	
	6	H16.6.30		25,000	0.18	30	6,316	0	18,684	409,453	
6月	7	H16.7.31		25,000	0.18	31	6,242	0	18,758	390,695	78%＜80%
	8	H16.8.31		25,000	0.18	31	5,956	0	19,044	371,651	
	9	H16.9.30		25,000	0.18	30	5,483	0	19,517	352,134	
	10	H16.10.31		25,000	0.18	31	5,368	0	19,632	332,502	
	11	H16.11.30		25,000	0.18	30	4,905	0	20,095	312,407	
	12	H16.12.31		25,000	0.18	31	4,762	0	20,238	292,169	
1年	13	H17.1.31		25,000	0.18	31	4,466	0	20,534	271,635	54%＞50%
	14	H17.2.28		25,000	0.18	28	3,750	0	21,250	250,385	
	15	H17.3.31		25,000	0.18	31	3,827	0	21,173	229,212	
	16	H17.4.30		25,000	0.18	30	3,391	0	21,609	207,603	
	17	H17.5.31		25,000	0.18	31	3,173	0	21,827	185,776	
	18	H17.6.30		25,000	0.18	30	2,748	0	22,252	163,524	
1年6月	19	H17.7.31		25,000	0.18	31	2,499	0	22,501	141,023	28%＞25%
	20	H17.8.31		25,000	0.18	31	2,155	0	22,845	118,178	
	21	H17.9.30		25,000	0.18	30	1,748	0	23,252	94,926	
	22	H17.10.31		25,000	0.18	31	1,451	0	23,549	71,377	
	23	H17.11.30		25,000	0.18	30	1,055	0	23,945	47,432	
	24	H17.12.31		25,000	0.18	31	725	0	24,275	23,157	
2年	25	H18.1.31		25,000	0.18	31	354	0	24,646	-1,489	＜0%
	26					0	0	0	0	0	

事　例　　Ａモデル

【書式③　債権明細調査票】

債権明細調査票

【記入日　平成　　年　　月　　日】

【債務者　　　　　　　　　　　　会員・カード番号　　　　　　　　】

貴社（貴殿）名　　　　　　　　　　　　　　　　　　　　　　　㊞

会社所在地（住所）　〒

TEL　　　　　　　　　　　　　FAX

担当部課　　　　　　　　　　　御担当者名　　　　　　　　　　　㊞

（1回目）貸付年月日　　平成　　　年　　　月　　　日
　　　　　貸付金額　　　金　　　　　　　　　　　円
　　　　　貸付名義
　　　　　保証人　　　　（無・有）いずれかに○。
　　　　　　　　　　　　有る場合は保証人名

● 以下，複数の貸付，返済状況を下記の欄にご記入頂くか，貴社の作成の別紙，取引履歴をお付け下さい。

取引年月日	貸付額	返済額	取引年月日	貸付額	返済額
．　．			．　．		
．　．			．　．		
．　．			．　．		
．　．			．　．		
．　．			．　．		
．　．			．　．		
．　．			．　．		
．　．			．　．		
．　．			．　．		
．　．			．　．		
．　．			．　．		

（約定利率年　　　％，遅延損害金年　　　％）

＊必要があれば，コピーして記入して頂くか，別紙をお付け下さい。

事例　Aモデル

【書式④　添付書類一覧表】

個人再生添付書類一覧表 ver3.0

平成　　　年（再イ・ロ）　　　　号　　申立人

		添付書類	本人	配偶者	同居親族	確認事項（□に該当する場合のみチェック）
1		委任状★	○			□弁護士代理　＊住所の記載のあるもの
2		戸籍謄本（又は外国人登録原票記載事項証明書）★	◎			＊3か月以内のもの
		住民票★	◎			＊3か月以内のもの ＊世帯全員の記載（省略のないもの）
		賃貸借契約書（住宅使用許可書，居住証明書等）	○	△	△	□住所が住民票と相違する
3		源泉徴収票等（直近2年分）	○	△	△	□給与を受給している
		給与明細書（直近2か月分）	○	○	○	□給与を受給している
		確定申告書（直近2期分）	○			□事業者（現在又は過去6か月）である
		課税証明書（直近1年分）	○	○	○	□給与以外の収入がある
		公的年金受給証明書	○	○	○	□公的年金を受給している
4		債権者一覧表	◎			
(1)		債権調査票	◎			
(2)		判決，支払督促，調停調書，公正証書等	○			□債務名義が存在する
5		財産目録	◎			
(1)		預貯金通帳・証書	◎	△	△	＊申立前2週間以内に記帳 ＊表紙と過去1年分（定期預金，積立預金，貯蓄預金部分を含む）
			○	△	△	□給与振込用口座がある
			○	△	△	□クレジットカード引落口座がある
			○	○	○	□光熱費引落口座（第三者名義含む）がある
		金融機関の取引明細書	○			□通帳を紛失又は一括記帳している部分がある
(2)		保険（共済）証券（又は契約書）	○	△	△	□保険（申立人が契約者）に加入している
		解約返戻金（見込）額証明書	○			
(3)		退職金（見込）額証明書	○	△	△	□勤続5年以上である
		退職金支給規程及び計算書	○			□証明書の収集が困難である
(4)		不動産登記簿謄本★	○	○	△	□現在又は過去2年以内に不動産を（□申立人が，□配偶者が）所有している（いた） ＊共同担保が設定されている場合には共同担保目録付きのもの
		固定資産評価証明書★	○	○	△	
		不動産の評価に関する書類	○	△	△	
		土地利用関係を示す資料	○	△	△	□土地又は建物の片方だけを所有している
(5)		車検証（又は登録事項証明書）	○	△	△	□申立人が自動車を保有している
		自動車の評価に関する書類	○	△	△	□初年度登録から国産普通乗用車の場合7年，軽自動車・商用自動車の場合5年以内又は新車価格が300万円以上である，あるいは所有権留保がついている
(6)		積立額証明書	○			□積立金等がある
(7)		賃貸借契約書	○			□賃借保証金・敷金がある
(8)		契約書又は残額証明書	○			□貸付金・売掛金等がある
(9)		評価額の資料	○			□有価証券，ゴルフ会員権，その他の権利，10万円以上の価値のある動産を有している
6		家計収支（直近2か月分）	◎			＊同一家計の同居の親族分を含む ＊電気代ガス代水道代又は電話料金を口座引落以外の方法で支払っている場合には領収書
7		事業収支実績表（直近6か月分）	○			□事業者である
8		事業に関する報告書	○			□事業者である
9(1)		可処分所得額算出シート	○			□給与所得者等再生を利用する
(2)		課税証明等通知書（直近2年分）	○			
(3)		所得税・社会保険料の計算書・課税証明書（直近2年分）	○			□給与所得者等再生を利用するが，源泉徴収票を提出できない場合
10		（仮）差押決定正本等	○	△	△	□（仮）差押えがある
		滞納処分差押通知	○	△	△	□差押え（滞納公租公課）がある
11		金銭消費貸借契約書・保証委託契約書・償還表・弁済許可申立書	○			□住宅資金貸付債権がある場合

＜記号の見方＞
　★…原本を提出していただくもの　　◎…場合を問わず提出していただくもの　　△…特に指示があるまでは提出不要なもの
　○…確認事項欄の□の項目に当てはまる場合，提出が必要なもの

＜注意事項＞
　＊必ず当該条件に当てはまる書類を提出してください。

事例　Aモデル

【書式⑤　申立書・陳述書（給与所得者等再生用）】

再生手続開始申立書 ver3.0
（給与所得者等再生）

大阪地方裁判所　　　　　御中
　　　　申立人　陳述書記載のとおり　　　　　　　　　　　［印紙］

申立ての趣旨
1　申立人について，給与所得者等再生による再生手続を開始する。
2　給与所得者等再生を行うことが認められない場合には，小規模個人再生による再生手続の開始を求める（なお，通常の再生手続の開始は求めない。）。

申立ての理由
　申立人は，添付の債権者一覧表に記載したとおりの債務を負担しているが，申立人の資産，収入の状況は，添付の陳述書等に記載したとおりであり，申立人には破産の原因たる事実の生ずるおそれがある。

再生計画案の作成方針についての意見等
　債権者に対する債務について，相当部分の免除を受けた上，法律の要件を満たす額の金額を支払う方針である。
　なお，民事再生法124条2項の財産目録及び125条1項の報告書としては，添付の財産目録等を援用することとする（ただし，開始決定までにこれらの記載内容に変動があった場合には，改めて提出する。）。

添付書類
添付の「添付書類一覧表」に記載のとおり

平成☆年4月25日
　　　　申立人（代理人）　　弁護士　勤勉一郎　㊞
　　　　　　　TEL　（ 06 ）〇〇〇〇－〇〇〇〇
　　　　　　　FAX　（ 06 ）〇〇〇〇－〇〇〇〇
　　送達場所　〒530－0047　大阪市北区西天満〇－〇－〇　△△ビル3F

陳　述　書

陳述者　氏名　（ふりがな　おおさかたろう）　大阪太郎　㊞
（申立人債務者）　別名　＿＿＿＿＿＿＿＿＿
年齢　満32歳（生年月日　大・㊎・☆年6月28日）
本籍・国籍　☑戸籍謄本記載のとおり　□国籍＿＿＿＿＿＿
住居所
　☑〒（ 530 －〇〇〇〇）住民票のとおり
　□〒（　　－　　　）外国人登録原票記載事項証明書のとおり
　（住民票と異なる場合）
　□〒（　　－　　　）
　　　　＿＿＿＿＿＿＿＿＿＿＿＿＿＿＿＿＿＿＿
　　　（連絡先 TEL.（ 6363 －〇〇〇〇）☑自宅　□携帯　□　　）

貼用印紙	1万円
予納郵券	円
担当者印	

先行して係属している関連の民事再生事件　□ある　☑ない
　大阪地方裁判所　平成　　年（　）第　　　号
　申立人名＿＿＿＿＿＿　続柄＿＿＿＿＿＿

事 例　Aモデル

> ★ 該当する部分を○で囲み，□には✓印を付け，必要事項を記載してください。書く欄が不足した場合には，この陳述書と同じ大きさの用紙（A4判）に横書きで記入して，後ろに添付してください。各項目の必要資料については，添付書類一覧表に従って，その写しを添付してください。

第1　職業，収入の額及び内容等

1　職業（現在から申立ての3年前まで）

就業期間	種　　　別	月収（手取額・円）
就業先（会社名等）	地位・業務の内容	年収（手取額・円）
平成☆年5月～　　現　在	☑勤め□パート等□自営□法人代表者 □その他（　　　　　　　　　　）	23万
○○○株式会社	課長　電機部品製造	350万
年　月～　　年　月	□勤め□パート等□自営□法人代表者 □その他（　　　　　　　　　　）	
年　月～　　年　月	□勤め□パート等□自営□法人代表者 □その他（　　　　　　　　　　）	
年　月～　　年　月	□勤め□パート等□自営□法人代表者 □その他（　　　　　　　　　　）	

2　現在の収入

	収入の種類		金額（手取額・円）
☑	給与（月額）		23万
☑	賞与（最近1年間）	平成☆年　6月	30万
		平成☆年　12月	44万
		年　　月	
□	公的給付（月額）	□児童手当 □児童扶養手当 □公的年金 □その他（　　　　　　　）	
□	給与以外の収入（月額）	具体的内容（　　　　　　　）	
	合計	月額（通常月）	23万
		年額	350万

3　過去2年度分の年収額

年　　度	年収額（手取額・円）
申立の前年度　（1月1日～12月31日）	350万
申立の前々年度（1月1日～12月31日）	350万

> ★ 申立の前年と前々年（いずれも1月1日から12月31日まで）の年収額（手取額）を源泉徴収票等に基づいて，ここに記載してください。転職等をした場合には，各年ごとに転職等の前後の収入額を合計して記載してください。

事 例　Aモデル

4　申立前2年間に，何らかの理由（就業先の変更など）により，年収の額が，それまでの額に比べて5分の1以上変動（例えば，それまで年収300万円であれば，60万円以上の年収額の増減）したこと
☑ない　□ある→その具体的事情は次のとおりです。
_____
_____
_____
_____
_____

第2　生活の状況
1　家族関係

氏　名	続柄	年齢	職業・学年	同居・別居	平均手取月収（円）
大阪花子	妻	29	パート	☑同　□別	約4万円
一郎	長男	4		☑同　□別	
				□同　□別	
				□同　□別	
				□同　□別	
				□同　□別	

別居している家族の住所_____

2　現在の住居の状況
　ア　自己所有の家屋　　　㋑　借家・賃貸マンション・アパート　　　ウ　社宅・寮
　エ　公営，公団の賃貸住宅　　オ　親族所有の家屋　　　カ　親族以外の所有家屋
　キ　その他（　　　　　　　　　　　　　　　　　　　　　　　　）
現在の住居について家賃を払っている場合
　(1)　1か月の家賃（管理費込み）　　10万　　円
　(2)　賃借人の氏名　　大　阪　太　郎
　　　賃借人が申立人以外の場合　申立人との関係（　　　　　　）
　(3)　居住を開始した日　平成　☆年　1月ころ

第3　負債等の状況
1(1)　公租公課（税金，社会保険料等）
　　　納付すべき税金，社会保険料等を滞納している事実が
　　　☑ある　□ない

	種　　類	納付すべき金額（円）	納　付　時　期
①	自動車税	35,000	☆年　6月　　日
②			年　月　日
③			年　月　日
	合　計	35,000	

(2) 課税（滞納）庁との弁済交渉結果又はその予定内容（滞納がある場合に，滞納税の種類を明示して，分割金の支払月額，同期間を具体的に記載して下さい。）

	交渉結果又は予定
①	平成☆年5月から同年11月まで毎月5,000円ずつ分割支払いすることで合意ができている。
②	
③	

2 再生手続開始の申立てをするに至った事情

多額の借金（以下，特に断らない限り，ここでいう借金には，連帯保証による債務やクレジットカード利用による債務なども含みます。）をした理由及び弁済が困難となった理由は，次のとおりです。

> ★ 次の中から，あてはまるもの（複数にあてはまる場合はそのすべて）を選んで記入してください。また，具体的な事情を，時間の流れに沿って，3に記載してください。

☑ 生活費が足りなかったためです。
☐ 飲食，飲酒，旅行，趣味としての商品購入（絵画，パソコン，衣服，健康器具等），ギャンブル，風俗などにお金を使いすぎたためです。
☐ 事業（店）の経営に失敗したためです。
　事業資金としてつぎ込んだ金額：合計 _____ 円
　事業内容
　　会社名 _____ 　従業員数 _____ 人
　　借金が支払えなくなった理由
　　_____
　　_____
☐ 仕事上の接待費の立替払い，契約金の立替払い，営業の穴埋めなどによる借金が，支払えなくなったためです。
　当時の職業 _____
　☐仕事上の接待費の立替払い　☐契約金の立替払い　☐営業の穴埋め
　☐その他 _____
　立替等した金額　合計 _____ 円
☐ 住宅ローンが支払えなくなったためです。
　当時の職業 _____
　購入物件　☐土地　☐建物　☐マンション　☐その他
　購入時期 ____年____月ころ
　購入金額　合計 _____ 円
　月々の返済金額　月額 _____ 円　ボーナス月 _____ 円

事例　Ａモデル

☑　他人（会社）の債務を保証したためです。

主債務者	関係	保証時期	保証金額（円）
東京太郎	友人	☆年　１月ころ	100万
		年　　月ころ	
		年　　月ころ	

☐　その他

3　以上の具体的な事情は、次のとおりです。

> ★　多額の債務を負うことになった事情及び民事再生手続の申立てをするに至った事情について、具体的かつ簡潔に記載してください。

　　平成☆年１月ころ，友人の東京太郎が会社を設立するということで，その設立資金借入のため保証人になってくれと言われ，100万円について保証人になりましたが，すぐに東京太郎は行方不明になり，私に請求がきて，支払わなければならなくなりました。

　　そのうえ，勤務先の○○○株式会社は，３年前ころから不況のあおりを受けて受注が減少し，平均10万円以上であった残業手当の支給がなくなり，毎月の収入額が約33万円から約23万円まで落ち込んでしまいました。当時，長男の一郎が１歳になったばかりで出費がかさみ，家計を切り詰めても生活費は毎月27万円から30万円はどうしても必要で，たちまち生活費が不足しました。

　　やむにやまれずサラ金にも手を出しましたが，恒常的な生活費不足の状態は解消されず，結局，サラ金等からの借入れを繰り返すうちに，借金額が約630万円に増大してしまいました。

　　専業主婦であった妻も，一郎が幼稚園に入園したのをきっかけに，平成☆年５月からパートを始めましたが，毎月４万円の収入を得るのが精一杯で，借金は一向に減りませんでした。悪いことは重なるもので，平成☆年２月，私は浴室で転倒し骨折してしまい，会社を休まざるを得なくなったことから，結局支払いができなくなってしまいました。

4　過去２年間以内に処分した財産（保険，退職金，不動産，自動車，離婚に伴う財産分与，贈与等）（20万円以上の価値のあるもの）　　　　☐ある　☑ない

財産の種類	処分の時期	処分額（円）	使　途	相手方の氏名
	年　　月			
	年　　月			
	年　　月			

5 支払不能の状態で，一部の債権者に弁済した債務　　　　　□ある　☑ない

時　期	相手方の氏名	弁　済　額　（円）
年　　　月		
年　　　月		
年　　　月		

6 債権者に対する申立代理人等の受任通知発送日
　　平成　☆年　3月　31日ころ
7 債権者との訴訟等の状況
(1) 債権者との話し合い，調停手続等の利用をしたこと　□ある　☑ない
　　□　弁護士に依頼して債権者と交渉（任意整理）してもらった。
　　□　＿＿＿＿簡易裁判所の調停手続を利用した。
　　　　昭・平＿＿年＿＿月ころ申立て
　　　　その結果，話合いが成立した債権者の数　＿＿＿＿社（人）
　　　　話し合いのとおり支払をした期間
　　　　昭・平＿＿年＿＿月ころから昭・平＿＿年＿＿月ころまで
　　　　　毎月の支払総額　＿＿＿＿万＿＿＿＿円
　　　　　支払の内訳（できるだけ具体的に記入してください。）

　　　　＿＿＿＿＿＿＿＿＿＿＿＿＿＿＿＿＿＿＿＿＿＿＿＿＿＿＿＿

　　□　その他（　　　　　　　　　　　　　　　　）
(2) 支払督促，訴訟，差押，仮差押等　　　　　　　　　　□ある　☑ない

裁判所名	事件番号	相手方
	平成　年（　）第　　号	
	平成　年（　）第　　号	
	平成　年（　）第　　号	

(3) 給与の（仮）差押　　　　　　　　　　　　　　　　　□ある　☑ない
　　　給与の（仮）差押を受けているのは，上記(2)のうち，＿＿＿＿＿番（債権者一覧表の番号を記載）で，月＿＿＿＿＿＿円の差押を受けている。
(4) 不動産の競売手続　　　　　　　　　　　　　　　　　□ある　☑ない
　　　不動産の競売手続をされているのは，上記(2)のうち，＿＿＿＿＿番（債権者一覧表の番号を記載）で，競売開始決定は＿＿年＿＿月＿＿日に行われました。
　　　競売をされているのは，□自宅，□その他　です。
(5) 住宅ローンについて保証会社の代位弁済　　　　　　　□ある　☑ない
　　　代位弁済は，（　　　　　）が，＿＿年＿＿月＿＿日に行いました。

事例　Aモデル

第4　過去の免責等に関する状況
1　過去に破産免責手続を利用して免責の決定を受けたこと
　　□ある　☑ない
　　　　▶昭・平＿＿年＿＿月ころ（　　　）地方裁判所（　　　）支部
　　　　　昭・平＿＿年（フ）第＿＿＿号・昭・平＿＿年（モ）第＿＿＿号
　　　　　免責決定の確定日　昭・平＿＿年＿＿月＿＿日
　　　　▶□上記事件番号・免責確定日については不明
2　過去に再生手続を利用したこと
　　□ある　☑ない
　　　　▶□再生計画に定められた弁済を終了した。
　　　　　（　　　）地方裁判所（　　　）支部　平＿＿年（再）第＿＿＿号
　　　　　再生計画認可決定確定日　平＿＿年＿＿月＿＿日
　　　　▶□上記事件番号・確定日については不明
　　　　▶□再生計画による弁済を行っている途中で，弁済を続けることが極めて困難となり，免責の決定を受けた。
　　　　　（　　　）地方裁判所（　　　）支部　平＿＿年（再）第＿＿＿号
　　　　　　　　　　　　　　　　　　　　　　　　平＿＿年（モ）第＿＿＿号
　　　　　再生計画認可決定確定日　平＿＿年＿＿月＿＿日
　　　　▶□上記事件番号・確定日については不明

第5　再生債権に対する計画弁済総額及び弁済期間に関する具体的予定並びにその履行可能性
1　再生債権に対する計画弁済総額（　　126万　　）円
2　弁済期間　☑3年間
　　　　　　　□特別の事情があるので，（　　　）年間
3　1か月当たりの弁済額（　3万5,000　）円
4　弁済原資の積立額
　　☑現在ある　　　　　　　　　　　　（　3万5,000　）円
　　今後再生計画認可確定時までの積立予定月額（　3万5,000　）円
　　□現在ない
　　今後再生計画認可確定時までの積立予定月額（　　　　　）円
5　履行可能性（家計収支表，事業収支実績表の収支状況等に照らして弁済原資とすることができる金額及び住宅資金特別条項を定める場合の計画弁済額や家計が同一の者の債務等の弁済額等を説明するなどして，分かりやすく記載する。）
　　　私の月収が手取り23万円（ボーナスを除きます。），妻の月収（パート収入）が手取り4万円ですから，これらの合計が月額27万円になります。このほか，私にはボーナス収入が夏冬合わせて手取り74万円ありますので，これを1か月当たりの収入に換算すると約6万円となります。私と妻の以上の収入を合算すると，月額約33万円になります。
　　　これに対し，家計収支表を見ると分かるように債務の返済分が今後不要になりますので，支出は，月額23万5,000円です。また自動車税の月額支払は5,000円です。したがって，今後，臨時的な支出増があったとしても，月額3万5,000円の弁済をしていくことは十分可能です。

	金額（円）
①　今後の平均収入の合計見込月額	33万
②　今後の平均支出の合計見込月額	24万
③　今後の弁済原資合計見込月額（①−②）	9万

6　5,000万円要件及び最低弁済額

	金額（円）
①　負債総額	633万5,000
②　①のうち住宅資金貸付債権額	0
③　②のうち別除権行使による回収見込額	0
④　①のうち別除権行使による回収見込額（③を除く）	0
⑤　うち開始前の罰金等の額	0

（5,000万円要件）		
⑥　5,000万円≧①-②-④-⑤		633万5,000円
3,000万円以下の場合　　→	A	へ
3,000万円を超える場合　→	B	へ
Aの場合		
（最低弁済額）		
住宅資金貸付債権がある場合		
住宅資金特別条項を定める場合		
①-②-④-⑤　　→　1／5		円
住宅資金特別条項を定めない場合		
①-③-④-⑤　　→　1／5		円
住宅資金貸付債権がない場合		
①-④-⑤　　→　1／5		126万円

【注・　最高300万円，最低100万円，100万円以下は全額】

Bの場合	
（最低弁済額）	
⑥　×　1／10	円

7　住宅資金特別条項を定める場合
　①　住宅ローンの約定弁済合計額（元利合計額，ボーナス加算後合計額，数社ある場合は合計額）
　　　通常月　　（　　　　　　　　）円
　　　ボーナス月（　　　　　　　　）円
　②　申立時における住宅ローンの支払状況（遅滞の有無）
　　　□遅滞ない
　　　□遅滞ある（　　　　　　　）円（　　）か月分
　　　　⇒その支払い状況

③ 住宅ローン債権者との事前協議の経過

④ 予定している住宅資金特別条項の内容
　□期限の利益回復型・約定型（199条1項）
　□リスケジュール型（199条2項）
　□元本猶予期間併用型（199条3項）
　□同意型（199条4項）

大阪地方裁判所　　　　　　平成☆年（再 　　　　　　　　　　　【書式⑥　債権者一覧表】

再生債務者（　　大阪　太

債権現在額合計額（①）		円	①-②-③=	6,335,000円

債権番号	債権者の氏名（会社名） 契約時と現在とで債権者の氏名・商号が変更されている場合には，（　）内に旧氏名・商号記載をしてください。	内　　　容 当初の契約年月日等	債務名義	住特条項	異議留保
1	○○信用金庫　梅田支店				
2	株式会社○○				
3	株式会社△△△△	東京太郎の保証			
4	○○○○こと□□□□				
5	ローンズ○○こと△△△				
6	□□□こと○○○○		○		
7	有限会社○○○				
8	×××こと○○○				
9	□□□株式会社				
10	○○商事株式会社				
11	○○ファイナンスこと△△△				

この欄は住宅資金特別条項を定める債権につい

別除権付債権	債権番号	別除権の行使により弁済が見込まれる額（円）	担保不

その債権について債務名義がある場合には，この欄に○を記載する。

その債権について住宅資金特別条項を定める予定がある場合には，この欄に○を記載する。

その債権の額及び担保不足見込額について異議を述べることがある場合はこの欄に○を記載する。

事例　Ａモデル

大阪地方裁判所　　　平成☆年（再ロ）第　○○○　号
再生債務者（　　大阪　太郎　　）

【書式⑥　債権者一覧表】

債　権　者　一　覧　表　ver3.0（№1）

| 債権現在額合計額（①） | 6,335,000 円 | 住宅資金貸付債権合計額（②） | 円 | 別除権の行使により弁済が見込まれる額の合計額（③） | 円 | ①－②－③＝ | 6,335,000円 |

債権番号	債権者の氏名（会社名） 契約時と現在とで債権者の氏名・商号が変更されている場合には、（　）内に旧氏名・商号記載をしてください。	住　所 （　TEL　・　FAX　）	債権現在額（円）	原因	内　容 当初の契約年月日等	債務名義	住特条項	異議留保
1	○○信用金庫　梅田支店	〒○○○-○○○○ 大阪市北区○○　TEL○○-○○○○-○○○○　FAX○○-○○○○-○○○○	1,000,000	1	H☆・3・			
2	株式会社○○	〒○○○-○○○○ 大阪市浪速区○○　TEL○○-○○○○-○○○○　FAX○○-○○○○-○○○○	1,000,000	1	H☆・2・			
3	株式会社△△△△	〒○○○-○○○○ 東京都杉並区○○　TEL○○-○○○○-○○○○　FAX○○-○○○○-○○○○	900,000	3	H☆・2・東京太郎の保証			
4	○○○○こと□□□□	〒○○○-○○○○ 奈良県天理市○○　TEL○○-○○○○-○○○○　FAX○○-○○○○-○○○○	1,000,000	1	H☆・2・			
5	ローンズ○○こと△△△	〒○○○-○○○○ 東京都品川区○○　TEL○○-○○○○-○○○○　FAX○○-○○○○-○○○○	400,000	1	H☆・3・			
6	□□□こと○○○○	〒○○○-○○○○ 大阪市北区○○　TEL○○-○○○○-○○○○　FAX○○-○○○○-○○○○	200,000	1	H☆・4・	○		
7	有限会社○○○	〒○○○-○○○○ 大阪市中央区○○　TEL○○-○○○○-○○○○　FAX○○-○○○○-○○○○	800,000	1	H☆・1・			
8	×××こと○○○	〒○○○-○○○○ 大阪市北区○○　TEL○○-○○○○-○○○○　FAX○○-○○○○-○○○○	350,000	1	H☆・5・			
9	□□□株式会社	〒○○○-○○○○ 大阪市中央区○○　TEL○○-○○○○-○○○○　FAX○○-○○○○-○○○○	350,100	1	H☆・6			
10	○○商事株式会社	〒○○○-○○○○ 神戸市中央区○○　TEL○○-○○○○-○○○○　FAX○○-○○○○-○○○○	299,900	1	H☆・8・			
11	○○ファイナンスこと△△△	〒○○○-○○○○ 大阪市淀川区○○　TEL○○-○○○○-○○○○　FAX○○-○○○○-○○○○	35,000	1	H☆・7・			

この欄は住宅資金特別条項を定める債権については記載する必要はない。

小計（　　6,335,000円　　）

別除権付債権	債権番号	別除権の行使により弁済が見込まれる額（円）	担保不足見込額（円）	別除権の目的である財産

「原因」欄には、債権の原因について、次の中から該当する番号を記載し、その債権が住宅資金貸付債権に該当する場合には、その番号を○で囲む。
1 借入　2 物の購入（クレジット契約などによる立替払いを含む。）3 保証　4 その他（保証委託に基づく求償債権を含む。）

「当初の契約年月日等」の欄には、当初の契約年月日を記載し、原因が3（保証）の場合には、誰の保証かを記載し、原因が4（その他）の場合には、その具体的内容を記載する。

その債権について債務名義がある場合には、この欄に○を記載する。

その債権について住宅資金特別条項を定める予定がある場合には、この欄に○を記載する。

その債権の額及び担保不足見込額について異議を述べることがある場合はこの欄に○を記載する。

事例　Aモデル

【書式⑦　財産目録（給与所得者等再生用）】

財　産　目　録　ver3.0（個人再生事件用）

★各項目の必要資料については，添付書類一覧表【書式④】に従って，その写しを添付する。

★現金については，20万円以上ある場合に全額記載する。

1 現金　金額　0 円

手持現金から99万円を控除した残額を記載する。→　0 円　1

★預貯金の口座は，残高が少額でも必ず全部記載する。口座の種類欄には，普通，定期，当座，総合等の種類を記載し，払戻見込額欄には，金融機関からの借入がある場合の相殺を考慮し，払い戻されるであろう金額を記入する。【書式④5(1)】

2 預貯金（銀行以外の金融機関に対するものを含む）

金融機関	支店名	口座の種類	口座番号	一括記帳の有無	記帳日	残　高（円）	払戻見込額（円）
○○銀行	梅田支店	普通	○○○○	□有 ☑無	4月17日	8,500	8,500
○○信用金庫	梅田支店	定期	○○○○	□有 ☑無	4月18日	300,000	100,000
○○郵便局		総合	○○○○○○○	□有 ☑無	4月21日	10,050	10,050
				□有 □無	月　日		
				□有 □無	月　日		
				□有 □無	月　日		

★各項目の合計金額が，相殺や控除等の処理によりマイナスになる場合には0と記載する。
★記載欄が足らず，左下の欄や別紙に記載した場合にはそれも合算する。

払戻見込額を合計する。→　118,550 円　2

★解約返戻金がない場合でも，必ず全部記載する。
★申立人以外の者が被保険者となっていても，申立人が契約者の場合には記載する。
★源泉徴収票，給与申告書，給与明細書，家計収支表【書式⑧】，通帳等に保険の存在をうかがわせる記載がある場合は，忘れずに記載する。
★「解約返戻金」の欄には，貸付金等を控除した金額を記載する。【書式④5(2)】

3 保険（生命保険，火災保険，車両保険など）

保険会社	証券番号	契約日	月額保険料（円）	解約返戻金額（円）
○○生命	○○○	H☆年 4月 1日	7,000	200,000
		年 月 日		
		年 月 日		
		年 月 日		
		年 月 日		

解約返戻金額を合計する。→　200,000 円　3

★給与明細に財形貯蓄の計上がある人は，必ず記載する。【書式④5(6)】

4 積立金等（社内積立，財形貯蓄など）

種　類	開始時期	積立総額（円）
	年 月ころ	
	年 月ころ	

積立金等を担保にする貸付金がある場合には，それを控除した残額を合計する。→　0 円　4

★自宅，作業場，駐車場として申立人本人名義で賃借している土地・建物に関する差入保証金について記載する。【書式④5(7)】

5 賃貸保証金・敷金

賃貸物件	契約の始期	差入金額(円)	契約上の返戻金(円)	滞納額(円)
自宅	H☆年 1月ころ	800,000	500,000	
	年 月ころ			

契約上の返戻金額から60万円を控除し，さらに滞納額を控除した残額を合計する。→　0 円　5

★親族，友人・知人などに対する貸金で，契約書等の書面を作成していないものも，記載して，およその金額を記載して，回収の見込みについても記載する。【書式④5(8)】

6 貸付金・売掛金等

債務者名	債権金額(円)	時　期	回収見込み	回収できない理由	回収見込額(円)
		年 月ころ	□有 □無		
		年 月ころ	□有 □無		
		年 月ころ	□有 □無		

★「家計収支表【書式⑧】・事業収支実績表【書式㉛】」で，駐車場代，ガソリン代の支出のある人は，忘れずに記載する。【書式④5(5)】

回収見込額を合計する。→　0 円　6

7 退職金 □有 ☑無　退職金の見込額　0 円

退職金見込額の1/8の金額を記載する。→　0 円　7

★実質的に所有している不動産は，登記名義のいかんを問わず，記載する。特に，親族の死亡にともない不動産を相続している場合には，被相続人の登記名義のままの相続財産でも，必ず記載する。【書式④5(4)】

8 不動産（土地・建物・借地権付建物）

種類	所在地	時　価
	地番又は家屋番号	登記された担保権の被担保債権残額
□土地 □建物 □借地権付建物		万円
		万円

時価から時価の5％の金額を控除し，そこから被担保債権残額を控除した金額を記載する。→　0 円　8

★申立時において，10万円以上の価値のあるものを記載する。【書式④5(9)】

9 自動車

車　名	年　式	登録番号	時　価（円）
○○○○	H☆	なにわ○○ま○○○○	100,000

所有権が留保されている動産については，時価からローンの残額を控除したものを合計する。→　100,000 円　9

★欄が足りない場合にはここに記載するか，別紙に記載し直後に添付する。
（　　　　　　）について

10 その他の動産（貴金属，着物，パソコン等）

品　名	時　価（円）

→　0 円　10

11 その他（株券，会員権など，1～10以外の財産）

財産の内容	時　価（円）

→　0 円　11

総合計　418,550 円

【書式⑧ 家計収支表】

家計収支表（個人再生用） ver3.0

		申立前2か月分→	平成☆年2月分	平成☆年3月分
収入	給与（申立人）		230,000円	230,000円
	給与（配偶者）		40,000円	40,000円
	給与（　　　）			
	自営収入（申立人）			
	自営収入（配偶者）			
	自営収入（　　　）			
	年金（申立人）			
	年金（配偶者）			
	年金（　　　）			
	雇用保険（申立人）			
	雇用保険（配偶者）			
	雇用保険（　　　）			
	生活保護（　　　）			
	児童（扶養）手当			
	親類からの援助（　　から）			
	その他（　　　）			
	その他（　　　）			
	その他（　　　）			
	収入合計		270,000円	270,000円
	前月からの繰越		0円	0円
支出	住居費（家賃，地代等）		100,000円	10,000円
	住宅ローン（管理費等を含む）			
	駐車場代（車の名義　　　　）		17,000円	17,000円
	食費		50,400円	51,200円
	嗜好品代		10,600円	9,800円
	外食費			
	電気代		5,100円	5,100円
	ガス代		4,500円	4,800円
	水道代		5,200円	5,100円
	電話料金（携帯電話を含む）		6,700円	6,800円
	新聞代		4,200円	4,200円
	国民健康保険料（国民年金）			
	保険料（任意保険） （保険の契約者　大阪　太郎　）		10,000円	10,000円
	ガソリン代（車の名義　大阪　太郎　）		3,600円	3,300円
	日用品費		3,000円	3,000円
	医療費			
	被服費			
	教育費（　幼稚園　）		15,700円	15,700円
	交際費（　　　）			
	娯楽費（　　　）			
	その他（　返済　）		35,000円	35,000円
	その他（　　　）			
	支出合計		270,000円	270,000円
	翌月への繰越		0円	0円

事例　Aモデル

事例　Aモデル

【書式⑨　可処分所得額算出シート】

可処分所得額算出シート

		再生債務者	被扶養者	被扶養者	被扶養者	被扶養者
	氏　　名	大阪太郎	大阪花子	大阪一郎		
※	年齢（平成☆年4月1日現在）	33歳	30歳	5歳		
	続　柄	本人	妻	長男		
※	同居・別居の別		同居	同居		
※	居住地（別居の被扶養者のみ）	大阪府大阪市				
※	居住地域の区分	第1区	第1区	第1区		
※	① 過去2年間の収入合計額	8,400,000円	①÷2＝4,200,000円			
	② 上記期間の所得税額相当額	290,655円				
	③ 上記期間の住民税額相当額	100,800円				
	④ 上記期間の社会保険料相当額	1,008,545円				
	⑤ 収入合計額から控除する額	1,400,000円	←②＋③＋④			
	⑥ 1年間当たりの手取収入額	3,500,000円	←（①－⑤）÷2			
※	⑦ 個人別生活費の額	49.9万円	49.9万円	39.8万円	円	円
※	⑧ 世帯別生活費の額	64.7万円	円	円	円	円
※	⑨ 冬期特別生活費の額	2.4万円	円	円	円	円
※	⑩ 住居費の額	65.3万円(D)	円(D)	円(D)	円(D)	円(D)
※	政令の住居費の額	65.3万円(A)	円(A)	円(A)	円(A)	円(A)
	再　生　債　務　者　居　住　建　物					
※	(1) 再生債務者が所有しているか	はい → (2)へ進む	ⓘいいえ → (4)へ進む			
※	(2) 競売又は任意売却により建物の所有権を失う可能性があるか	はい → (3)(4)は記載しない　いいえ → (3)へ進む　((4)は記載しない)				
※	(3) 一般弁済期間を通じてローンの弁済をする予定があるか	はい・いいえ	1年間の弁済見込総額			円(B)
※	(4) 一般弁済期間を通じて賃料の支払をする予定があるか	ⓘはい・いいえ	1年間の支払見込総額			120.0万円(C)
	別　居　被　扶　養　者　居　住　建　物					
※	(1) 再生債務者が所有しているか	はい → (2)へ進む	いいえ → (4)へ進む			
※	(2) 競売又は任意売却により建物の所有権を失う可能性があるか	はい → (3)(4)は記載しない　いいえ → (3)へ進む　((4)は記載しない)				
※	(3) 一般弁済期間を通じてローンの弁済をする予定があるか	はい・いいえ	1年間の弁済見込総額			円(B)
※	(4) 一般弁済期間を通じて賃料の支払をする予定があるか	はい・いいえ	1年間の支払見込総額			円(C)
※	⑪ 勤労必要経費の額	55.5万円				
	⑫ 上記合計額（1年分の費用額）	237.8万円	49.9万円	39.8万円	円	円
	⑬ ⑫の合計額					327.5万円
	⑭ 1年間当たりの可処分所得額（⑥－⑬）					225,000円
	⑮ 計画弁済総額の最低基準額（⑭×2）					450,000円

※印の記載に当たっては，別紙記載要領を参照して下さい。（次頁参照）

事例　Aモデル

可処分所得額算出シート記載要領

● 年齢
　再生計画案を提出した日以後の最初の4月1日における年齢を記載する。

● 同居・別居の別
　「同居」を○で囲んだ被扶養者は、⑧，⑨，⑩の各欄に斜線を引く。「別居」を○で囲んだ被扶養者のうち，同じ所に居住している者がある場合は，そのうちの1人を除いて⑧，⑨，⑩の各欄に斜線を引く。

● 居住地
　別居の被扶養者のみ，現在の居住地を記載する。

● 居住地域の区分
　【表①都道府県別の居住地域区分一覧表　303頁】から居住地に該当する区を記載する。

① 過去2年間の収入合計額
　再生計画案の提出前2年間の再生債務者の収入の合計額（額面合計額）を記載する。
　なお，再生債務者の年収の額が再生計画案提出前2年間の途中で5分の1以上の変動があった場合（法241条2項7号イ）には，変動後の収入額を基に2年分の額を記載し，再生債務者が再生計画案提出前2年間の途中で給与所得者又は年金受給者等に新たになった場合（法241条2項7号ロ）には，そのようになった後の収入額を基に2年分の額を記載する。

②～④ 所得税，住民税，社会保険料の額
　①の額に対する所得税額，住民税額，社会保険料額を記載する。

⑦ 個人別生活費の額
　【表②個人別生活費一覧表　313頁】の居住地域の区分と年齢に応じた額を記載する。

⑧ 世帯別生活費の額
　⑧の欄に斜線を引いていない者の欄に，【表③世帯別生活費一覧表　313頁】の居住地域の区分と居住人数（再生債務者本人及びその被扶養者に該当する者に限る。）に応じた額を記載する。

⑨ 冬季特別生活費の額
　⑨の欄に斜線を引いていない者の欄に，【表④冬季特別生活費一覧表　314頁】の居住人数（再生債務者本人及びその被扶養者に該当する者に限る。），冬季特別地域の区分，居住地域の区分に応じた額を記載する。

⑩ 住居費の額
　⑩の欄に斜線を引いていない者の欄に，それぞれ下記の手順に従って住居費の額を記載する。
　＜政令の住居費の額＞にはその者が居住する建物について，【表⑤住居費一覧表　315頁】の所在する地域，所在する居住地域の区分，居住人数（再生債務者本人及びその被扶養者に該当する者に限る。）に応じた額を本シートの(A)欄に記載する。

┌─ ＜再生債務者居住建物＞欄の記載について ─────────────────────────
│ (1) 再生債務者が所有しているか
│   再生債務者が居住する建物を所有しているかどうか該当部分を○で囲む。
│
│ (2) 競売又は任意売却により建物の所有権を失う可能性があるか
│   (1)で「はい」を○で囲んだ場合，再生計画（住宅資金特別条項（注）を除く。）で定められた弁済
│   期間（以下「一般弁済期間」という。）の期間内に競売又は任意売却により建物の所有権を失う可能性
│   があるかどうか該当部分を○で囲む。
│ (注) 住宅資金特別条項とは，再生債権者の有する住宅資金貸付債権（住宅ローン債権）の全部又は一
│   部を，法で規定するところにより変更する再生計画の条項をいう（法196条4号）。
│
│ (3) 一般弁済期間の全期間を通じてローンの弁済をする予定があるか
│   (2)で「いいえ」を○で囲んだ場合，一般弁済期間の全期間を通じて住宅資金貸付債務の弁済（以下
│   「ローンの弁済」という。）をする予定があるかどうか該当部分を○で囲む。
│   「はい」を○で囲んだ場合，1年間の弁済見込総額を本シートの(B)欄に記載する。ただし，元金均
│   等方式で弁済をしている場合は，一般弁済期間中の弁済見込総額を1年当たりの額に換算した額を記
│   載する。
│   「いいえ」を○で囲んだ場合であって，ローンの弁済をする予定がないときは，0円と記載し，そ
│   の他の場合（一般弁済期間の途中でローンの弁済が終了するなどの場合）は，本シートの(A)欄の額を
│   記載する。
│
│ (4) 一般弁済期間の全期間を通じて賃料の支払をする予定があるか
│   (1)で「いいえ」を○で囲んだ場合，一般弁済期間の全期間を通じて居住する建物の賃料の支払をす
│   る予定があるかどうか該当部分を○で囲む。
│   「はい」を○で囲んだ場合，1年間の賃料の支払見込総額を本シートの(C)欄に記載する。
│   「いいえ」を○で囲んだ場合（例えば，親族が所有する建物に同居している場合）について，賃料
│   の支払をする予定がない場合は，0円と記載し，その他の場合（自宅に戻るなど将来的に賃料の支払
│   をしなくなる予定がある場合を含む。）は，本シートの(A)欄の額を記載する。
└──

　本シートの(D)欄には本シートの(A)欄の額，(B)欄の額，(C)欄の額を比較して，最も低い額を記載する。

┌─ ＜別居被扶養者居住建物＞欄の記載について ───────────────────────
│   別居している被扶養者がある場合は，⑩の欄に斜線を引いていない者について，その居住している建
│ 物に関し，＜再生債務者居住建物＞欄の記載についてと同様の方法で記載する。
└──

⑪ 勤労必要経費の額
　　収入が勤労に基づいて得たものである場合には，【表⑥勤労必要経費一覧表　324頁】の民事再生法241
　条2項7号イからハまでにより算出した収入の額（①の額を2で除した額），居住地域の区分に応じた額
　を記載する。

【書式⑩　申立てチェックリスト】

事件番号　平成　　年（再イ・ロ）第　　　号

個人再生手続　申立てチェックリスト ver3.0

　このチェックリストは，申立書の作成にあたり，各項目をチェック（確認・調査・検討）していくことにより，申立書を正確に作成するためのものです。

　各チェック項目は，添付書類一覧表で提出すべき資料としているにもかかわらず，これまで提出忘れが多かったものや，申立書や添付資料等の記載方法について過誤や不十分なものが多かった点を列挙しています。

　申立書の不備は，追完，修正等に時間を要し，速やかな再生手続を阻害する大きな原因となっていますので，申立代理人は，添付書類一覧表に従って添付書類を提出し，各添付資料の記載要領に従って記載した上で，このチェックリストの各項目すべてをチェックして，申立時に提出してください。

1　戸籍謄本，住民票，委任状関係
　　☐　戸籍謄本，住民票，外国人登録原票は申立日から3か月以内のものか
　　☐　住民票は世帯全員について省略のないものか
　　☐　居所が住民票と異なっていないか，異なる場合で，賃借のときには賃貸借契約書を，無償居住のときには居住証明書原本と登記簿謄本又は賃貸借契約書を提出しているか
　　☐　委任状に作成日付，弁護士の氏名，事件の表示，債務者の氏名，住所が記載されているか

2　申立書，陳述書関係
　　☐　第1の過去3年間の職歴，過去2年度分の年収，年収の変動の有無について記載漏れ，チェック漏れがないか
　　☐　第2の家族関係，特に同居別居の区別，月収額，別居家族の住所に記入漏れはないか，現在の住居の状況に○印を付けているか
　　☐　第3の1の公租公課の滞納の有無及び額について，記載漏れ，チェック漏れがないか，滞納がある場合には，課税庁と支払方法につき分納合意書又は交渉経緯報告書を提出しているか
　　☐　第3の2の申立てに至った事情についてチェック漏れがないか

- □ 第3の3の具体的な事情について，借金の時期やその使途等について過不足なく記載しているか
- □ 第3の7の差押え，訴訟の有無について，記載漏れ，チェック漏れがないか
- □ 第4についてチェック漏れ，記載漏れがないか，給与所得者等再生手続のときに過去に免責決定を受けた場合，免責決定の写しを提出しているか
- □ 第5の履行可能性等に関する各項目について漏れがないか
- □ 積立予定月額欄には，月額を正確に記載しているか

3 収入証明書関係
- □ 給与所得者の場合，直近2か月の給与明細及び過去2年間の源泉徴収票（取得不可能な場合は，課税証明書及び所得税と社会保険料等の納税証明書）を提出しているか
- □ 事業者の場合，過去2年間の確定申告書，決算報告書及び事業収支実績表（直近6か月分）並びに事業に関する報告書を提出しているか
- □ 給与所得，事業所得以外に収入がないか，ある場合（年金，児童手当その他の手当等），その額が分かる書類（受給証明書あるいは通知書）を提出しているか
- □ 同居人に収入がある場合
  - □ 給与所得者の場合，直近2か月分の給与明細書を提出しているか
  - □ 給与以外の収入がある場合，直近1年分の課税証明書を提出しているか
  - □ 公的年金等を受給している場合，その額がわかる書類（受給証明書あるいは通知書）を提出しているか
  - □ 本人，同居人に年金収入がある場合で，その年金が担保に入っている場合は，その担保資料を提出しているか

4 債権者一覧表関係
- □ 事件符号（再イ，再ロ）に間違いはないか
- □ 債権者の氏名・商号，住所，債権現在額，原因の記載をしているか
- □ 債権者の氏名・商号について，契約時と現在とが異なる場合，旧氏名・商号を（　）内に記載しているか，屋号がある場合に，屋号を記載しているか（例　〇〇商事こと阪神鯛賀寿）
- □ 債権額の合計額に間違いはないか

事例 Aモデル

- □ 住宅資金特別条項を定めることができるか，検討したか（改正法対応事例解説個人再生〜大阪再生物語〜98〜102頁参照），検討する際，対象不動産の登記簿謄本（共同担保目録があるものは，それを含む）をすべて確認したか
（定める場合は□Aに，定めない場合は□Bに）
  - □A　住宅資金特別条項を定める場合，以下の4点を確認したか
    1　住宅ローン債権者の原因欄を「①」としているか
    2　住特条項欄に「○」を付しているか
    3　異議留保欄を空欄にしているか（異議留保はできない）
    4　保証会社の住特条項欄は空欄にしているか
  - □B　住宅資金特別条項を定めない場合には，以下の3点を確認したか
    1　住宅ローン債権者の原因欄を「①」としているか
    2　別除権付債権欄に記載しているか
    3　住特条項欄を空欄にしているか
- □ 全債権につき，保証人，保証会社がいるか調査はしたか（債権調査表，不動産登記簿謄本など）
- □ 代位弁済をしていない保証人，保証会社を記載する場合には，債権現在額は0円，原因は4，将来の求償権○番の保証人と記載しているか
- □ 債務の原因が物の購入で，物（例えば自動車）について所有権が留保されている場合，別除権付債権欄に記載しているか
- □ リース料債権について，別除権付債権欄に記載しているか
- □ 勤務先からの借入れや家賃の滞納がある場合に，これらの債務を債権者一覧表に記載しているか
- □ 給料債権を一覧表に記載していないか（一般優先債権となり分納合意が必要）
- □ マンションの管理費，修繕積立費を，別除権付債権欄に記載しているか
- □ 債務名義（判決正本，和解調書正本，調停調書正本，公正証書など）がある債務について，債務名義欄に○印を付けているか
- □ 債務名義がある場合，その写しを資料として提出しているか
- □ 異議留保すべきものについて，異議留保欄に○印を付けているか
- □ 債権現在額を「0」とした場合にまで，異議留保欄に○印を付けていないか

5　財産目録関係
　①　預貯金について
　　☐　残高，払戻見込額が通帳の金額と一致しているか
　　☐　申立前2週間以内に記帳をし，かつ，財産目録に記帳日を記載しているか
　　☐　過去1年以内の写し，表紙，裏表紙，定期部分が漏れていないか
　　☐　取引履歴を点検し，一括記帳がないか，ある場合にはその期間の取引明細書を添付しているか
　　☐　通帳を紛失，破棄していないか，している場合に取引明細書（申立前1年分）を提出しているか
　　☐　繰り越しがある場合，繰越前の通帳か取引明細書（申立前1年分）を提出しているか
　　☐　給与振込，光熱費の引落しがされている口座を記載しているか
　　☐　普通預金通帳の支払明細欄に「定期積立」の記載がある場合等に，定期預金通帳の提出を忘れていないか
　②　保険について
　　☐　通帳，取引明細書に保険料の引き落としはないか
　　☐　家計収支表に保険料の支出はないか
　　☐　通帳，取引明細書の引き落とし金額・口数と保険証書・返戻金証明書と財産目録の記載が一致しているか
　　☐　確定申告書，源泉徴収票又は給与明細書に「生命保険料控除」「損害保険料控除」の記載がないか
　　☐　失効・解約した保険を含めて，解約返戻金の調査をしたか
　　☐　源泉徴収票で10万円，課税証明書で7万円の保険控除がある場合，生命保険と年金保険に加入していないか
　　☐　解約返戻金の関する証明書は申立前3か月以内のものを提出しているか
　　☐　傷害保険，住宅保険で，一括して保険料を納入していないか，この場合は返戻金につき調査を経ているか
　　☐　以上をチェックのうえ，保険証券，解約返戻金（0円の場合も含む）など資料を漏れなく提出しているか
　③　積立金について
　　☐　給与明細書に「社内積立」「財形貯蓄」など積立金の存在を伺わせる記載がないか，ある場合には，資料を提出しているか
　　☐　通帳に積立金の引き落としはないか，ある場合には資料を提出しているか
　　☐　金額が分かる資料（通帳，給与明細等）を提出しているか
　④　賃借保証金について
　　☐　契約書を提出しているか
　⑤　退職金について

□ 勤続5年以上の場合，退職金証明書（退職金額（0円の場合も含む）が分かる資料）を提出しているか，それらが提出できない場合には，退職金規程とそれに基づく退職金計算書を提出しているか
⑥ 不動産について
□ 申立前3か月以内の登記簿謄本又は登記事項証明書を提出しているか
□ 共同担保が設定されている場合には，共同担保目録付き登記簿謄本又は登記事項証明書を提出しているか
□ 申立前3か月以内の固定資産評価証明書を提出しているか
□ 土地又は建物の片方だけを所有している場合，土地の利用関係を示す資料を提出しているか
□ 査定書（敷地利用権がある場合の利用権についての査定を含む）を提出しているか
⑦ 自動車及びその他の動産について
□ 初年度登録国産乗用車の場合は7年以内か，軽自動車・商用自動車の場合は5年以内か，新車価格が300万円以上か，所有権留保がついているか
□ 上記の場合には，車検証又は登録事項証明書を提出しているか

6 家計収支表について
□ 直近2か月分を提出しているか
□ 家計を同一にする同居家族がいるか，いる場合その全員の収入と支出を記載しているか，また同居人の収入を記載した場合，前記3の収入証明関係の項の必要書類をもれなく提出しているか
□ 収入項目（給与，自営収入，配偶者収入等）に間違いはないか，給与明細書の転記ミスがないか，繰越金を正確に記載しているか
□ 収支がマイナスになっていないか
□ 財産目録に保険加入や自動車の所有の記載があるのに，保険料やガソリン代及び駐車場代を計上し忘れていないか
□ 事業者の場合，事業収支実績表の支出と家計支出で重複する支出を計上していないか
□ 支出に弁護士費用が計上されている場合，その回収の終期の報告書を提出しているか
□ 光熱費について，引き落とし口座がある場合に該当箇所にマーカーを付しているか，口座がない場合に領収書を添付しているか

7 可処分所得額算出シートについて（小規模個人再生では不要）
□ 年齢は計画案を提出する日（予定）の以降の最初の4月1日現在の年齢か
□ 被扶養者として記載されている者は本当に被扶養者か（課税証明書，確定申告書で確認すること，配偶者特別控除を受けていても，被扶養者でない場合も

ある。なお，納税証明書では不明な場合が多いので，課税証明書を提出する）
- ☐ 住居費について，政令の額以上を計上していないか
- ☐ 計算間違いはないか
- ☐ ①過去2年間の収入合計欄には，アルバイトを含めた総支給額（手取額ではない）を記載しているか
- ☐ 勤務期間が2年未満で，源泉徴収票の額に基づいて計算できない場合，その算出根拠，方法について上申しているか
- ☐ 過去2年内に就職，転職，減給等の事由が生じ，当該事由が生じて以降の年収がそれまでの年収に比し，5分の1以上の増減が見込まれる場合，当該事由が生じて以降の見込み年収を基に可処分所得額を算出しているか

8 住宅資金特別条項を定める場合
- ☐ 金銭消費貸借契約書（申込書控えは不可），同変更契約書（変更契約を締結している場合），償還表，保証委託契約書（保証委託契約を締結している場合）を提出しているか
- ☐ 弁済許可の申立てを行っているか
- ☐ 弁済許可の申立ての第1の1の住宅資金貸付債権の表示部分の契約書作成日付，契約書名を誤って記載していないか。また契約の変更があった場合，これも併記しているか（例　ローン契約書（金銭消費貸借契約証書），○○銀行（旧商号○○銀行））
- ☐ 弁済許可の申立てをしない場合，抵当権実行の関係から，住宅ローン債権者の了解を得ているか

9 事業収支実績表等
- ☐ 収入，支出，差引過不足額の各欄に月平均額を記載しているか
- ☐ 確定申告書上，専従者がいる場合に，人件費につき金額を記載しているか
- ☐ 倉庫等賃借物件がある場合に，資料として賃貸借契約書を提出し，かつ財産目録にも記載しているか
- ☐ リース料について，開始後は引き上げられてもよい旨，または弁済する場合に弁済協定の必要性につき主張しているか
- ☐ リース物件がある場合に，契約書を添付して，物件，金額，期間等を特定しているか
- ☐ 直近6か月間の純利益の変動が大きい場合に，その事情と今後の当該事業の見込みを，陳述書や上申書で主張しているか

10 予納金
- ☐ 事業者の場合で，負債総額から住宅資金貸付債権，保証債務を除いた額が，3,000万円以上の場合，個人再生委員の費用（原則30万円）を含めた，予納金31万1,928円を準備しているか

事 例　Aモデル

【書式⑪　開始決定書】

平成☆年（再ロ）第〇〇〇号　給与所得者等再生事件

決　　　定

　　　　大阪市〇区△△△〇丁目〇番〇号
　　　　　　申　　立　　人　　大　阪　太　郎
　　　　　　申立人代理人弁護士　勤　勉　一　郎

主　　文

1　申立人大阪太郎について，給与所得者等再生による再生手続を開始する。
2(1)　再生債権の届出をすべき期間
　　　　　平成☆年6月6日まで
 (2)　届出のあった再生債権に対する一般異議申述期間
　　　　　平成☆年6月11日から平成☆年6月25日まで
 (3)　再生計画案の提出期間の終期
　　　　　平成☆年7月2日まで

理　　由

　疎明及び債権者一覧表等の一件記録によれば，申立人は，再生手続開始の申立てに加えて，給与所得者等再生を行うことを求める旨の申述をしているが，申立人には，破産の原因となる事実の生ずるおそれがあることが認められ，かつ，民事再生法25条各号に該当する事由並びに同法239条4項及び5項により申立てを棄却すべき事由はないことが認められる。
　よって，主文のとおり決定する。

　　　　　　平成☆年5月9日午後5時
　　　　　　大阪地方裁判所第6民事部
　　　　　　　　裁　判　官　　西　天　満　六　郎　㊞

【書式⑫　開始決定についての債権者宛通知書】

平成☆年（再ロ）第〇〇〇号

再生債権者　各位

　　　　　　　　　平成☆年5月9日
　　　　　　　　　大阪地方裁判所第6民事部
　　　　　　　　　　裁判所書記官　　懸　命　一　所　㊞

通　知　書

　頭書事件について，再生手続開始の決定があったので下記の事項を通知します。なお，再生債務者提出の債権者一覧表は別添のとおりです。

記

再生債務者の表示（申立日　平成☆年4月25日）
　　氏　　名　　　大　阪　太　郎
　　　　　　　　　おお さか　た ろう
　生年月日　　昭和☆年6月28日
　　住　　所　　大阪市〇区△△△〇丁目〇番〇号
1　決定の日時　　平成☆年5月9日　午後5時00分
2　決定の主文　　再生債務者について給与所得者等再生による再生手続を開始する。
　⑴　再生債権の届出をすべき期間　　　平成☆年6月6日まで
　⑵　一般異議申述期間　　　　　　　　平成☆年6月11日から
　　　　　　　　　　　　　　　　　　　平成☆年6月25日まで
　⑶　再生計画案の提出期間の終期　　　平成☆年7月2日まで

【債権届出の状況，再生債務者の財産状況の開示について】
　民事再生規則で再生債務者による備置きが定められている債権届出の状況，再生債務者の財産状況に関する書面は，裁判所で事件記録が閲覧できるほか，下記の場所にも備え置かれています。
　　大阪市北区西天満〇丁目〇番〇号△△ビル3F
　　　再生債務者代理人　弁護士　　勤　勉　一　郎
　　　　電話　06-〇〇〇〇-〇〇〇〇　ＦＡＸ　06-〇〇〇〇-〇〇〇〇

＊　なお，同封した債権者一覧表に住宅資金特別条項を定めた再生計画案を提出する意思がある旨の記載がされている場合には，住宅資金貸付債権者は，当該住宅資金貸付債権につき債権届出をする必要がありません。

【書式⑬　再生計画案】

大阪地方裁判所　　　　　　平成☆年（再ロ）第〇〇〇号（Aモデル計画案）

再　生　計　画　案　（平成☆年6月26日）

再　生　債　務　者　　大　阪　太　郎

再生債務者代理人弁護士　　勤　勉　一　郎　㊞

（電話　06　－　〇〇〇〇　－　〇〇〇〇　）

1　再生債権に対する権利変更として，次の額について免除を受ける。免除額に1円未満の端数が生じたときは，切り捨てる。
　(1)　元本及び再生手続開始決定日の前日までの利息・損害金の［　80　］パーセント相当額
　(2)　再生手続開始決定日以降の利息・損害金の［　100　］パーセント相当額
2　上記1による権利変更後の再生債権について，再生計画認可決定確定日の属する月の翌月以降，下記の□に印を付した項に記載した方法により分割弁済をする。ただし，これより算出される［　100　］円未満の端数は［切り上げ］，［最終回］で調整する。
　☑　3か月ごとに支払う方法
　　　上記確定日の属する月の［　翌　］月を第1回目として，以後3か月ごとに合計［　12　］回，各月の［　28　］日限り，各［　12分の1　］の割合による金額を支払う（通算期間＿＿＿3年＿＿＿0か月間）。
　□　毎月支払う方法
　　　上記確定日の属する月の［　　　］月を第1回目として，毎月［　　　］日限り，各［　　　］の割合による金額を支払う（通算期間［　　　］年［　　　］か月間）。
　□　ボーナス時に支払う方法
　　　［　　　］年［　　　］か月間，毎年［　　　］月及び［　　　］月の［　　　］日限り，各［　　　］の割合による金額を支払う（合計＿＿＿回）。
　☑　その他の方法
　　　再生計画による弁済総額が［　1万　］円以下の再生債権者に対しては，上記確定日の属する月の翌月の［　28　］日限り，［　100パーセント　］の割合よる金額を支払う（合計＿＿＿1回）。
3　共益債権及び一般優先債権は，随時支払う。
　（上記債権［特に公租公課等］で未払分がある場合には，下記にその種目，金額を記載する。）
　自動車税　35,000円

以　上

【書式⑭ 再生計画による弁済計画表】

再生計画による弁済計画表

大阪地方裁判所　平成○○年(再イ)第○○○号

再生債務者の氏名　大　阪　太　郎

1　再生計画による弁済率　［　20　］パーセント
2　弁済期間・弁済方法は、再生計画案記載のとおり
3　弁済金の支払方法
　振込送金（振込先口座は再生債権者が指定、振込手数料は再生債務者が負担）

照会先	
弁護士　勤　勉　一　郎	
照会先電話番号・ファックス番号	
電話　06-○○○○-○○○○	
ＦＡＸ　06-○○○○-○○○○	

＊この弁済計画表に関する問い合わせは、上記照会先に直接連絡をしてください。

債権者番号	届出のあった再生債権者名	確定債権額：円	不足	協定	再生計画による弁済総額：円	1回目の額	各回の弁済額：円 2回目～11回目の額	最終回の額
1	○○信用金庫梅田支店	1,000,000			200,000	16,700	16,700	16,300
2	株式会社○○	1,000,000			200,000	16,700	16,700	16,300
3	株式会社△△△△	900,000			180,000	15,000	15,000	15,000
4	○○○○と□□□□	1,000,000			200,000	16,700	16,700	16,300
5	ローンズ○○と△△△△	400,000			80,000	6,700	6,700	6,300
6	□□□と○○○○	200,000			40,000	3,400	3,400	2,600
7	有限会社○○○	800,000			160,000	13,400	13,400	12,600
8	×××と○○○	350,000			70,000	5,900	5,900	5,100
9	□□□株式会社	350,100			70,020	5,900	5,900	5,120
10	○○商事株式会社	299,900			59,980	5,000	5,000	4,980
11	○○ファイナンスと△△△	35,000	○		7,000	7,000		
	合　計	6,335,000			1,267,000	112,400	105,400	100,600

(注意)
1　「確定債権額」欄には確定した元本及び開始決定日の前日までの利息・損害金の合計額を記載する。
2　「再生計画による弁済総額」欄記載の各金額は、再生計画により算出される弁済額について1円未満の端数が生じたときは、切り上げた金額を記載するものであり、同条項による弁済以外のものである。
3　この弁済計画表は、再生計画案で「住宅資金特別条項」を定めた場合、「住宅貸権別条項」の金額も見込みであった。
4　「不足」欄に○印がある場合、「確定債権額」の金額は「担保不足見込額」であることを表し、再生計画による弁済総額の金額も見込みであった。
め、確定した不足額の金額によって変動することがある。
5　「協定」欄に○印があるものは、「弁済協定」を締結したことを表し、その協定によって支払う場合である。

【書式⑮　再生計画案についての意見聴取決定書】

平成☆年（再ロ）第○○○号　給与・所得者等再生事件

決　　定

　　　　大阪市○区△△△○丁目○番○号
　　　　　再生債務者　　大　阪　太　郎

主　　文

1　本件再生計画案について，届出再生債権者の意見を聴取する。
2　民事再生法240条2項に規定する期間を
　　平成☆年7月25日
　　までと定める。

　　　　　　　平成☆年6月27日
　　　　　　　大阪地方裁判所第6民事部
　　　　　　　　　裁判官　　西　天　満　六　郎　㊞

【書式⑯　再生計画案についての意見聴取書】

平成☆年（再ロ）第○○○号

届出再生債権者　各位

平成☆年6月27日
大阪地方裁判所第6民事部
裁判所書記官　　懸　命　一　所

意　見　聴　取　書

　頭書事件について，再生債務者から別添のとおり再生計画案が提出されましたので，民事再生法240条2項の規定により，意見を聴取します。
　この再生計画案について，裁判所が不認可の決定をすべき事由（同法241条2項各号）がある旨の意見がある場合には，その意見と不認可の決定をすべき事由を具体的に記載した意見書を
　　　平成☆年7月25日
までに提出してください。

　なお，この再生計画案に特段の意見がない場合には，意見書を提出する必要はありません。

　　意見書提出先
　　　〒530－8522
　　　大阪市北区西天満2丁目1番10号
　　　　大阪地方裁判所第6民事部

　　再生計画案の内容については
　　　再生債務者代理人　弁護士　勤　勉　一　郎
　　　電話　06－○○○○－○○○○　　FAX　06－○○○○－○○○○
　　　にお問い合わせください。

＊　同封の「再生計画による弁済計画表」は，別添の再生計画案の認可決定が確定した場合に，実際にどのような返済を行う予定であるかについて，参考のために再生債務者が作成したものです。

【書式⑰　再生計画認可決定書】

平成☆年（再ロ）第○○○号　給与所得者等再生事件

決　　定

大阪市○区△△△○丁目○番○号
　　再生債務者　　大　阪　太　郎

主　　文
本件再生計画を認可する。

理　　由
本件再生計画には民事再生法241条2項各号に該当する事由は認められない。

平成☆年7月30日
大阪地方裁判所第6民事部
　　裁判官　　西　天　満　六　郎　㊞

〔Bモデル〕
給与所得者等再生（住宅資金特別条項あり）

第1　Bモデルの役割分担表

（年月日）	曜日	（債務者・申立代理人）	（裁判所等）
H☆.3.17	(月)	債務者が，大阪弁護士会総合法律相談センターで弁護士紹介を受け，弁護士の事務所へ	
H☆.3.26	(水)	弁護士が，給与所得者等再生の申立ての方針で正式に受任する。	
H☆.3.27	(木)	申立代理人から，債権者へ受任通知発送。債権調査票を同封する。返送の期限をH☆.4.7とする。申立書その他の提出書類の作成・準備開始	
H☆.4.7	(月)	債権調査票の検討	
H☆.4.14	(月)	住宅資金貸付銀行との事前協議（第1回）	
H☆.4.23	(水)	住宅資金貸付銀行から住宅ローン関係の弁済計画案が送られてくる。	
H☆.5.1	(木)	再生手続開始の申立て・印紙・郵券の納付。疎明資料の追完を指示されたので，開始決定予定日前日までに提出，保管金の予納	申立書等の受理，保管金提出書の交付
H☆.5.6	(火)		疎明資料等の追完指示
H☆.5.14	(水)	追完を求められた疎明資料，知れたる債権者の宛名シート等の提出	
H☆.5.15	(木)	開始決定後，再生計画案作成の準備を開始	書面審査及び再生手続開始決定。官報公告手続。知れたる債権者に対する通知
H☆.5.29	(木)		官報掲載（開始決定の主文及び債権届出期間・異議申述期間）（公告手続から約2週間後）
H☆.6.12	(木)		債権届出期間の終期（開始決定から4週間後）
H☆.6.17	(火)		一般異議申述期間の始期
H☆.7.1	(火)		一般異議申述期間の終期（異議申述期間の始期から2週間後）
H☆.7.3	(木)	住宅資金貸付銀行との協議（第2回）	
H☆.7.8	(火)	再生計画案，積立状況等報告書，通帳の写しの提出	再生計画案の提出期限
H☆.7.11	(金)		再生計画案に対する意見聴取決定。官報公告手続。届出債権者に対する通知，住宅資金貸付銀行に対する意見聴取
H☆.7.25	(金)		官報掲載（再生計画案について意見を聴く旨），（公告手続から約2週間後）
H☆.8.8	(金)		意見聴取期間の終期（意見聴取決定から4週間後）
H☆.8.13	(水)		再生計画の認可決定。認可決定の主文及び理由の要旨の送達に代わる官報公告手続
H☆.8.27	(水)		官報掲載（認可決定の主文及び理由の要旨）
H☆.9.11	(木)		認可決定確定，再生手続終結
H☆.10.28	(火)	第1回の再生計画に基づく弁済	

第2　事例内容

　浪速次郎さん（申立当時41歳）は，大阪市内にある機械部品を製造している中規模の会社に勤めていたが，会社は3年前ころから不況のあおりを受けて受注が減少し，残業もなくなって，基本給だけの給料では，数年前に購入したマンションの住宅ローンを支払うと，生活費が不足するようになった。そのため，浪速さんは，消費者金融業者から借入れをするようになったが，借換えを繰り返すうち，平成☆年2月ころには，覚えているだけでも11社約700万円以上の借入れがあり，月額約20万円の返済をしなければならなくなっていた。その上，浪速さんは，同じころに自宅の浴室で転倒して足を骨折し，医者から約3か月間（同年5月ころまで）は就労不能であると診断され，給料も減額された結果，消費者金融業者からの借金の支払は一部滞ってしまい，消費者金融業者から支払の催促を受けるようになり，住宅ローンも同年1月分までなんとか遅滞なく払ってきたものの，その後払えなくなってしまい，住宅ローンを組んだ淀屋橋銀行からも問合せを受けるようになった。

　浪速さんは，妻春子（申立当時39歳）さんと子供2人（長男一郎，申立当時11歳と長女花子，申立当時9歳）の4人で大阪市内の自宅マンションで暮らしている。浪速さんの収入は，ここ2年間ほとんど変動がなく，平成☆年2月当時，給料は，手取り月額32万円（額面38万4,000円，所得税，住民税，社会保険料等の合計額6万4,000円），手取り年額480万円（額面576万円，夏のボーナスが手取り44万8,000円，冬のボーナスが手取り51万2,000円，所得税，住民税，社会保険料等の合計額96万円）である。

年収（額面）	576万円
所得税，住民税，社会保険料等	96万円
年収（手取り）	480万円
月手取額	32万円
ボーナス手取額（夏）	44万8,000円
（冬）	51万2,000円

　また，4月から妻の春子さんがスーパーのパートで働くことが内定しており，その収入は，1か月，5万円程度となる見込みであるので，浪速さんの家計における収入の年間合計額は540万円程度になる見込みである。

浪速さん自身の年収（手取り）	約480万円
妻春子さんの年収（手取り）	約60万円
浪速さんの家計における年収合計額	約540万円

浪速さんの住まいは，住宅ローンで購入した分譲マンションである。浪速さんは，数年前，3,500万円のマンションを購入するために，淀屋橋銀行の住宅ローンで3,150万円（ボーナス返済分850万円）を借り入れたが，浪速さんが組んだ住宅ローンは，年利5パーセント（遅延損害金の利率，年14パーセント），30年間の元利均等弁済というものであり，通常月の支払額は12万3,468円，ボーナス月（6月と12月）の支払額は27万5,003円を加算した39万8,471円であった。

通常月の支払額	12万3,468円
ボーナス月の支払額	39万8,471円
年支払合計額	203万1,622円

浪速さんは，この住宅ローンについては，平成☆年1月分までは何とか遅滞せずに約定どおりの支払いを続けてきたが，2月分以降については支払っておらず，淀屋橋銀行は，浪速さんに対し，残元金2,765万5,685円及びこれに対する支払済みまで年14パーセントの割合の遅延損害金の支払を求める旨の督促をしている。浪速さんのマンションには，住宅ローンの保証会社である淀銀信用保証の求償権を担保するための抵当権が設定されているが，バブル崩壊後の地価の下落のため，時価は2,300万円程度であり，オーバーローンの状態である。保証会社である淀銀信用保証の代位弁済は，まだ行われていない。

浪速さんは，復職の目処は立っていたものの，消費者金融業者への対応を含め，マンションを何とか手放さずに済む方法はないかと考え始めたが，どうしたらよいか分からず，結局，弁護士に頼むことにした。しかし，知っている弁護士もいなかったため，以前，新聞記事で読んだ大阪弁護士会の総合法律相談センターで弁護士を紹介してもらうことにした。

第3　事実経過

1　最初の法律相談

平成☆年3月17日(月)，浪速さんは，妻の春子さんと一緒に大阪弁護士会総合法律相談センターへ行き，弁護士の紹介を依頼したところ，勤勉一郎弁護士を紹介され，その日のうちに勤勉弁護士の事務所へ行った。

> 浪速さん「先月足を骨折してしまいまして，5月ころまで会社を休まなあきません。マンションの住宅ローンとサラ金の借金がありまして，これま

> でぎりぎりで借金を払ってきたのに、休職して給料も下がって、2月から住宅ローンも払えなくなってしまいました。サラ金からの借金については利息も払えない状態です。そやけど、今まで何とか頑張って住宅ローンも払ってきたし、家族のことを考えると、マンションを手放したり、競売にかけられたりするのは困るんですわ。復職すれば、給料も元に戻ると思うので、このまま住宅ローンも支払いたいんです。何とかならんのでしょうか。お願いします。」

　勤勉弁護士は、浪速さんから債務額や債権者数、勤務状況等の事情を聞きながら、破産、特定調停、任意整理、個人債務者の民事再生手続の概略を説明した上、民事再生手続における住宅資金特別条項の説明をした。

　住宅資金特別条項の制度とは、住宅ローンを抱えて経済的破綻に至った個人債務者が、担保権の実行によって住宅を失うことなく再生できるようにするため、既に住宅ローンの支払を遅滞している場合には失われた期限の利益を復活し、また必要に応じて再生計画に住宅ローンの返済の一部繰延べを内容とする特別条項を定めることができるというものである。

　一般に住宅ローンは、その保証会社の求償権を担保するために当該住宅に抵当権が設定されているが、民事再生手続においては、抵当権等の担保権は別除権として取り扱われており、担保権者は、手続開始後であっても、担保権を実行することができるため（法53条）、住宅に設定された抵当権の実行を回避することができない。そこで、個人債務者が住宅を手放すことなく再生手続を利用することができるように、住宅資金貸付債権に関する特則（法10章）として住宅資金特別条項の制度が設けられたのである。

　再生債務者は、法196条3号が定める住宅資金貸付債権について、再生計画に弁済期限の繰延べ等を内容とする住宅資金特別条項を定めることができ（法198条・199条）、これを定めた再生計画案が提出されると、住宅ローン債権者は、担保権によって担保されている部分とそれを超える部分（担保不足額）との区別なく、その債権の全額について再生手続に参加することになる。そして、住宅資金特別条項を定めた再生計画が認可されると、住宅資金貸付債権について期限の利益の回復の効果が生じ、その結果、抵当権の実行の要件も欠けることになるため（法203条1項）、再生債務者が再生計画に基づく弁済を継続している限り、住宅に設定されている抵当権の実行を回避できるの

である。

勤勉弁護士は，まず，浪速さんが住宅資金特別条項の制度を利用できるかどうかを確かめることにした。

> 勤勉弁護士「今住んでいるマンションに住宅ローンについての担保が付いているということですが，それ以外の不動産に住宅ローンについての担保が付いているようなことはありませんか。」
> 浪速さん「いいえ。不動産はこのマンションだけしか持ってません。」
> 勤勉弁護士「マンションには，住宅ローンについての抵当権以外の担保は付いていませんか。」
> 浪速さん「はい。付いてません。」

再生計画に住宅資金特別条項を定めることができるのは，住宅ローンが「住宅資金貸付債権」（法196条3号）であり，これを担保する抵当権の目的となっている住居が「住宅」（法196条1号）に該当する場合である。

「住宅資金貸付債権」とは，①住宅の建設若しくは購入に必要な資金（住宅の用に供する土地又は借地権の取得に必要な資金を含む。）又は住宅の改良に必要な資金の貸付けに係る分割払いの定めのある再生債権であって，②当該債権又は当該債権に係る債務の保証人（保証を業とする者に限る。以下「保証会社」という。）の主たる債務者に対する求償権を担保するための抵当権が住宅に設定されているものをいう[1][2]。

「住宅」とは，再生債務者が所有（共有）し，「自己の居住の用に供する」建物であり，工場用建物のように専ら事業の用に供する建物や，賃貸アパートのように専ら他

[1] 保証会社が，再生債務者に対する求償権を担保するために住宅に抵当権を有している場合にも住宅資金貸付銀行が有する住宅ローン債権は「住宅資金貸付債権」に該当し，それについて住宅資金特別条項を定めることができるが，保証会社が債務の全部を履行（代位弁済）した場合は，その履行後6か月を経過する日までに再生手続開始の申立てがなされた場合に限り，住宅資金特別条項を定めることができる（法198条2項）。そして，住宅資金特別条項がある再生計画の認可決定が確定した場合は，保証会社による保証債務の履行はなかったものとみなされ（法204条1項），保証会社から保証債務の履行を受けた金融機関は，履行を受けた金員を保証会社に返還しなければならない（いわゆる「巻戻し」）。
[2] 再生計画に住宅資金特別条項を定める場合は，住宅資金貸付債権を有する再生債権者又は再生計画認可決定の確定の効力により住宅資金貸付債権を有することとなる者が複数あるとき（例えば，公庫と銀行）は，これらの者すべてを対象として住宅資金特別条項を定めなければならない（法198条3項）。

人の居住の用に供する建物は「住宅」には当たらない*3。しかし，現実に自己の居住の用に「供している」ことまでは必要でなく，「供する」建物であれば足りる（Q&A〔25〕「「住宅」について」250頁参照）。

しかし，以下の場合には，再生計画に住宅資金特別条項を定めることができない。

① 再生債権が住宅資金貸付債権を有する者に法定代位（民500条）した再生債権者（保証会社を除く。）が当該代位により取得したものである場合（法198条1項本文かっこ書）

　保証人等が保証債務を履行することにより代位取得（民500条）した住宅資金貸付債権について住宅資金特別条項による弁済期限の繰延べを認めると，保証人等の利益を不当に害するおそれがあるからである。

② 住宅に住宅資金貸付債権を担保するための抵当権（根抵当権も含まれる。ただし，被担保債権に住宅資金貸付債権以外の債権が含まれていない場合に限られる。）以外に法53条1項に規定する担保権が存する場合（法198条1項ただし書）

　住宅に設定されている住宅資金貸付債権を担保するための抵当権以外の担保権は，別除権として再生手続外で実行することができるから（法53条2項），住宅資金特別条項を定めても，この別除権が実行されてしまえば，再生債務者は住宅を失ってしまい，住宅資金特別条項を定める意味がないからである*4。

③ 住宅以外の不動産にも住宅資金貸付債権を担保するための抵当権が設定されている場合において，当該不動産に後順位の法53条1項に規定する担保権が存する場合（法198条1項ただし書）

　住宅以外の不動産に住宅資金貸付債権のための抵当権に遅れる後順位担保権者が存する場合，当該不動産について競売手続が行われると，後順位担保権者は住宅に設定された抵当権に代位する利益を有している（民392条2項）ので，このような場合に住宅資金特別条項を定めることができるとすると，当該後順位担保権者の利益を不当に害するおそれがあるからである。

浪速さんは，勤勉弁護士の説明を聞いて，個人債務者の民事再生手続（住宅資金

---

*3　店舗併用住宅のように建物の一部を事業の用に供している場合には，当該建物の「床面積の2分の1以上に相当する部分が専ら自己の居住の用に供されるもの」であることが必要である（法196条1号）。建物の一部を他人に賃貸している場合（間貸し）や，いわゆる二世帯住宅でそれぞれの世帯の居住部分が物理的に独立しており，かつ生活の実態としてもそれぞれの世帯が別々に生活しているような場合には，再生債務者の居住部分が床面積の2分の1以上でなければならない。

*4　ここでいう「担保権」には，仮登記にとどまる抵当権であっても，抵当権者に本登記請求権が認められるもの（1号仮登記）は含まれると解される。

特別条項あり）を利用したいと思ったが，弁護士費用を準備する必要もあったので，正式な委任は次回の打合せの日にすることにした。勤勉弁護士は，浪速さんに，次回の打合せまでに準備しておく資料を指示したほか，家計簿を付けるように指導した。

2　弁護士の受任と受任通知の発送

浪速さんは，同月26日(水)，指示された書類（債権者の住所や残債務額を示す疎明資料，住宅ローンに関する疎明資料，戸籍謄本・住民票その他の資料）を持って，春子さんとともに勤勉弁護士の事務所に行った。

勤勉弁護士は，受任時チェックリスト（【書式①　43頁】）に基づいて，浪速さんと春子さんから，更に詳しく事情を聴取した。

> 勤勉弁護士「まず，住宅ローン以外のサラ金に対していくら払わなければならないか計算しましょう。このソフト[*5]を使って浪速さんの2年分の可処分所得額を計算すると……，浪速さんが住んでいるのは大阪市で……，それぞれの年齢については，民事再生法第241条第3項の額を定める政令の2条2項で再生計画案を提出した日以後の最初の4月1日時点の年齢を入力しなければならないんだけど，今からだとそれは来年の4月1日なので，ご主人は42歳，奥さんは40歳，息子さんは12歳，娘さんは10歳と……，自宅は所有していて，失う心配なしと……，住宅ローンの1年の支払金額は203万1,622円と……，よし，これで印刷ボタンを押すと……，よし，出たぞ（【書式㉑　119頁】）。浪速さんの場合，この政令によって定められた可処分所得金額の2年分の金額は159万8,000円になりますね。それに対して，住宅ローン以外の700万円の債務に対する最低弁済基準額は，その5分の1の140万円ですから……，浪速さんの場合は，多い方の金額である159万8,000円を原則

---

*5　可処分所得算出シート作成ソフトについて

　　Microsoft® Excel（Ver.97〜）を利用して，可処分所得を算出し，可処分所得シート（【書式㉑　119頁】）を作成するソフトがある。このソフトは，いわゆるフリーソフトであり，本書執筆者小松陽一郎弁護士と他にもフリーソフトを開発している松尾俊信氏が共同開発したものであり，「松尾さんのHomePage」（http://www1.ocn.ne.jp/~matsuo3/）（定期的に更新されます。）からダウンロードすることができる。

　　※Microsoft® Excelは，米国Microsoft Corporationの，米国およびその他の国における登録商標または商標です。

> 3年間で弁済しなければなりません。そうすると，月4万5,000円程度，1年間に54万円程度をサラ金へ返済することになりますね。浪速さんの家計における1年間の収入合計額が約540万円ですので，サラ金へ返済する54万円をそこから差し引くと，残るのは486万円ですね。」

政令に基づく2年分の可処分所得金額　　159万8,000円
住宅ローン以外の負債額から算出される最低弁済額　　700万円÷5＝140万円
159万8,000円＞140万円なので，再生計画により支払わなければならない金額は，159万8,000円
3年間で支払うとすると，1年間に支払う金額は，
　　　　　　　159万8,000円÷3＝約54万円
住宅ローン以外の負債の計画弁済額控除後の残額は，
　　　　　　　540万円－54万円＝486万円

> 勤勉弁護士「住宅ローン以外の1か月の生活費はどのくらいかかりますか。」
> 春子さん「住宅ローン以外にですよね……。生命保険を解約して，その分の支払いをしなくてもよくなれば，少し苦しいですけどいろいろ工夫して切り詰めて……，それでも家族4人いますし，子供たちにもある程度お金がかかりますから，月に25万円くらいはないと……，それくらいあればやっていけると思います。」
> 勤勉弁護士「そうですか。そうすると，1年間に必要な住宅ローン以外の生活費はざっと300万円程度ということになりますね。これをサラ金へ返済して残った486万円から引くと……，186万円ですね。」

25万円×12か月＝300万円（住宅ローン以外の生活費年額）
486万円－300万円＝186万円（住宅ローンに回せる金額）

> 勤勉弁護士「これを住宅ローンへの支払いに回すことになりますね。住宅ローンの方は今までは年間204万円程度支払っていましたが，そうすると186

> 万円しか回せないので，今までのペースでの住宅ローンの支払いはできないことになるので，この点は淀屋橋銀行と相談してみましょう。」

　法は，住宅資金特別条項として，住宅ローンの債権者の同意を必要としないものとして①期限の利益回復型，②弁済期間延長型，③元本猶予期間併用型の3つの類型と住宅ローン債権者が変更後の内容について同意している④同意型の併せて4つの類型を定めている。

① 期限の利益回復型（法199条1項）

　住宅資金特別条項の原則型であり，住宅ローンについて履行遅滞による期限の利益を喪失した状態を元に戻して，期限の利益を復活させた上，以下のイ，ロの内容を定めるものである。

イ　再生計画認可決定確定時までに弁済期が到来する住宅資金貸付債権について，以下のaからcの全額を再生計画で定める住宅ローン以外の債務の弁済期間（一般弁済期間）内に支払うこと（法199条1項1号）

　a　元本及びこれに対する再生計画認可決定確定時から住宅資金特別条項によって定められた元本の弁済期までの利息

　b　再生計画認可決定確定時までに生ずる利息

　c　債務者が本来の住宅ローン債務の履行を遅滞したことによる損害金（履行遅滞時から再生計画認可決定確定時までの住宅ローン契約における約定損害金利率による損害金）

ロ　再生計画認可決定確定時までに弁済期が到来しない住宅資金貸付債権について，以下のa及びbの全額を住宅ローン契約の元の約定に従って弁済すること（法199条1項2号）

　a　元　本

　b　再生計画認可決定確定後の約定利息

② 弁済期間延長（リスケジュール）型（法199条2項）

　①の期限の利益回復型による住宅資金特別条項を定めた再生計画の認可の見込みがない場合に定めることが認められるものであり，住宅ローンの弁済期間を延長することによって，1回の弁済額を少なくするものである。

　ただし，変更された最終弁済期が元の住宅ローン契約における最終弁済期から10

年以内であり，かつ，変更後の最終弁済期における再生債務者の年齢が70歳を超えないことが必要である（法199条2項2号）。

そして，再生債務者は，変更された期間内に，

a 住宅資金貸付債権の元本及びこれに対する再生計画認可決定確定後の利息
b 再生計画認可決定確定までに生じる住宅資金貸付債権の利息及び損害金の全額

を弁済しなければならず（法199条2項1号），しかも，aについては，その支払方法は，元の住宅ローン契約に定められた弁済期の間隔及び弁済額におおむね沿うものでなければならない（法199条2項3号）。

③ 元本猶予期間併用型（法199条3項）

②の弁済期間延長型によっても，住宅資金特別条項を定めた再生計画の認可の見込みがない場合には，②の弁済期間延長型と同様に住宅ローンの弁済期間を延長することに加えて，弁済期間のうち，一般弁済期間の範囲内で定める期間（これを「元本猶予期間」というが，実際は一般弁済期間と同じ期間になるものと思われる。）中は，住宅資金貸付債権の元本の一部及び同残元本総額に対する期間中の利息のみを支払い，元本猶予期間後に，残元本及び利息並びに損害金を支払うというものである。

④ 同意型（法199条4項）（【書式㉒　120頁】）

住宅資金特別条項によって権利の変更を受ける者の同意があることを前提として，前記①から③の枠組みを超える内容の住宅ローンの支払方法を定めるものである。この場合には，住宅ローンの支払期間を10年を超えて延長することや，70歳を超えて延長すること，住宅ローン以外の一般の再生債権の弁済期間内は利息のみを支払うようにするなどの内容を住宅資金特別条項として定めることができる。

期限の利益回復型（法199条1項）

（注）この類型の計画案にも、色々な支払方法が考えられるが、このうち、例えば、開始決定後に弁済期が到来する住宅貸付債権の元本、これに対する利息のみを再生計画の認可決定確定までの間支払うことを許可する旨の弁済許可決定がされた場合についてのイメージ図である。

契約上支払うべき利息、元本額

損害金、利息、元本の不履行分

弁済許可決定により支払う開始決定後の元本、利息

契約の条項通りの支払いに加えて、一般弁済期間内に認可確定時までに弁済期が到来する元本、これに対する認可確定後の利息、認可確定時までの利息、損害金の全額を上乗せして支払うことが必要

一般弁済期間

支払額

不払額

開始決定 弁済許可決定 認可決定確定 一般弁済期間の終期 約定の最終弁済期 時間

事例　Bモデル

弁済期間延長（リスケジュール）型（法199条2項）

(注) この類型の計画案にも、いろいろな支払方法が考えられるが、この図は、そのうち、例えば、
① 決定確定までの間支払うことを許可する旨の弁済許可決定がされ、
② 認可決定確定後に弁済期が到来する住宅資金貸付債権の元本と、これに対する弁済許可決定までの間の利息、損害金確定時支払い、認可決定確定時の利息、認可決定確定後の利息のみを再生計画の認可決定確定時までに支払い、
③ 開始決定後、全期間を通して支払額が一定になるようにした場合

についてのイメージ図である。

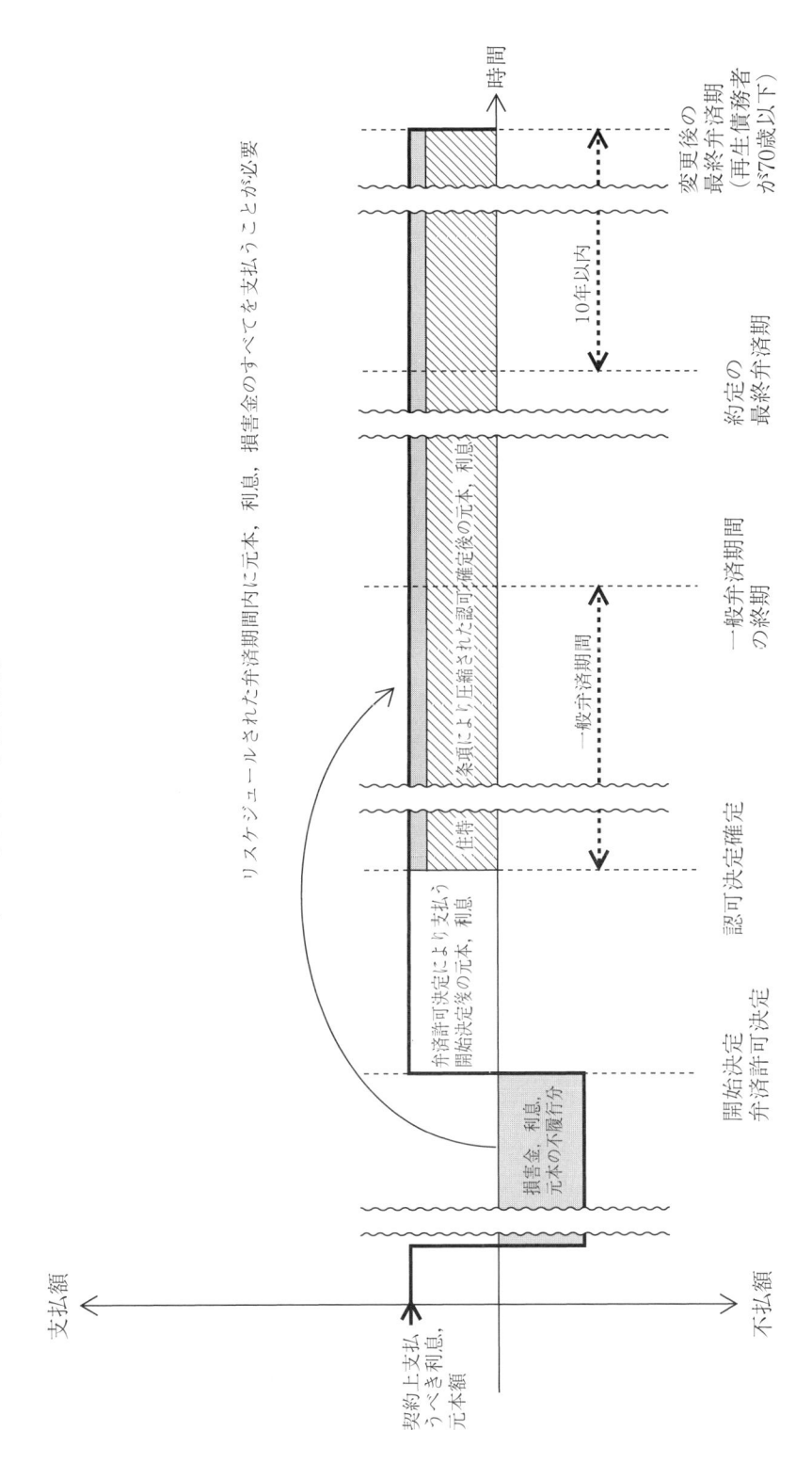

支払額 ↑

契約上支払うべき利息、元本額

損害金、利息、元本の不履行分

弁済許可決定による開始決定

認可決定により支払う元本、利息

条項により圧縮された認可確定後の元本、利息（住特）

一般弁済期間

← 10年以内 →

リスケジュールされた弁済期間内に元本、利息、損害金のすべてを支払うことが必要

→ 時間

不払額 ↓

開始決定
弁済許可決定

認可決定確定

一般弁済期間の終期

約定の最終弁済期

変更後の最終弁済期（再生債務者が70歳以下）

元本猶予期間併用型（法199条3項）

(注) この類型の計画案にもいろいろな支払方法が考えられるが、この図は、そのうち、
① 開始決定後に弁済期が到来する貸付債権の元本の一部と、利息のみを再生計画の認可決定確定までの間支払うこととし、
② かつ、元本猶予期間を一般弁済期間を認可決定と同じにした場合
についてのイメージ図である。

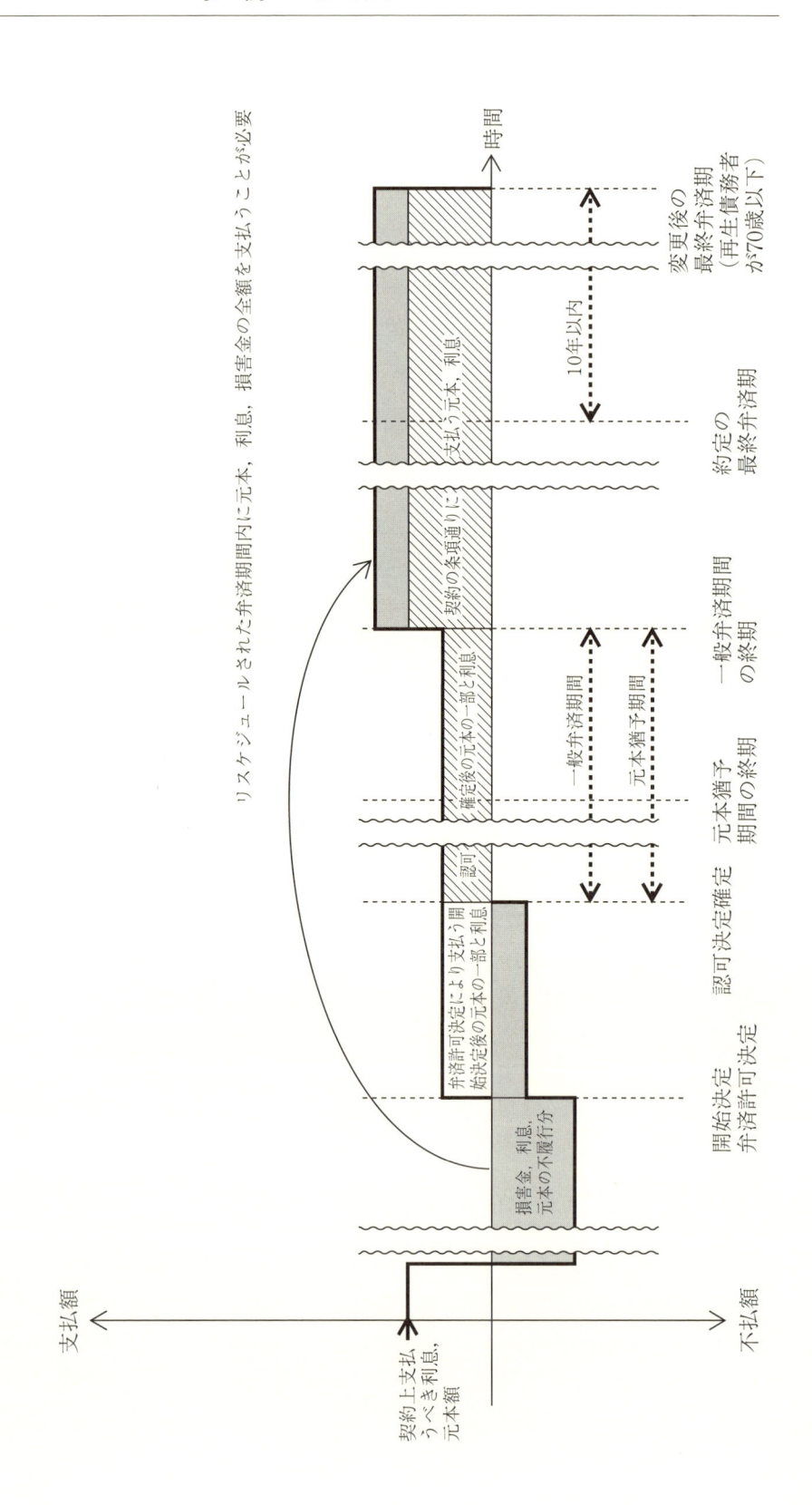

契約上支払うべき利息、元本

支払額

不払額

損害金、利息、元本の不履行分

弁済許可決定により支払う開始決定後の元本の一部と利息

確定後の元本の一部と利息

一般弁済期間

元本猶予期間

契約の条項通りに支払う元本、利息

リスケジュールされた弁済期間内に元本、利息、損害金の全額を支払うことが必要

10年以内

開始決定
弁済許可決定

認可決定確定

元本猶予期間の終期

一般弁済期の終期

約定の最終弁済期

変更後の最終弁済期（再生債務者が70歳以下）

→時間

この制度の施行後，実際に申し立てられる事例は，住宅ローンについては遅滞なく支払ってきており，手続開始後も従来どおりの支払いをすることが可能であり，再生計画案に定める住宅資金特別条項も従来どおりの支払いをする旨の内容とするものが多い。

ただ，このモデルの事案のように，既に遅滞に陥っている事案も相当数あり，そのような場合，法が定める住宅資金特別条項は，原則型である①期限の利益回復型はもとより，その要件を緩和した②弁済期間延長型にせよ，更にその要件を緩和した③元本猶予期間併用型にせよ，いずれも要件が厳しいため，実際は，そのままの形で住宅資金特別条項を定めるというのではなく，再生債務者の実情に即した内容の住宅資金特別条項が定められることが多くなると思われる。そして，住宅ローンの内容は変動金利やボーナス期払いの併用など相当に複雑であり，弁済計画案の作成も住宅資金貸付債権者（金融機関）に頼らざるを得ない部分が多いことを考えると，既に期限の利益を喪失している場合には，あらかじめ住宅資金貸付債権者である銀行と十分な協議を行い，その同意を得られた住宅資金特別条項を再生計画案に定めるのが相当である。

また，住宅資金特別条項を定めた再生計画案については，それを定めない場合の再生計画案と比べて，認可要件が厳しくなる。住宅資金特別条項を定めない再生計画案については，その再生計画が遂行される見込みがない場合に限って不認可の決定をすることとなる（法241条2項1号・174条2項2号）が，住宅資金特別条項を定めた再生計画案については，再生計画が遂行可能であると裁判所が積極的に認定することができない限り認可することはできないこととされており（法241条2項1号・202条2項2号），再生計画の遂行可能性の要件が加重されている。

住宅資金特別条項を定めた再生計画案が提出されると，裁判所は，住宅資金貸付債権者に対して，その再生計画案についての意見を求めることになる（法201条2項）が，その際，住宅資金貸付債権者が特にこの履行可能性について否定的な意見を述べた場合には，裁判所の履行可能性の認定に影響を与えることになる可能性がある。したがって，申立代理人としては，履行可能性について十分に検討を行って，それが説明できるような資料を準備した上，住宅資金貸付債権者に対して，事前に履行可能性について十分に説明を行うことが必要である。

勤勉弁護士「いずれにせよ，一度淀屋橋銀行と淀銀信用保証に個人再生の申立てをすることを伝えておく必要があると思います。とりあえず，私に依

> 頼して個人債務者の民事再生手続の申立てをし，住宅資金特別条項を定めた再生計画案を提出する予定であるということを淀屋橋銀行に説明しておいてください。」
> 浪速さん「分かりました。明日，淀屋橋銀行に行って来ます。けがが治ったら頑張って働きますんで，よろしくお願いします。」

浪速さんは，弁護士報酬や諸費用を改めて確認し，勤勉弁護士との間で，総合法律相談センター所定の委任契約を締結した。そして，勤勉弁護士は，浪速さんから委任状を受け取り，総合法律相談センターへの受任申請手続を行った上，翌27日㈭，すべての債権者に対し，債権調査票を同封した受任通知を発送した（【書式②　51頁】）。

3　申立ての準備

勤勉弁護士は，その後，適宜，浪速さんから事情聴取を行い，また，資料の提出を求めて，申立書・陳述書，添付書類一覧表，財産目録，債権者一覧表等を作成し，申立ての準備を行った。

① 債権者一覧表の作成（【書式⑳　117頁】）

債権者から返送された債権調査票を検討したところ，住宅資金貸付債権以外の債権の合計額（再生債権総額）は630万円となったので，これに基づき債権者一覧表を作成した。住宅資金貸付債権に係る淀屋橋銀行の債権[*6]については，住宅資金貸付債権に該当するものであることを示すために債権者一覧表の内容・原因欄の番号（淀屋橋銀行の債権は借入れなので「1」で，住宅資金貸付債権に該当する場合にはその番号を○で囲む。）を「①」とするとともに，それらについて住宅資金特別条項を定める旨を明示するため，それらの債権の「住特条項」欄に○印をした。

＊6　住宅資金特別条項を定める場合の債権者一覧表の記載について
　　個人債務者再生において，住宅資金特別条項を定めた再生計画案を提出しようとする場合，債務者は，あらかじめ債権者一覧表にその旨を記載しなければならない（法244条・221条3項4号）。また，債権者一覧表にその旨の記載がされた住宅資金貸付債権については，債権調査の対象とならない（法244条・226条5項）。
　　なお，債権者一覧表に住宅資金特別条項を定めた再生計画案を提出する旨を記載しているにもかかわらず，その条項の定めのない再生計画案が提出された場合には，再生計画案は不適法となる（法241条2項5号・231条2項5号）。この場合，裁判所は，職権で再生手続廃止の決定をすることになる（法243条2号）。

なお，淀屋橋銀行の債権現在額については現時点における残額をそのまま記載したが，淀銀信用保証の求償権については将来の求償権であり，淀屋橋銀行の債権を記載しているので，「0円」と記載した（淀銀信用保証の求償権の債権者一覧表の内容・原因欄の番号は「4」であり，この求償権自体は住宅資金貸付債権ではないのでその番号を○で囲む必要はなく，またこの求償権について住宅資金特別条項を定めるわけではないので，この求償権の「住特条項」欄に○印をする必要もない。ただ，淀銀信用保証も手続上債権者として扱い，開始決定通知等をすることにより債権届出の機会を保障するため債権者一覧表に記載する必要はあろう（〔Cモデル〕137頁＊8参照）。また，住宅資金特別条項を利用する場合には，債権者一覧表の下の「別除権付債権」欄には記載する必要はない。）。

② 疎明資料の確認

　添付書類一覧表にチェックしながら，浪速さんが持参した疎明資料の内容を確認した。再生計画に定める住宅資金特別条項については，疎明資料として，住宅ローンの金銭消費貸借契約書の写し，保証委託契約書の写し，住宅ローンの償還表，マンションの不動産の登記事項証明書等を添付することにした＊7。

③ 再生計画案における弁済金額及び住宅資金特別条項の検討

　勤勉弁護士は，資産（財産目録），負債（債権者一覧表），浪速さんの収入状況等から，基準債権額が5,000万円を超えない（住宅ローンを除く。）ことや，最低弁済

＊7　**住宅資金特別条項を定めた場合に提出すべき書面**
　　住宅資金特別条項を定めた再生計画案を提出する意思がある旨を債権者一覧表に記載した場合には，申立ての際に以下の書面を併せて提出しなければならないとされている（規則115条1項・102条1項）。
　① 住宅資金貸付契約の内容を記載した証書の写し
　② 住宅資金貸付契約に定める各弁済期における弁済すべき額を明らかにする書面
　③ 住宅及び住宅の敷地の登記簿の謄本
　④ 住宅以外の不動産（住宅の敷地を除く。）で，法196条3号に規定する抵当権が設定されているときは，当該不動産の登記簿の謄本
　⑤ 再生債務者の住宅において自己の居住の用に供されない部分があるときは，当該住宅のうち専ら再生債務者の居住の用に供される部分及び当該部分の床面積を明らかにする書面
　⑥ 保証会社が住宅資金貸付債権に係る保証債務の全部を履行したときは，当該履行により当該保証債務が消滅した日を明らかにする書面
　　また，大阪地方裁判所第6民事部では，保証会社の求償権について抵当権の設定がされている場合には，その求償権の存在を証する書面の写し（保証委託契約書等）の提出を求めている（規則115条2項・102条2項）。

準額,清算配当額,可処分所得額がそれぞれいくらになるかについて確認の上,住宅ローンを除く債権については,3年間で159万8,000円(年額53万2,667円,月額平均4万4,388円)を弁済するという計画を立てた。すなわち,浪速さんの2年分の可処分所得額は159万8,000円であり,住宅ローンを除く再生債権総額(630万円)から算出される最低弁済基準額は126万円であるから,浪速さんの場合には,財産目録の合計額68万円(清算価値)より大きい可処分所得額である159万8,000円を3年間で弁済しなければならない。

浪速さんの家計における収入額が年額540万円で,生活費として月額25万円(年額300万円)が必要であるから,住宅資金貸付債権を除く債権について年53万2,667円の弁済を行うとすれば,住宅ローンについては,1年に約186万円を弁済に回すことができることになる。また,再生計画による3年間の弁済期間後は,それまで再生計画に基づいて消費者金融業者に対して弁済していた年約53万円も住宅ローンの支払に回すことができることになるので,住宅ローンの支払に回すことができる金額は合計約239万円となるが,勤勉弁護士は実際の履行可能性を考えて若干余裕を持たせるため,計画期間中の住宅ローン支払原資を180万円,その後の支払原資を従来とほぼ同様の203万円と設定した。

一方,従前の住宅ローンの支払金額は,通常月は12万3,468円,ボーナス月はそれに27万5,003円を加算した39万8,471円であり,浪速さんの給料の月手取額は32万円,ボーナス手取額は夏44万8,000円,冬51万2,000円であるので,その金額を参考にしながら,3年間の再生計画に基づく弁済期間中及びその後の住宅ローンの支払額を計算することになる。

まず,計画期間中における住宅ローンのボーナス月加算額を夏・冬各25万円とすることにした。そうすると,通常月の支払額は約10万8,000円となる。

180万円−(25万円×2)＝130万円

130万円÷12か月＝約10万8,000円

次に,計画期間後における住宅ローンのボーナス月加算額を従前の金額とほぼ同様の夏・冬各28万円とすることにした。そうすると,通常月の支払額は約12万2,500円となる。

203万円−(28万円×2)＝147万円

147万円÷12か月＝約12万2,500円

また,勤勉弁護士は,浪速さんの家計簿及び家計収支表と添付の書類(給与明細

書，領収書など）を照合し，家計収支表が正確に記載されていることを確認した上で，浪速さんが今後月25万円で生活し，弁済を行っていけるかどうか検討し，浪速さんに対し，家計管理等について指導するとともに，今後毎月給料日後直ちに，計画案で弁済を予定している月額4万5,000円を勤勉弁護士のところに送金するよう指導した。

4 住宅資金貸付銀行との事前協議（第1回）[*8]

勤勉弁護士は，4月14日(月)，住宅資金特別条項を作成するための事前協議を行うために，淀屋橋銀行へ赴いた。

勤勉弁護士は，担当者に対し，浪速さんが個人債務者の民事再生手続の申立てを準備しており，再生計画において住宅資金特別条項を定める予定であることを告げ，その資料として，浪速さんの①直近2年分の源泉徴収票，②直近2か月分の給与明細書，③債権者一覧表，④再生計画案の素案，⑤マンションの登記事項証明書等，⑥住民票などを提出した[*9]。

そして，勤勉弁護士は，浪速さんについての法定の可処分所得額との関係で再生計画案における消費者金融業者等への最低弁済額が159万8,000円であるので，その金額を支払う旨の再生計画案を提出する方針であること，住宅ローンについては再生計画案に住宅資金特別条項を定め，それに基づいて支払っていく予定であること，浪速さ

[*8] 住宅資金貸付銀行との事前協議

　　住宅資金特別条項を定めた再生計画案は，その定めのない再生計画案と違い，裁判所において積極的に遂行可能であると認められる場合に限って認可されるが（法241条2項1号・202条2項2号），住宅ローンの契約の内容は相当複雑であるから，適切な住宅資金特別条項の定めのある再生計画案を策定するには，当該住宅資金貸付債権者である金融機関の協力が不可欠である。

　　したがって，住宅資金特別条項を定めた再生計画案を提出しようとする場合，再生債務者は，再生計画案の立案段階までに，住宅資金貸付債権者等に対して，自己の収入や生活の状況等について情報を開示して，計画立案について積極的に協力を求め，助言を受けるなど，住宅資金特別条項の内容について具体的な協議を経た上で，遂行可能性が高いと認められる再生計画案を立案する必要がある（規則101条）。

　　そのため，申立代理人は，受任後早期に住宅資金貸付債権者である銀行等と十分に事前協議をし，申立てまでに住宅資金特別条項案を確定しておくことが望ましい。

[*9] 住宅資金貸付債権者との事前協議においては，返済計画案作成の前提として，①債務者の年収を証する書面，②直近数か月分の給与明細書，③返済計画表，④他の債権者への返済額を明らかにする書面，⑤当該住宅の登記事項証明書等，⑥債務者の住民票等を提出して協議することになろう。

んが，住宅ローンに回せる弁済資金は現実の履行可能性も考えると，

　再生計画による3年間の一般弁済期間中

　　年額180万円（通常月10万8,000円，ボーナス月加算25万円）

　4年後から

　　年額203万円（通常月12万2,500円，ボーナス月加算28万円）

程度でないと支払いができなくなるおそれがあること，大阪地方裁判所における個人再生手続のスケジュールは申立てから約4か月半で認可決定が確定するというものであり，5月初旬に申立てを予定しているので，9月中旬ころに認可決定が確定することを前提として住宅ローンの残額及び遅延損害金の合計額を計算することになることを説明し，その範囲内で履行可能な返済計画案の作成について協力を仰ぎたいと申し入れた。

　また，淀銀信用保証からの代位弁済は受ける必要がないこと（代位弁済を受けたとしても住宅資金特別条項を定めた再生計画案が認可されれば，いわゆる巻戻しにより代位弁済を受ける前の状態に戻されるので，法律関係が複雑になること），浪速さんの家計における年間の手取り収入が約540万円であり，生活費等は月額約25万円，年額約300万円で収めることができるので，再生計画案に基づく消費者金融業者等への弁済と上記の住宅ローンの支払いは十分可能であることを説明し，住宅資金特別条項を定めた再生計画案を裁判所に提出する際には，併せて淀屋橋銀行の同意書を提出しなければならないので，その点についても検討を依頼した。

　淀屋橋銀行の担当者は，資料を検討し，後日返答する旨回答した。

　4月23日㈬に淀屋橋銀行から返済計画案が送られてきた。その内容は，再生手続開始後から再生計画の弁済期間の3年間は通常月には10万8,000円，ボーナス月には25万円を加算した金額を，その後は通常月には12万2,500円を弁済し，ボーナス月には28万円を加算した金額を弁済するというものであった。

　勤勉弁護士は，その内容を検討した結果，それが浪速さんにとって不利なものではなく，履行も十分可能であると判断し，浪速さんの了解を取った上，担当者に対し，淀屋橋銀行の弁済計画案に従った住宅資金特別条項を定める予定であることを伝えた。

5　再生手続開始の申立てから開始決定まで

　5月1日㈭，勤勉弁護士は，大阪地方裁判所第6民事部に再生手続開始の申立て及

び弁済許可の申立て[*10]（【書式⑲　116頁】）を行った。

　裁判所は，申立書類を受け付けた後，申立書に必要事項の記載漏れがないか，必要書類が添付されているかどうかなどを審査し，担当係へ配填した。担当係は5月6日(火)に勤勉弁護士に不備の補正をうながし，同弁護士から5月14日(水)に追完書類が提出されて不備が補正されたので予納金が納付されていることを確認した上，書面による審尋を行い，給与所得者等再生による再生手続開始の原因が認められるとして，5月15日(木)午後5時付けで再生手続の開始決定をし，併せて①債権届出期間を開始決定当日（5月15日(木)）から4週間後の6月12日(木)まで，②異議申述期間を債権届出期間の終期から土日祝日を除いた3日後の6月17日(火)から7月1日(火)まで（2週間），③再生計画案の提出期限を7月8日(火)（異議申述期間の終期から1週間後）と定めた。開始決定後，開始決定の主文並びに債権届出期間及び異議申述期間を官報公告するとともに，債権者に対し，開始決定の内容を記載した書面と債権者一覧表を通常郵便で送付した。

　なお，この事件でも個人再生委員は選任されなかった。

6　住宅資金貸付銀行との事前協議（第2回）

　勤勉弁護士は，6月中旬までに再生計画案を作成した後，淀屋橋銀行に電話をかけ，担当者に再生計画案の提出前に事前協議をしたいと申し入れた。その際，再生計画案に定める住宅資金特別条項は，淀屋橋銀行から提示された返済計画案に基づいて作成したものであり，そしてこの住宅資金特別条項を定めるには住宅資金貸付債権者の書面による同意が必要であり，同意書を再生計画案と一緒に提出しなければならないので（規則100条1項2項），今度の協議までに準備しておいてほしい旨伝えた。

　勤勉弁護士は，再生計画案の提出前である7月3日(木)，住宅資金特別条項について事前協議をするために，淀屋橋銀行に赴いた。勤勉弁護士は，担当者に対し，作成した再生計画案の内容を説明し，あらかじめ電話で作成を依頼しておいた同意書を担当者から受け取った。その際，再生計画案提出後に裁判所から行われる住宅資金貸付債

[*10] 弁済許可の申立て

　　住宅ローンを遅滞なく支払っている再生債務者が，住宅資金特別条項を利用しようとする場合には，裁判所の許可を得て，開始決定後も従来どおりに住宅ローンを支払うことができる（法197条3項）。住宅ローン債権も再生債権なので，この弁済許可を得なければ，開始決定後の弁済が禁止されるが（法85条1項），住宅ローンの支払いを止めてしまうと，個人再生手続進行中に期限の利益を失ったり，これに伴って発生する多額の遅延損害金を上乗せして弁済しなければならなくなったりする。そこで，住宅資金特別条項の利用を予定している再生債務者が未だ期限の利益を失っていない場合には，この弁済許可の申立てをし，開始決定後も住宅ローンの支払いを継続することが重要である。

権者に対する意見聴取の際には、これに同意する旨の意見を提出してもらいたい旨依頼した。

7 債権届出期間及び異議申述期間の経過等

債権の届出期間内に届出をした債権者はなく、異議の申述をした債権者もなかった。また、財産目録及び報告書については、開始決定までに変更がなく、また新たに報告すべきこともなかったので、提出されなかった。

なお、個人債務者の再生手続における住宅資金貸付債権については、住宅資金特別条項が定められる場合には債権調査の対象とならない[*11]。

8 住宅資金特別条項を定めた再生計画案の提出

勤勉弁護士は、7月8日(火)の再生計画案の提出期限に、住宅資金特別条項を定めた再生計画案(【書式㉒　120頁】)[*12]を提出した。

また、浪速さんは、勤勉弁護士の指導により、申立前から毎月4万5,000円を勤勉弁護士に送金していたが、勤勉弁護士は、履行可能性を示す資料として、積立状況等報告書及びこれを裏付ける通帳の写しを提出した。

[*11] **住宅資金貸付債権についての債権調査・確定手続について**
再生債権の調査・確定ということからすれば、住宅資金貸付債権についても、別除権によって弁済を受ける見込みがある部分と担保不足見込額部分とを区別する必要があり、後者は、元来、調査・確定手続の対象となるべきものである。しかしながら、住宅資金特別条項の制度は、別除権者を強制的に再生手続内へ取り込むという性格を持つとともに、担保不足見込額部分についても、通常の手続参加を認めない代わりに、他の再生債権と同様の権利変更を行わないこととした。
したがって、再生計画において住宅資金特別条項が定められる限りでは、住宅資金貸付債権については、債権調査の手続を行う必要がないことになる。
そして、債権者からも再生計画案を提出できる通常の民事再生手続とは異なり、個人再生手続の場合には、再生債務者しか再生計画案を提出することができず(法245条、法238条による法163条2項の適用除外)、住宅資金貸付債権について債権調査手続が行われることがないため(法226条5項)、債権者一覧表に住宅資金特別条項を定めた再生計画案を提出する旨を記載した場合、その後の方針変更が許されず、住宅資金特別条項の定めのない再生計画案は不適法となる。

[*12] **住宅資金特別条項の記載方法について**
住宅資金特別条項は、通常の権利の変更の条項とは異なる性格を持つことから、その記載については、住宅資金特別条項である旨を明示し、他の条項との区別を明らかにするとともに(規則99条本文)、対象となる住宅資金貸付債権を特定するために、住宅資金特別条項によって権利の変更を受ける者の氏名又は名称(規則99条1号)、住宅及び住宅の敷地の表示(規則99条2号)並びに抵当権の表示(規則99条3号)を明示しなければならない。

再生計画案は、あらかじめ検討していたとおり、住宅ローン以外の債務について2年分の可処分所得額である159万8,000円を、再生計画認可決定確定の日の属する月の翌月から3か月ごと（各月28日限り）に3年間で弁済するものであり、手続内で確定した債権元本額及び再生手続開始決定日前日までの利息・損害金合計額の74.63パーセント相当額の免除を受け（25.37パーセントを支払うことになる。）、再生手続開始決定日以降の利息・損害金の100パーセント相当額の免除を受けるものであって、住宅資金特別条項については、淀屋橋銀行との協議により作成した住宅資金特別条項により支払う旨規定した。

　なお、勤勉弁護士は、再生計画案の提出に当たって、住宅ローン以外の再生債権者に対する弁済計画を記載した弁済計画表（【書式㉓　124頁】）を併せて提出した（弁済計画表の作成に当たっては、各債権者に対する支払総額の1円未満の端数は切り上げて、弁済金額の合計額が最低弁済額である159万8,000円を超えるようにするとともに、各債権者に対する毎回の支払金額の100円未満の端数は切り上げて、最終回の返済額で調整するように注意して作成した。）。

9　住宅資金貸付債権者に対する意見聴取

　積立状況等報告書によれば、浪速さんについては、履行が可能であると認められたので、裁判所は、再生計画案を審査した上、7月11日㈮に再生債権者の意見を聴く旨決定し、その旨官報公告・通知をするとともに、同日住宅資金特別条項の対象となる淀屋橋銀行に対し、意見書の提出期限を8月8日㈮（4週間後）と定めて、意見聴取[*13]を行ったところ（【書式㉕　126頁】）、7月18日㈮、淀屋橋銀行から、特段の意見はない旨の意見書が提出された。

　　*13　住宅資金貸付債権を有する債権者等に対する意見聴取
　　　　住宅資金特別条項を定めた再生計画案が提出された場合、裁判所は、当該住宅資金特別条項により権利の変更を受けることになる者（一般には住宅資金貸付債権者）の意見を聴かなければならない（法201条2項）。この意見聴取は、住宅資金特別条項の適否のみならず、当該再生計画全体の遂行可能性について意見を聴取するために行われるものである。
　　　　意見聴取の方法については、法や規則に定めがないので、裁判所が適当と認める方法で行われる。具体的には、再生計画案を記載した書面と、意見がある場合には一定期間内に書面で回答するように求める書面を送付することになるのではないかと思われる。
　　　　もっとも、再生計画案を立案するに当たっては、事前協議がなされていることが一般的であろうから、再生計画案が提出される際に、権利の変更を受ける住宅資金貸付債権者から、当該再生計画案について支障のない旨の意見書が提出されていれば、意見書の提出をもって、適法な意見聴取を行ったものとする取扱いも考えられる。

10　再生計画認可決定とその送達及び手続の終結

　意見聴取期間の終期までに意見の提出がなく，その後，不認可事由が判明したということもなかったので，裁判所は，意見聴取期間の終期から土日祝日を除いた3日後の8月13日(水)に再生計画の認可決定*14を行い，送達に代わる官報公告を行った。そして，再生計画認可決定は，即時抗告期間内に即時抗告もなかったので，9月11日(木)に確定*15し，再生手続は終結した。

11　再生計画の履行

　浪速さんは，申立前に勤勉弁護士から指導を受けて以来，毎月給料日後直ちに金4万5,000円を勤勉弁護士に送金していたが，再生計画認可決定確定の月の翌月である平成☆年10月28日を第1回として，それから3か月ごとに3か月分の金額である13万3,900円を勤勉弁護士に送金し，勤勉弁護士は，再生計画に従って債権者に対して送金して弁済し，また淀屋橋銀行に対して，従前どおりの住宅ローンの支払いを続け，一般弁済期間である3年間で住宅ローン以外の債務の履行を終了した。

*14　**住宅資金特別条項を定めた再生計画の認可決定**
　　　住宅資金貸付債権に関する住宅資金特別条項を定めた再生計画については，裁判所は，①当該計画が遂行可能であると認めることができないとき，②住宅の所有権若しくは敷地の利用権を失うことが見込まれるときには，再生計画不認可の決定をする（法241条2項1号・202条2項）。
　　　不認可事由の審査に当たっては，再生手続開始の申立時に提出された再生債務者の収入や生活の状況に関する疎明資料等のほか，住宅資金貸付債権者の意見書も重要な判断資料となろう。
　　　住宅資金特別条項を定めた再生計画の認可の決定が確定した場合には，当該住宅資金特別条項の定めにより，住宅及び住宅の敷地に設定されている抵当権及び住宅資金特別条項により権利の変更を受けた者が再生債務者の保証人その他再生債務者と共に債務を負担する者に対して有する権利も影響を受ける（法203条1項）。
　　　また，保証会社が既に保証債務を履行していた場合には，その保証債務の履行は初めからなかったものとみなされるが，再生計画認可決定の確定の効力は，保証会社が保証債務を履行したことにより取得した権利に基づき再生債権者としてした行為や，その効力が生ずるまでに再生債務者が保証会社にした弁済の効力については影響を及ぼさない（法204条1項2項）。

*15　**再生債務者による保証人等への通知**
　　　住宅資金貸付債権について，再生債務者の親，兄弟姉妹や知人等が保証債務を負担している場合は，住宅資金特別条項を定めた再生計画認可決定の確定の効果は，それらの者にも及ぶ。しかし，それらの者がそのような権利関係の変動があったことを把握できるとは限らないので，再生債務者は，住宅資金特別条項を定めた再生計画の認可決定が確定した場合には，保証人その他再生債務者と共に債務を負担する者に対して，その旨を通知しなければならない（規則104条）。

【書式⑱　申立書・陳述書（一部）】

第4　過去の免責等に関する状況
1　過去に破産免責手続を利用して免責の決定を受けたこと
　　□ある　☑ない
　　　　→昭・平＿＿年＿＿月ころ（　　　）地方裁判所（　　　）支部
　　　　　昭・平＿＿年（フ）第＿＿＿号・昭・平＿＿年（モ）第＿＿＿＿号
　　　　　免責決定の確定日　昭・平＿＿年＿＿月＿＿日
　　　　→□上記事件番号・免責確定日については不明

2　過去に再生手続を利用したこと
　　□ある　☑ない
　　　　→□再生計画に定められた弁済を終了した。
　　　　　（　　　）地方裁判所（　　　）支部　平＿＿年（再）第＿＿＿号
　　　　　再生計画認可決定確定日　平＿＿年＿＿月＿＿日
　　　　→□上記事件番号・確定日については不明

　　　　→□再生計画による弁済を行っている途中で，弁済を続けることが極めて困難となり，免責の決定を受けた。
　　　　　（　　　）地方裁判所（　　　）支部　平＿＿年（再）第＿＿＿号
　　　　　　　　　　　　　　　　　　　　　　　　平＿＿年（モ）第＿＿＿＿号
　　　　　再生計画認可決定確定日　平＿＿年＿＿月＿＿日
　　　　→□上記事件番号・確定日については不明

第5　再生債権に対する計画弁済総額及び弁済期間に関する具体的予定並びにその履行可能性
1　再生債権に対する計画弁済総額（　　　　　159万8,311）円
2　弁済期間　☑3年間
　　　　　　　□特別の事情があるので，（　　）年間
3　1か月当たりの弁済額　　（　　　　　4万5,000）円
4　弁済原資の積立額
　　☑現在ある　　　　　　　　　　　　　（　　　　9万）円
　　　今後再生計画認可確定時までの積立予定月額（　4万5,000）円
　　□現在ない
　　　今後再生計画認可確定時までの積立予定月額（　　　　　）円
5　履行可能性（家計収支，事業収支実績表の収支状況等に照らして弁済原資とすることができる金額及び住宅資金特別条項を定める場合の計画弁済額や家計が同一の者の債務等の弁済額等を説明するなどして，分かりやすく記載する。）
　　私の年収は，手取り480万円（ボーナスを含みます。）で，妻の月収（パート収入）は手取り約5万円ですから，私と妻の収入を合わせますと月額45万円となります。
　　これに対し，支出は，債務の返済分が今後不要になりますので，切り詰めれば，25万円程度に抑えることができます。また，住宅ローンについては，住宅資金特別条項により一般弁済期間の3年間は，通常月10万8,000円に抑えることができますので，平均支払月額は約15万円となります。

事例　Bモデル

	金額（円）
① 今後の平均収入の合計見込月額	45万
② 今後の平均支出の合計見込月額	40万
③ 今後の弁済原資合計見込月額（①－②）	5万

6　5,000万円要件及び最低弁済額

	金額（円）
① 負債総額	3,395万5,685
② ①のうち住宅資金貸付債権額	2,765万5,685
③ ②のうち別除権行使による回収見込額	0
④ ①のうち別除権行使による回収見込額（③を除く）	0
⑤ うち開始前の罰金等の額	0

（5,000万円要件）	
⑥ 5,000万円≧①－②－④－⑤	630万円
3,000万円以下の場合　→	A　へ
3,000万円を超える場合　→	B　へ

Aの場合	
（最低弁済額）	
住宅資金貸付債権がある場合	
住宅資金特別条項を定める場合	
①－②－④－⑤　→　1／5	126万円
住宅資金特別条項を定めない場合	
①－③－④－⑤　→　1／5	円
住宅資金貸付債権がない場合	
①－④－⑤　→　1／5	円

【注・　最高300万円，最低100万円，100万円以下は全額】

Bの場合	
（最低弁済額）	
⑥　×　1／10	円

7　住宅資金特別条項を定める場合
　① 住宅ローンの約定弁済合計額（元利合計額，ボーナス加算後合計額，数社ある場合は合計額）
　　　通常月　　（　　　　　12万3,468）円
　　　ボーナス月（　　　　　39万8,471）円

② 申立時における住宅ローンの支払状況（遅滞の有無）
□遅滞ない
☑遅滞ある（　　　37万0,404）円（　　3）か月分
　⇒その支払い状況
　　認可確定時までは，弁済許可により同許可申請書記載の支払いをし，上記遅滞分は，住宅資金特別条項で支払う予定です。

③ 住宅ローン債権者との事前協議の経過
　　現在，住宅ローン債権者淀屋橋銀行との間において，住宅資金特別条項について協議を行っており，次の④の内容に従った同意型の住宅資金特別条項を定める予定であり，概ね住宅ローン債権者の同意も得ています。

④ 予定している住宅資金特別条項の内容
　□期限の利益回復型・約定型（199条1項）
　□リスケジュール型（199条2項）
　□元本猶予期間併用型（199条3項）
　☑同意型（199条4項）
　　一般弁済期間の3年間は，通常月には10万8,000円，ボーナス月には25万円を加算した金額を，その後は通常月には12万2,500円を，ボーナス月には28万円を加算した金額を弁済します。

【書式⑲　弁済許可申立書】

平成☆年（再口）第○○○号

弁済許可申立書

大阪地方裁判所第6民事部　御中

　　　　　　　　　　　　　　平成☆年5月1日
　　　　　　　　　　　　　　申立人（再生債務者）　　浪　速　次　郎
　　　　　　　　　　　　　　申立人代理人弁護士　　　勤　勉　一　郎　㊞

第1　申立ての趣旨（許可を求める事項）
　　申立人が，再生手続開始後，再生計画の認可決定確定までの間，下記住宅資金貸付債権につき，下記のとおり弁済することを許可する。
記
　1　住宅資金貸付債権の表示
　　平成☆年1月25日付金銭消費貸借契約書に基づき，株式会社淀屋橋銀行が申立人に対して有する貸金債権
　2　弁済方法＊
　　前記平成☆年1月25日付金銭消費貸借契約書記載の支払方法のとおり。
第2　申立ての理由
　1　申立人は，再生計画につき住宅資金特別条項を定める旨の申述をしている。
　2　再生手続開始後に前記弁済をしなければ，申立人は約定により住宅資金貸付債権の全部又は一部について期限の利益を失う可能性がある。
　3　申立人が提出を予定している住宅資金特別条項を定めた再生計画案は，本日提出の再生手続開始申立書及び添付の陳述書第5等に記載のとおりであり，御庁によって認可される見込みである。
　4　よって，上記の許可を求める。

　　添　付　書　類
1　副本　　　1通

＊　なお，通常のローンのほかに遅滞分を合わせて支払う場合の記載例は以下のとおりである。
　「平成☆年○月○日までに損害金○○○○円（平成☆年○月○日から平成☆年○月○日までの遅滞分），その他は前記○○○○契約書記載の支払方法のとおり」

【書式⑳　債権者一覧表】

大阪地方裁判所　　　　　平成☆年（再
再生債務者（　　浪　速　次

債権現在額合計額（①）			なし円	①－②－③＝	6,300,000円			
債権番号	債権者の氏名（会社名） 契約時と現在とで債権者の氏名・商号が変更されている場合には、（　）内に旧氏名・商号を記載してください。			内　　容 当初の契約年月日等		債務名義	住特条項	異議留保
1—1	○○信用金庫　梅田支店			5				
1—2	○○信用金庫　梅田支店			6				
2	株式会社△△△△			4　東京太郎の保証				
3	○○○○こと□□□□			15				
4	ローンズ○○こと△△△			20				
5	□□□こと○○○○			11			○	
6	有限会社○○○			7				
7	×××こと○○○			9				
8	□□□株式会社			25				
9	○○商事株式会社			31				
10	株式会社淀屋橋銀行			25			○	
11	株式会社淀銀信用保証			10　10番保証・将来の求償権				
12	株式会社○○			17				
13	○○興産			16				
14	△△△こと××			16				

この欄は住宅資金特別条項を定める債権につい

別除権付債権	債権番号	別除権の行使により弁済が見込まれる額（円）	担保不足

その債権について債務名義がある場合には、この欄に○を記載する。

その債権について住宅資金特別条項を定める予定がある場合には、この欄に○を記載する。

その債権の額及び担保不足見込額について異議を述べることがある場合はこの欄に○を記載する。

事例　Bモデル

【書式⑳　債権者一覧表】

大阪地方裁判所　　平成☆年（再ロ）第　〇〇〇号
再生債務者（　　浪速次郎　　）

債権者一覧表 ver3.0 (No.1)

債権現在額合計額（①）	住宅資金貸付債権合計額（②）	別除権の行使により弁済が見込まれる額の合計額（③）	②に該当するもの以外なし円	①－②－③＝
33,955,685円	27,655,685円			6,300,000円

債権番号	債権者の氏名（会社名）契約時と現在とで債権者の氏名・商号が変更されている場合には、（）内に旧氏名・商号を記載してください。	住　所（ＴＥＬ，ＦＡＸ）	債権現在額（円）	原因	当初の契約年月日等	債務名義	住特条項	異議留保
1－1	〇〇信用金庫　梅田支店	〒〇〇〇-〇〇〇〇　大阪市北区〇〇　ＴＥＬ〇〇-〇〇〇〇-〇〇〇〇　ＦＡＸ〇〇-〇〇〇〇-〇〇〇〇	700,000	1	H☆・3・5			
1－2	〇〇信用金庫　梅田支店	〒　　　同　　上	300,000	1	H☆・2・6			
2	株式会社△△△△	〒〇〇〇-〇〇〇〇　東京都杉並区〇〇　ＴＥＬ〇〇-〇〇〇〇-〇〇〇〇　ＦＡＸ〇〇-〇〇〇〇-〇〇〇〇	900,000	3	H☆・2・4　東京太郎の保証			
3	〇〇〇〇こと□□□□	〒〇〇〇-〇〇〇〇　奈良県天理市〇〇　ＴＥＬ〇〇-〇〇〇〇-〇〇〇〇　ＦＡＸ〇〇-〇〇〇〇-〇〇〇〇	1,000,000	1	H☆・2・15			
4	ローンズ〇〇こと△△△	〒〇〇〇-〇〇〇〇　東京都品川区〇〇　ＴＥＬ〇〇-〇〇〇〇-〇〇〇〇　ＦＡＸ〇〇-〇〇〇〇-〇〇〇〇	0	1	H☆・3・20			
5	□□□こと〇〇〇〇	〒〇〇〇-〇〇〇〇　大阪市北区〇〇　ＴＥＬ〇〇-〇〇〇〇-〇〇〇〇　ＦＡＸ〇〇-〇〇〇〇-〇〇〇〇	200,000	1	H☆・4・11	〇		
6	有限会社〇〇〇	〒〇〇〇-〇〇〇〇　大阪市中央区〇〇　ＴＥＬ〇〇-〇〇〇〇-〇〇〇〇　ＦＡＸ〇〇-〇〇〇〇-〇〇〇〇	800,000	1	H☆・1・7			
7	×××こと〇〇〇	〒〇〇〇-〇〇〇〇　大阪市北区〇〇　ＴＥＬ〇〇-〇〇〇〇-〇〇〇〇　ＦＡＸ〇〇-〇〇〇〇-〇〇〇〇	350,100	1	H☆・5・9			
8	□□□株式会社	〒〇〇〇-〇〇〇〇　大阪市中央区〇〇　ＴＥＬ〇〇-〇〇〇〇-〇〇〇〇　ＦＡＸ〇〇-〇〇〇〇-〇〇〇〇	350,000	1	H☆・6・25			
9	〇〇商事株式会社	〒〇〇〇-〇〇〇〇　神戸市中央区〇〇　ＴＥＬ〇〇-〇〇〇〇-〇〇〇〇　ＦＡＸ〇〇-〇〇〇〇-〇〇〇〇	299,900	1	H☆・8・31			
10	株式会社淀屋橋銀行	〒〇〇〇-〇〇〇〇　大阪市北区〇〇　ＴＥＬ〇〇-〇〇〇〇-〇〇〇〇　ＦＡＸ〇〇-〇〇〇〇-〇〇〇〇	27,655,685	①	H☆・1・25		〇	
11	株式会社淀銀信用保証	〒〇〇〇-〇〇〇〇　大阪市中央区〇〇　ＴＥＬ〇〇-〇〇〇〇-〇〇〇〇　ＦＡＸ〇〇-〇〇〇〇-〇〇〇〇	0	4	H☆・1・10　10番保証・将来の求償権			
12	株式会社〇〇	〒〇〇〇-〇〇〇〇　大阪市浪速区〇〇　ＴＥＬ〇〇-〇〇〇〇-〇〇〇〇　ＦＡＸ〇〇-〇〇〇〇-〇〇〇〇	1,000,000	1	H☆・8・17			
13	〇〇興産	〒〇〇〇-〇〇〇〇　京都市右京区〇〇　ＴＥＬ〇〇-〇〇〇〇-〇〇〇〇　ＦＡＸ〇〇-〇〇〇〇-〇〇〇〇	400,000	1	H☆・1・16			
14	△△△こと××	〒　住所不明　090-〇〇〇〇-〇〇〇〇	0	1	H☆・12・16			

この欄は住宅資金特別条項を定める債権については記載する必要はない。

小計（　33,955,685　円　）

別除権付債権	債権番号	別除権の行使により弁済が見込まれる額（円）	担保不足見込額（円）	別除権の目的である財産

「原因」欄には，債権の原因について，次の中から該当する番号を記載し，その債権が住宅資金貸付債権に該当する場合には，その番号を〇で囲む。
1借入　2物の購入（クレジット契約などによる立替払いを含む。）3保証　4その他（保証委託に基づく求償債権を含む。）

「当初の契約年月日等」の欄には，当初の契約年月日を記載し，原因が3（保証）の場合には，誰の保証かを記載し，原因が4（その他）の場合には，その具体的内容を記載する。

その債権について債務名義がある場合には，この欄に〇を記載する。

その債権について住宅資金特別条項を定める予定がある場合には，この欄に〇を記載する。

その債権の額及び担保不足見込額について異議を述べることがある場合はこの欄に〇を記載する。

事例　Ｂモデル

【書式㉑　可処分所得額算出シート】

可処分所得額算出シート

		再生債務者	被扶養者	被扶養者	被扶養者	被扶養者
	氏　名	浪速次郎	春子	一郎	花子	
※	年齢（平成☆年4月1日現在）	42歳	40歳	12歳	10歳	
	続　柄	本人	妻	長男	長女	
※	同居・別居の別		同居	同居	同居	
※	居住地（別居の被扶養者のみ）	大阪府大阪市				
※	居住地域の区分	第1区	第1区	第1区	第1区	
※	① 過去2年間の収入合計額	11,520,000円	①÷2＝5,760,000円			
※	② 上記期間の所得税額相当額	403,200円				
※	③ 上記期間の住民税額相当額	134,400円				
※	④ 上記期間の社会保険料相当額	1,382,400円				
	⑤ 収入合計額から控除する額	1,920,000円	←②＋③＋④			
	⑥ 1年間当たりの手取収入額	4,800,000円	←(①－⑤)÷2			
※	⑦ 個人別生活費の額	47.8万円	48.8万円	61.5万円	48.2万円	円
※	⑧ 世帯別生活費の額	70.3万円	円	円	円	円
※	⑨ 冬期特別生活費の額	2.7万円	円	円	円	円
※	⑩ 住居費の額	65.3万円(D)	円(D)	円(D)	円(D)	円(D)
※	政令の住居費の額	65.3万円(A)	円(A)	円(A)	円(A)	円(A)
	再　生　債　務　者　居　住　建　物					
※	(1) 再生債務者が所有しているか	はい → (2)へ進む　　いいえ → (4)へ進む				
※	(2) 競売又は任意売却により建物の所有権を失う可能性があるか	はい → (3)(4)は記載しない　いいえ → (3)へ進む　((4)は記載しない)				
※	(3) 一般弁済期間を通じてローンの弁済をする予定があるか	はい・いいえ　　1年間の弁済見込総額　　203.2万円(B)				
※	(4) 一般弁済期間を通じて賃料の支払をする予定があるか	はい・いいえ　　1年間の支払見込総額　　　円(C)				
	別　居　被　扶　養　者　居　住　建　物					
※	(1) 再生債務者が所有しているか	はい → (2)へ進む　　いいえ → (4)へ進む				
※	(2) 競売又は任意売却により建物の所有権を失う可能性があるか	はい → (3)(4)は記載しない　いいえ → (3)へ進む　((4)は記載しない)				
※	(3) 一般弁済期間を通じてローンの弁済をする予定があるか	はい・いいえ　　1年間の弁済見込総額　　　円(B)				
※	(4) 一般弁済期間を通じて賃料の支払をする予定があるか	はい・いいえ　　1年間の支払見込総額　　　円(C)				
※	⑪ 勤労必要経費の額	55.5万円				
	⑫ 上記合計額（1年分の費用額）	241.6万円	48.8万円	61.5万円	48.2万円	円
	⑬ ⑫の合計額					400.1万円
	⑭ 1年間当たりの可処分所得額（⑥－⑬）					799,000円
	⑮ 計画弁済総額の最低基準額（⑭×2）					1,598,000円

※印の記載に当たっては，別紙記載要領を参照して下さい。（75頁参照）

【書式㉒　再生計画案（同意型住宅資金特別条項）】

大阪地方裁判所　　　　平成☆年（再ロ）第　○○○　号（Bモデル計画案）

再 生 計 画 案　（平成☆年7月8日）

再　生　債　務　者　　浪　速　次　郎

再生債務者代理人弁護士　　勤　勉　一　郎　㊞

（電話　06　－　○○○○　－　○○○○　）

1　再生債権に対する権利変更として，次の額について免除を受ける。免除額に1円未満の端数が生じたときは，切り捨てる。
　(1)　元本及び再生手続開始決定日の前日までの利息・損害金の［　74.63　］パーセント相当額
　(2)　再生手続開始決定日以降の利息・損害金の［　100　］パーセント相当額
2　上記1による権利変更後の再生債権について，再生計画認可決定確定日の属する月の翌月以降，下記の□に印を付した項に記載した方法により分割弁済をする。ただし，これにより算出される［　100　］円未満の端数は［切り上げ］，［最終回］で調整する。
　☑　3か月ごとに支払う方法
　　　上記確定日の属する月の［　翌　］月を第1回目として，以後3か月ごとに合計［　12　］回，各月の［　28　］日限り，各［　12分の1　］の割合による金額を支払う（通算期間　　3年　　0か月間）。
　□　毎月支払う方法
　　　上記確定日の属する月の［　　　］月を第1回として，毎月［　　　］日限り，各［　　　　　　　］の割合による金額を支払う（通算期間［　］年［　］か月間）。
　□　ボーナス時に支払う方法
　　　［　　］年［　　］か月間，毎年［　　　］月及び［　　　］月の［　　　］日限り，各［　　　　　　　］の割合による金額を支払う（合計　　　　回）。
　□　その他の方法
　　　再生計画による弁済総額が［　　　］円以下の再生債権者に対しては，上記確定日の属する月の翌月の［　　　］日限り，［　　　　　　　　］の割合よる金額を支払う（合計　　　　回）。
3　共益債権及び一般優先債権は，随時支払う。
　（上記債権［特に公租公課等］で未払分がある場合には，下記にその種目，金額を記載する。）

4 住宅資金特別条項（民事再生法199条4項）
(1) 住宅資金貸付債権を有する債権者の氏名又は名称（民事再生規則99条1号）
　　　　株式会社淀屋橋銀行（旧商号株式会社△△△△）
(2) 対象となる住宅資金貸付債権
　　平成　☆年　1月　10日付**金銭消費貸借契約書**（以下，「原契約書」という）に基づき，上記債権者が再生債務者に対して有する貸金債権
(3) 住宅及び住宅の敷地の表示（同規則99条2号）
　　別紙物件目録記載のとおり
(4) 抵当権の表示（同規則99条3号）
　　別紙抵当権目録記載のとおり
(5) 住宅資金特別条項の内容
　　上記(1)の住宅資金貸付債権の弁済については，再生計画認可決定の確定した日以降，以下の各条項に従い支払うものとする。
　① 再生計画認可決定の確定した日までに弁済期が到来する元本，利息，損害金については，下記②，③の元本に加算し，②，③に従って弁済する。
　② 再生計画認可決定の確定した日以降3年間の期間は，毎月28日限り，元本及び約定利率（年利5パーセント）による利息の合計額10万8,000円（合計36回）を弁済する。また，それに加えて，毎6月28日及び毎12月28日限り，元本及び約定利率（年利5パーセント）による利息の合計額25万円（合計6回）を弁済する。
　③ 再生計画認可決定の確定した日以降3年経過後から平成38年1月までについては，毎月28日限り，元本及び約定利率（年利5パーセント）による利息の合計額12万2,500円を弁済する。また，それに加えて，毎6月28日及び毎12月28日限り，元本及び約定利率（年利5パーセント）による利息の合計額28万円を弁済する。
　④ 弁済額の算定に当たり端数等の調整の必要が生じた場合には最終弁済額にて調整するものとする。
(6) 住宅資金特別条項によって権利の変更を受ける者の同意
　　上記住宅資金特別条項を定めることについて，これらの条項により権利の変更を受けることとなる債権者は同意をしている。
（注）約定型住宅資金特別条項の再生計画案の例は【**書式㉖**　127頁】参照

事 例　Bモデル

物　件　目　録　　　　（マンション）

一棟の建物の表示
　　所　　　在　　　　大阪市北区○○○一丁目1番地1
　　建物の名称　　　　○○ハイツ
専有部分の建物の表示
　　家屋番号　　　　　○○○一丁目1番地の1
　　建物の名称　　　　321
　　種　　　類　　　　居　宅
　　構　　　造　　　　鉄筋コンクリート造1階建
　　床　面　積　　　　3階部分　65.00平方メートル
敷地権の表示
　　土地の符号　　　　1
　　所在及び地番　　　大阪市北区○○一丁目1番1
　　地　　　目　　　　宅　地
　　地　　　積　　　　9000.1平方メーメル
　　敷地権の種類　　　所有権
　　敷地権の割合　　　1234176分の1234
　　（浪速花子共有持分3分の1，浪速次郎共有持分3分の2）

抵当権目録　　　　　　　　　　（求償権担保型）

[　株式会社淀銀信用保証　] が有する抵当権

原　　　因　　　平成　年　月　日付け保証委託契約により平成　年　月　日設定
　　　　　　　　した抵当権
登記簿上の債権額　3,150万円
損　害　金　　　年14.6パーセント（年365日日割計算）
債　務　者　　　浪　速　次　郎
登　　　記　　　大阪法務局　〇〇出張所
　　　　　　　　平成☆年1月25日受付第　△△△　号

　　　　　　　　　　　　　　　　　　　　　　　　　　　　　以　上

事例　Bモデル

【書式㉓　再生計画による弁済計画表】

再生計画による弁済計画表

Bモデル

照会先	
弁護士	勤　勉　一　郎
照会先電話番号・ファックス番号	電話 06-0000-0000　FAX 06-0000-0000

＊ この弁済計画表に関する問い合わせは、上記照会先に直接連絡をしてください。

大阪地方裁判所　平成☆☆年(再ロ)第○○○号　浪　速　次　郎

1　再生計画による弁済率　[25.37]パーセント
2　弁済期間・弁済方法は、再生計画案記載のとおり
3　弁済金の支払方法
　　振込送金（振込先口座は再生債権者が指定、振込手数料は再生債務者が負担）

債権者番号	届出のあった再生債権者名	確定債権額：円	不足	協定	再生計画による弁済総額：円	各回の弁済額：円	
						毎月(回)の額	最終回の額
1-1 1-2	○○信用金庫 梅田支店	1,000,000			253,700	21,200	20,500
2	株式会社△△△△	900,000			228,330	19,100	18,230
3	○○○○と□□□□	1,000,000			253,700	21,200	20,500
5	□□□と○○○○	200,000			50,740	4,300	3,440
6	有限会社○○○	800,000			202,960	17,000	15,960
7	××××と○○○	350,100			88,821	7,500	6,321
8	□□□□株式会社	350,000			88,795	7,400	7,395
9	○○商事株式会社	299,900			76,085	6,400	5,685
12	株式会社○○	1,000,000			253,700	21,200	20,500
13	○○興産	400,000			101,480	8,500	7,980
合計		6,300,000			1,598,311	133,800	126,511

(注意)
1　「確定債権額」欄には確定した元本及び開始決定日の前日までの利息・損害金の合計額を記載する。
2　「再生計画による弁済総額」欄記載の各金額は、再生計画により算出される弁済額について1円未満の端数が生じたときは、切り上げた金額を記載する。
3　この弁済額は、再生計画案で「住宅資金特別条項」を定めた場合は、同条項による弁済以外のものである。
4　「不足」欄に○印がある場合、「確定債権額」の金額は「担保不足見込額」であることを表し、「再生計画による弁済総額」の金額も見込みであるため、確定した不足額の金額によっては変動することがある。
5　「協定」欄に○印があるものは、「弁済協定」を締結したことを表し、その協定によって支払う場合である。

【書式㉔　住宅資金特別条項の対象債権者に対する意見聴取書】

平成☆年（再ロ）第〇〇〇号

住宅ローン
（住宅資金特別条項関係）債権者　各位

平成☆年7月11日
大阪地方裁判所第6民事部
裁判所書記官　　懸　命　一　所

意 見 聴 取 書

　頭書事件について，再生債務者から別添のとおり住宅資金特別条項を定めた再生計画案が提出されましたので，民事再生法201条2項により，意見を聴取します。
　再生計画案について意見がある場合は，
　　　　平成☆年8月8日まで（必着）
に意見書を提出してください。

　なお，この再生計画案に特段の意見がない場合には，意見書を提出する必要はありません。

　意見書提出先
　　〒530—8522
　　大阪市北区西天満2丁目1番10号
　　　大阪地方裁判所第6民事部

　再生計画案の内容については
　　再生債務者代理人　弁護士　　勤　勉　一　郎
　　電話　06—〇〇〇〇—〇〇〇〇　　ＦＡＸ　06—〇〇〇〇—〇〇〇〇
　　にお問い合わせください。

【書式㉕　再生債権者に対する意見聴取書】
平成☆年（再ロ）第〇〇〇号

届出再生債権者　各位

平成☆年7月11日
大阪地方裁判所第6民事部
裁判所書記官　懸　命　一　所

意 見 聴 取 書

　頭書事件について，再生債務者から別添のとおり再生計画案が提出されましたので，民事再生法240条2項の規定により，意見を聴取します。
　この再生計画案について，裁判所が不認可の決定をすべき事由（同法241条2項各号）がある旨の意見がある場合には，その意見と不認可の決定をすべき事由を具体的に記載した意見書を
　　平成☆年8月8日
までに提出してください。

　なお，この再生計画案に特段の意見がない場合には，意見書を提出する必要はありません。

　　意見書提出先
　　　〒530―8522
　　　大阪市北区西天満2丁目1番10号
　　　大阪地方裁判所第6民事部

　　再生計画案の内容については
　　　再生債務者代理人　弁護士　勤　勉　一　郎
　　　電話　06―〇〇〇〇―〇〇〇〇　　FAX　06―〇〇〇〇―〇〇〇〇
　　　にお問い合わせください。

＊　同封の「再生計画による弁済計画表」は，別添の再生計画案の認可決定が確定した場合に，実際にどのような返済を行う予定であるかについて，参考のために再生債務者が作成したものです。

【書式㉖　再生計画案（約定型住宅資金特別条項）】

大阪地方裁判所　　　　　平成　　年（再　）第　　　号
　再　生　計　画　案（平成　　年　　月　　日）

　　　　　　　　　　　再　生　債　務　者　＿＿＿＿＿＿＿＿＿＿

　　　　　　　　　　　再生債務者代理人弁護士　＿＿＿＿＿＿＿＿＿＿㊞
　　　　　　　　　　　（電話　06　－　○○○○　－　○○○○　）

1　再生債権に対する権利変更として，次の額について免除を受ける。免除額に1円未満の端数が生じたときは，切り捨てる。
　(1)　元本及び再生手続開始決定日の前日までの利息・損害金の［　　　］パーセント相当額
　(2)　再生手続開始決定日以降の利息・損害金の［　100　］パーセント相当額
2　上記1による権利変更後の再生債権について，再生計画認可決定確定日の属する月の翌月以降，下記の□に印を付した項に記載した方法により分割弁済をする。ただし，これにより算出される［　　　］円未満の端数は［　　　］，［　　　］で調整する。
　□　3か月ごとに支払う方法
　　　上記確定日の属する月の［　　　］月を第1回目として，以後3か月ごとに合計［　　　］回，各月の［　　　］日限り，各［　　　］の割合による金額を支払う（通算期間＿＿＿年＿＿＿か月間）。
　□　毎月支払う方法
　　　上記確定日の属する月の［　　　］月を第1回目として，毎月［　　　］日限り，各［　　　］の割合による金額を支払う（通算期間［　　　］年［　　　］か月間）。
　□　ボーナス時に支払う方法
　　　［　　　］年［　　　］か月間，毎年［　　　］月及び［　　　］月の［　　　］日限り，各［　　　］の割合による金額を支払う（合計＿＿＿回）。
　□　その他の方法
　　　再生計画による弁済総額が［　　　］円以下の再生債権者に対しては，上記確定日の属する月の翌月の［　　　］日限り，［　　　］の割合による金額を支払う（合計＿＿＿回）。
3　共益債権及び一般優先債権は，随時支払う。
　　（上記債権［特に公租公課等］で未払分がある場合には，下記にその種目，金額を記載する。）

4 住宅資金特別条項（民事再生法199条1項）
 (1) 住宅資金貸付債権を有する債権者の氏名又は名称（民事再生規則99条1号）
　　　　株式会社淀屋橋銀行（旧商号株式会社△△△△）
 (2) 対象となる住宅資金貸付債権
　　　平成＿＿＿年＿＿＿月＿＿＿日付〔　　　　　　　　　〕（以下，「原契約書」という）に基づき，上記債権者が再生債務者に対して有する貸金債権
 (3) 住宅及び住宅の敷地の表示（同規則99条2号）
　　　別紙物件目録記載のとおり
 (4) 抵当権の表示（同規則99条3号）
　　　別紙抵当権目録記載のとおり
 (5) 上記(1)の住宅資金貸付債権の弁済については，再生計画認可決定の確定した日以降，原契約書の各条項に従い支払うものとする。

事 例　Bモデル

物　件　目　録　　　　　　　　　　　　（一戸建て）

主たる建物の表示
　　所　　在
　　家屋番号
　　種　　類
　　構　　造
　　床 面 積　　1階　　　　　平方メートル
　　　　　　　　2階　　　　　平方メートル

付属建物の表示
　　符　　号
　　種　　類
　　構　　造
　　床 面 積　　　　　　　　平方メートル

　　　　　　　　　　　　　　　　　　（所有者　●●●●）

土地の表示
　　所　　在
　　地　　番
　　地　　目
　　地　　積　　　　　　　　平方メートル

　　　　　　　　　　　　　　　　　　（所有者　◇◇◇◇）

抵 当 権 目 録 　　　　　　　　　（直接貸付型）

［　　　　　　　　　］が有する抵当権

原　　　因　　　平成　年　月　日付け金銭消費貸借契約により平成　年　月
　　　　　　　　日設定した抵当権
登記簿上の債権額　　　　　万円
損　害　金　　　年　パーセント（年365日日割計算）
債　務　者
登　　　記　　　大阪法務局　　支局・出張所
　　　　　　　　平成　年　月　日受付第　　　号

抵 当 権 目 録　　　　　　　　　　（直接貸付型）

[　　　　　　　]が有する抵当権

原　　因　　平成　年　月　日付け金銭消費貸借契約により平成　年　月
　　　　　　日設定した抵当権
登記簿上の債権額　　　　　万円
利　　息　　年　　パーセント（年365日日割計算）
損　害　金　年　　パーセント（年365日日割計算）
債　務　者
登　　記　　大阪法務局　　支局・出張所
　　　　　　平成　年　月　日　受付第　　　号

〔Cモデル〕
小規模個人再生（住宅資金特別条項なし）

第1　Cモデルの役割分担表

（年月日）	曜日	（債務者・申立代理人）	（裁判所等）
H☆.3.16	（日）	債務者が，知人から弁護士の紹介を受け，弁護士から説明を受ける。弁護士が，小規模個人再生の申立ての方針で正式に受任する。	
H☆.3.20	（木）	債務者から事情聴取	
H☆.3.27	（木）	申立代理人から，受任通知発送。債権調査票を同封する。返送の期限をH☆.4.7とする。申立書その他の提出書類の作成・準備開始	
H☆.4.8	（火）	債権調査票の検討	
H☆.4.28	（月）	再生手続開始の申立て，印紙・郵券の納付。開始決定予定日前日までに保管金の予納	申立書等の受理，保管金提出書の交付
H☆.5.6	（火）	知れたる債権者の宛名シートの提出，開始決定後，再生計画作成の準備を開始	書面審査及び再生手続開始決定。官報公告手続。知れたる債権者に対する通知
H☆.5.20	（火）		官報掲載（開始決定の主文及び債権届出期間・異議申述期間）（公告手続から約2週間後）
H☆.6.3	（火）		債権届出期間の終期（開始決定から4週間後）
H☆.6.6	（金）	異議申述	一般異議申述期間の始期
H☆.6.20	（金）	再生計画案の提出期限の伸長申請	一般異議申述期間の終期（異議申述期間の始期から2週間後），再生計画案提出期限を伸長しない旨の連絡
H☆.6.24	（火）	異議一部撤回	
H☆.6.27	（金）	再生計画案，積立状況報告書，通帳の写しの提出	再生計画案の提出期限
H☆.7.16	（水）		再生計画案を決議に付する旨決定。官報公告手続。届出債権者に対する通知
H☆.7.30	（水）		官報掲載（再生計画案を決議に付する旨），（公告手続から約2週間後）
H☆.8.13	（水）		決議回答期間の終期（決議付議決定から4週間後）
H☆.8.18	（月）		再生計画の認可決定，認可決定の主文及び理由の要旨の送達に代わる官報公告手続
H☆.9.1	（月）		官報掲載（認可決定の主文及び理由の要旨）
H☆.9.16	（火）		認可決定確定，再生手続終結
H☆.10.28	（火）	第1回弁済	

第2 事例内容

　摂津三郎さん（申立当時50歳）は，大阪市内でたこ焼き屋を営んでいたが，2年程前に自宅でぎっくり腰になって入通院し，約3か月間休業したために生活費が不足し，消費者金融業者から借入れをした。その後，摂津さんは，再びたこ焼き屋を始め，借入金の返済をするようになったが，店の近所にファーストフード店ができたために思うようには売上げが上がらず，返済のために借換えを繰り返すうち，平成☆年2月ころには，借入額は，覚えているだけで12社約1,800万円になり，月々の返済額も40万円以上になってしまった。

　摂津さんの営むたこ焼き屋の売上げは，多少の変動があるが，月平均79万円で，ほぼ一定しており，店舗賃借料，材料の仕入等の諸経費を除くと，利益は月39万円であった。

　摂津さんは，月15万円の家賃で店舗を借りてたこ焼き屋を営み，近隣の自宅で妻秋子さん（申立当時46歳，専業主婦），長男夏男さん（申立当時21歳，会社員），長女春子さん（申立当時17歳，高校生）と一緒に生活している。摂津さんは，○○信用金庫からたこ焼き屋の事業資金を借り入れる際，○○信用保証協会に借入債務の保証を委託し，同保証協会に対し，自宅の土地・建物に2,000万円の抵当権を設定している。また，摂津さんは，店舗を借りる際，150万円の保証金を差し入れているが，賃貸借契約では50万円が敷引きされることになっている。摂津さんには，自宅不動産の他にめぼしい資産はない。

　摂津さんは，このまま商売を続けていても，借金が増えていくだけだと思い，何らかの法的手段を採ろうと考えたが，どうしてよいか分からず，知人の浪速次郎さんに相談したところ，浪速さんから勤勉弁護士を紹介された。

第3 事実経過

1　弁護士への依頼と申立ての準備

　摂津さんは，平成☆年3月16日(日)，秋子さんとともに，勤勉一郎弁護士の事務所を訪れた。

> 摂津さん「ぎっくり腰をやってしもうて3か月も店を閉めたり，近くにファーストフードの店ができたんで，店がはやらんようになりました。せや

> けど，味には自信がおますし，昨年，阪神も優勝したんで，ぽちぽちお客さんも来てくれはるようになりましたんで，何とかがんばって店を続けたいと思うてます。浪速さんから借金をまけてもらえる法律があると聞いて来たんですが，ほんまですか。」

勤勉弁護士は，摂津さんから大体の事情を聴いた後，破産，特定調停，任意整理，個人債務者の民事再生手続の概略，それに伴う弁護士費用，予納金の説明をした。

> 勤勉弁護士「借金をまけてもらう法律ではなくて，経済的に困っている債務者について弁済計画を定めることにより債権者と債務者との権利関係を調整し，事業の再生を図ることを目的とするのが民事再生法という法律です。摂津さんは，個人事業者で，最近では売上げが安定してきたということでしたら，小規模個人再生手続が向いていると思います。お店の売上げをもとに負債総額の5分の1程度を今後3年の間に返済できるかどうか検討しないといけないので，この一覧表に私がチェックした書類をそろえて持って来てください。」

摂津さんは，秋子さんと相談の上，小規模個人再生による民事再生手続の申立てを勤勉弁護士に依頼することにした。勤勉弁護士は，摂津さんに申立てに必要な資料[*1]を持って来るように指示するとともに，以後家計簿を付け，無駄遣いをしないようにして，余ったお金は別に口座を作って積み立てておくように指導した[*2]。

---

*1　添付書類一覧表（【書式④　58頁】）を参照して，依頼者に持参してもらう書類を指示したほうがよい。請求書など負債額を明らかにする資料はもちろんのこと，事業者の場合，これまでの事業収支に基づく弁済計画を立てなければならないので，帳簿類，確定申告書控えなどの資料が重要となってくる。また，最低弁済額は破産の場合の清算価値を下回ってはならないので，破産事件の場合と同様に，預金通帳，不動産の全部事項証明書等などの資料が必要である。特に，事業者の場合，売掛金，什器備品等の有無について注意する必要がある。

*2　家計簿は，申立書添付の家計収支表のもとになるものである。また，剰余金の積立状況を見ることによって，債務者の実際の生活状況に則した弁済計画を立てることができ，履行可能性を高めることができる。さらに，再生計画認可後の弁済をスムーズに行うことができるというメリットもある。

小規模個人再生手続は，通常の民事再生手続の特則であり，個人債務者のうち，①将来において継続的に又は反復して収入を得る見込みがあり，②再生債権の総額（ただし，住宅資金貸付債権の額，別除権の行使によって弁済を受けることが見込まれる額，民事再生手続開始前の罰金等を控除した額）が5,000万円を超えない債務者が利用することができる手続である（法221条1項）。したがって，摂津さんのような個人事業者のほか，②の要件を充たす給与所得者も，この手続を利用することができる。小規模個人再生手続の再生計画においては，原則として法231条2項3号及び4号に定める額を弁済しなければならず（19頁参照），かつ，弁済額は破産の場合の配当額を上回る額でなければならない（法231条1項・174条2項4号）。

勤勉弁護士は，3月20日㈭，摂津さんから2度目の事情聴取を行った。

> 勤勉弁護士「お店でリースしているものは，業務用冷蔵庫だけですか。」
> 摂津さん「はい。去年，冷蔵庫がつぶれたんで，新しいのをリースしました。リース料の遅滞はしてまへん。たこ焼きを焼く器械は，開店の時に買うたんですが，まだ当分使えると思います。冷蔵庫は返さなあかんのですか。そないなったら蛸やビールを冷やすとこがのうなってえろう困るんですが。」
> 勤勉弁護士「冷蔵庫を今後も使い続けるにはリース会社と交渉する必要があります。また，リース料を弁済計画によらずに支払うには，そのリース物件が摂津さんの事業に不可欠であることを裁判所に説明する必要があります。」[*3]

[*3] 事業継続にとって必要不可欠なリース物件が別除権の行使により引き揚げられると，再生債務者は，事業継続を前提とする計画弁済ができなくなる。このような場合，再生債務者が再生手続開始後にリース業者と再リース契約あるいはリース料の支払いについて弁済協定を締結すれば，リース物件の使用を続けることができる。リース物件の使用によって弁済原資を生み出すことができるので，弁済協定等によってリース料債権を共益債権として支払うことが例外的に許されるのである。しかし，本来，別除権付再生債権にすぎないリース料債権を共益債権として支払うのであるから，事業継続のための必要性は厳格に判断されなければならない。

なお，自動車のリースやローンについて弁済協定を締結することが許されるかという問題がある。個人タクシー事業者など自動車それ自体を事業に供している場合には，事業継続に不可欠な物件といってよいが，サラリーマンが通勤や得意先回りに車を使っているような場合には，事業継続に必要不可欠というわけではないので，弁済協定を締結することは認められない。

摂津さん「家は担保に入っているんですが、これはどうなるんですか。」

勤勉弁護士「摂津さんは、事業資金を〇〇信用金庫から借りた際、〇〇信用保証協会にその借金の保証を頼んでいるので、〇〇信用保証協会が摂津さんに代わって〇〇信用金庫に借金を支払った場合には、求償権といって摂津さんにその分のお金を請求することができます。このための担保として摂津さんの自宅に抵当権が付けられています。住宅ローンであれば、民事再生法に特則があり、住宅資金特別条項を定めることにより他の再生債権と違った方法で返済していくことが認められていますが、摂津さんの場合には、これに当てはまりません。したがって、〇〇信用保証協会が弁済して競売を申し立てれば、自宅を手放すしかありません。」

摂津さん「えっ、そんなん殺生ですわ。先生、何とかなりまへんか。」

勤勉弁護士「住宅資金特別条項を設けない以上、普通の担保権の付いた再生債権であり、これについて特別の弁済をすることは法律の規定に反するので認められません[*4]。また、自宅で事業を営んでいる場合は別でしょうが、自宅不動産が事業継続にとって必要不可欠であるとはいえないので弁済協定を締結することも許されないことになります。誠にお気の毒ですが、自宅は手放す覚悟をしておいてください。」

摂津さん「女房と苦労して手に入れた家やのに、そんなこと納得できまへん。な、秋子。」

秋子さん「でも法律は守らなあかんし、先生の言うとおりにしよ。いざとなったら、私の実家に居候させてもらったらええやないの。な、あんた。」

摂津さん「……。女房がこう言うてますんで、仕方がおまへんわ。」

　勤勉弁護士は、摂津さんにリース契約書などの追加資料の提出を求める一方、3月27日(木)、債権者に対し、債権調査票を同封した受任通知を発送した。その後、債権者から返送されてきた債権調査票を検討するなどした結果、以下のような問題点を発見

*4　再生債権の弁済禁止
　　再生債権については再生計画の定めるところによらなければ、弁済をすることができない（法85条1項）。さらに、別除権付再生債権の場合には、別除権の行使によって弁済を受けることのできない債権の部分（不足額）が確定しない限り、弁済を受けることができない（法182条）。

事例　Cモデル

① 　ローンズ○○こと○○○○は，債権調査票を返送して来なかった。そこで，勤勉弁護士は，残債推計表[*5]に基づき利息制限法の利率に引き直した借入金残高を25万円と推計して債権者一覧表[*6]の債権現在額に「25万円」と記載するとともに，残債が25万円未満であることが判明した場合に備えて念のため異議留保することにし，異議留保欄に「○」を付けた[*7]。

② 　○○信用金庫からの借入残高は1,000万円であるが，摂津さんは，その借入債務について○○信用保証協会に保証委託している。再生手続開始後，その借入債務について代位弁済がなされ，保証協会が原債権の承継届でなく，保証協会自身の求償権を届け出た場合，原債権の取下げがなされなければ，原債権については異議を述べ，求償権については認めるのが相当であるが，原債権について異議留保しておかないと，これについて異議を述べることができなくなる（法226条1項）。そこで，勤勉弁護士は，○○信用金庫の貸付金債権については債権者一覧表の異議留保欄に「○」を付けて異議留保し，○○信用保証協会の求償権については，債権者一覧表の債権内容の欄に「将来の求償権」と記載し，債権現在額を「0円」と記載した[*8]。

*5　残債推計表については，〔Aモデル〕33頁*6参照。
*6　債権者一覧表については，〔Aモデル〕34頁*7参照。
　　債権者一覧表の作成に当たっては，表から漏れる債権者のないよう債務者から事情を聴取するなどして十分に調査する必要がある。再生手続開始後に，債権者一覧表に記載されていなかった債権の届出があり，最低弁済額が変動するような場合には，再生計画の履行の見込みにも影響することになる。また，勤務先からの前借りや知人からの借入れも，弁済計画によらずに返済することは債権者平等原則に反する結果となるので，債権者一覧表に記載しておく必要がある。
*7　異議留保については，〔Aモデル〕35頁*8参照。
　　異議留保しなかった場合，自らが記載した額については，後に異議を述べることはできないが，債権届出期間内に再生債権者から債権者一覧表に記載した額以上の届出があった場合には，債権者一覧表に記載した額を超える部分については異議を述べることができる。したがって，債権額を0円とした場合には，異議留保の対象がないので，異議留保はできないが，当然届出債権に対して全額異議を述べることができる。
*8　保証会社の求償権を0円として債権者一覧表に記載しておけば，開始決定とともに保証会社にも開始決定や債権者一覧表が送付されるので（法222条4項），保証会社も債務者についての個人再生手続開始を知ることができ，届出の機会の保障にもなる。この場合には，求償権の届出がなされたときに，異議留保した原債権について異議を述べることを忘れないように注意する必要がある。異議を述べるのを忘れると，原債権の取下げがされない限り，原債権と求償権の双方が手続的に確定してしまうことになる。
　　また，個人の保証人が債権資料などから判明することが多いので，点検の上，一覧表に記載する必要がある。

③　○○信用保証協会は，摂津さん所有の土地・建物に抵当権を設定しているので，同保証協会が○○信用金庫に対し代位弁済した場合，その求償権は，別除権付再生債権となる。別除権付再生債権の場合，別除権の目的である財産及び別除権の行使によって弁済を受けることができないと見込まれる再生債権の額（担保不足見込額）を記載しなければならない（法221条3項2号）[*9]。

そこで，勤勉弁護士は，摂津さんの自宅不動産の全部事項証明書等と固定資産評価証明書を取り寄せるとともに，不動産業者に頼んで摂津さんの自宅不動産の査定をしてもらった。その結果，土地・建物の売却価額は800万円と査定された。しかし，まだ，代位弁済がなされる前であるので，債権者一覧表の別除権付債権の欄に別除権の行使により弁済が見込まれる額を「0円」，担保不足見込額を「0円」として記載するとともに，代位弁済がなされた場合には，別除権の行使により弁済が見込まれる額は800万円，担保不足見込額は200万円となる予定であることを欄外に注として記載した（【書式㉘】159頁）。

④　○○電機クレジットのリース料債権は，別除権付再生債権と理解される[*10]。この場合，担保の目的となっているリース物件の価額と，残リース料との差額が別除権の行使によって弁済を受けられない担保不足見込額となるので，債権者一覧表の別除権付債権の欄にその旨を記載しなければならない。勤勉弁護士がリース会社に問い合わせた結果，経過年数等から見てリース物件の価額は50万円と査定されたので，勤勉弁護士は，債権者一覧表の別除権付債権の欄の別除権の行使により弁済が見込まれる額を「50万円」，担保不足見込額を「100万円」と記載した。しかし，このリース料債権は，業務用冷蔵庫という摂津さんの事業継続にとって必要不可欠な物件に関するものであり，別除権の行使（引き揚げ）を防ぐためにはリース業者と再生

[*9]　別除権付再生債権については，競売など担保権実行の結果，不足額が確定するのであるが，確定までには相当期間がかかるので，担保不足見込額をもって議決権額（法230条8項），5,000万円の上限（法231条2項2号）及び最低弁済額（法231条2項3号4号）の基準となる再生手続上の債権額として取り扱うこととされたのである。しかし，現実の弁済額は，あくまでも別除権行使の結果，確定した不足額に基づいて算出されるのであり（確定不足額に再生計画で定められた弁済率を乗じて算出する），担保不足見込額があまりにも現実の不足額とかけ離れていては弁済困難となる場合もあるので，担保目的物の価額の算定は慎重に行う必要がある。なお，Q&A〔16〕「別除権付再生債権の取扱い」224頁も参照。

[*10]　フルペイアウト方式のファイナンス・リース契約は，非典型担保であり，リース料債権を別除権付再生債権として取り扱うのが実務のすう勢である（なお，会社更生手続に関する最高裁平成7年4月14日判決民集49巻4号1063頁参照）。

手続開始後に弁済協定を締結して従前どおりリース料を支払う必要がある[*11]。勤勉弁護士は，そのことを上申書に記載して裁判所に提出することにした。また，リース料債権を弁済協定により共益債権として支払うことになった場合には，これを再生手続の基礎となる再生債権から除くのが相当であるが，異議留保しておかないと，弁済協定が締結されたにもかかわらず，リース会社が届出債権を取り下げないときに不都合が生じる。そこで，勤勉弁護士は，リース料債権について債権者一覧表の異議留保欄に「○」を付けて異議留保した。

以上の検討をもとに債権を計算した結果，債権現在額合計額は1,850万円で，これから別除権の行使により弁済が見込まれる額50万円（リース物件の価額）を差し引いた摂津さんの債務の合計額（再生債権総額）は1,800万円となった（ただし，これは保証協会の代位弁済がなされる前であり，また，リース会社との間で弁済協定が締結される前の再生債権の総額である。）。

その後，勤勉弁護士が○○電機クレジットと交渉した結果，リース料債権については開始決定後，リース料を従前どおり毎月2万5,000円ずつ支払う内容の弁済協定を締結する旨の内諾を得た。

このようにして勤勉弁護士は，申立書，財産目録，債権者一覧表等を作成したほか，摂津さんが持参した帳簿や摂津さんの説明等に基づき，たこ焼き屋の事業収支実績表を過去6か月分について作成した。

勤勉弁護士は，資産（財産目録），債務の合計額（債権者一覧表），事業収支実績表等を検討するとともに，申立後，○○信用保証協会による○○信用金庫に対する代位弁済がなされる予定であること，○○電機クレジットとの間でリース料について弁済協定が締結される予定であることを考慮し，その場合の再生債権の総額を900万円と想定して，この5分の1（法231条2項4号）の180万円を3年間で弁済する内容の再生計画案の素案を作成した。また，勤勉弁護士は，摂津さんに対し，今後，毎月末，計画案で弁済を予定している月額5万円を勤勉弁護士のところに送金するよう指導した。

2　再生手続開始の申立て

4月28日(月)，勤勉弁護士は，大阪地方裁判所第6民事部に再生手続開始の申立てを

[*11] リース物件の使用経過年数，中古市場の有無によっては，リース会社に対し，残リース料の減額を求める余地もあろう。また，リース期間の延長によって月々のリース料を減額することに応じてもらえれば，毎月のリース料の負担を軽減することができる。

行った。裁判所に提出した書類は，申立書・陳述書（【書式㉗　149頁】），債権者一覧表（【書式㉘　159頁】），財産目録（【書式㉙　161頁】），家計収支表（【書式㉚　163頁】），事業収支実績表（【書式㉛　164頁】），事業報告書（【書式㉜　165頁】），添付書類一覧表（【書式④　58頁】），債務関係の疎明資料，財産関係の疎明資料並びに過去及び将来の所得に関する疎明資料，その他の書類（リース契約書，リース料債権について弁済協定を締結することを予定している旨の上申書など）である。

小規模個人再生手続の申立てに当たっては，小規模個人再生による再生手続を求める旨の申述をしなければならない（法221条2項）。勤勉弁護士が提出した定型申立書（【書式㉗　149頁】）には，小規模個人再生による再生手続を求めるとともに，小規模個人再生による再生手続が認められない場合には通常の民事再生手続による再生手続は求めない旨の申述があらかじめ記載されているので，小規模個人再生手続が認められないときに通常の民事再生手続を求める場合には，当該部分を訂正する必要がある。

3　書面による審尋及び再生手続開始決定

裁判所は，申立書類を受け付けた後，申立書に必要事項の記載漏れがないか，必要書類が添付されているかどうかなどを審査し，予納金が納付されたことを確認した上，書面による審尋を行い，小規模個人再生による再生手続開始の原因が認められるとして，5月6日午後5時付けで再生手続の開始決定をし（【書式㉝　166頁】），併せて①債権届出期間を開始決定当日（5月6日㈫）から4週間後の6月3日㈫まで，②異議申述期間を債権届出期間の終期から3日後の6月6日㈮から6月20日㈮まで（2週間），③再生計画案の提出期限を6月27日㈮（異議申述期間の終期から1週間後）と定めた[*12]。

裁判所は，開始決定後，開始決定の主文並びに債権届出期間及び異議申述期間を官報公告する手続を執り，債権者一覧表に記載された債権者に対し，官報公告の内容を記載した書面（【書式㉞　167頁】）と債権者一覧表を通常郵便で送付した。手続開始決定は，約2週間後の5月20日㈫の官報に掲載された。

なお，大阪地方裁判所第6民事部では，弁護士が申立代理人となって申し立てられた事件については，住宅ローンと保証債務を除いた負債額が3,000万円以上の事業者が申立てをした場合を除き，原則として個人再生委員を選任しない方針であり，この事件でも個人再生委員は選任されなかった。

[*12]　手続の日程に関する規定については，〔Aモデル〕37頁*13参照。

4　再生計画案の提出の準備

再生手続開始決定後，○○信用保証協会は，○○信用金庫に対し，摂津さんの借入残債務1,000万円を代位弁済した。

また，勤勉弁護士は，○○電機クレジットとの間で，業務用冷蔵庫の残リース料150万円を，月額2万5,000円ずつ60回に分割して支払う内容の弁済協定を締結した。

勤勉弁護士は，以上を踏まえて再生計画案の作成に取りかかった。

摂津さんの場合，債権現在額合計は1,850万円であるが，○○信用保証協会の別除権行使により弁済が見込まれる額800万円と，弁済協定の締結により再生債権から除かれることになったリース料債権150万円を差し引いた再生債権の総額は900万円となるので，最低弁済額はその5分の1の180万円となる（法231条2項4号）。勤勉弁護士は，受任以降，摂津さんに作らせていた家計簿やたこ焼き屋の帳簿等により収支状況を確認した上，実際に弁済に回すことができると見込まれる額を計算し，最低弁済額180万円を3年で弁済することができるかどうかを検討した。3年間で180万円弁済するとすると，1年間に60万円（月5万円）を弁済することになるが，年60万円であれば，臨時的な支出増などを考えても何とか支払える見込みがあると判断した[*13]。

そこで，勤勉弁護士は，申立時に作成していた再生計画案の素案と同一の再生計画案を作成することにし，併せて，各債権者に対する弁済計画を記載した一覧表も作成した。

5　財産目録及び報告書の提出[*14]

勤勉弁護士が提出した申立書では，財産目録及び法125条1項の報告書は申立書添付のものを援用し，開始決定までに記載内容に変動があった場合には改めて提出することにしていた。申立後，開始決定までの間に変更はなく，新たに報告すべきこともなかったので，勤勉弁護士はこれらを提出しなかった。

6　債権届出[*15]

① ローンズ○○こと○○○○は，貸付金残高を50万円とする債権届出をした。

---

*13　法229条2項2号により原則3年間の弁済計画を立てなければならないが，3年間では債務者の収入により法の要求する弁済ができないなど，特別の事情がある場合には，5年以内の弁済計画を定めることが許される。

*14　再生債務者の財産目録・報告書の提出については，〔Aモデル〕38頁*15参照。

*15　債権届出については，〔Aモデル〕39頁*17参照。

② ○○信用保証協会は、再生手続開始後、○○信用金庫に対し、摂津さんの借入残債務1,000万円を代位弁済したので、届出債権額を1,000万円、担保不足見込額を200万円と記載して債権届出をした。

7 債権届出期間の経過

6月3日㈫までの債権届出期間が満了した。その間に届出をした債権者は、ローンズ○○こと○○○○と○○信用保証協会以外はなかったので、その他の債権者一覧表に記載された債権者らは、その内容によって債権届出期間の初日である開始決定日（5月6日）に再生債権の届出をしたものとみなされることになった（法225条）*16。

8 異議申述

① ローンズ○○こと○○○○が届け出た債権については、これまでの摂津さんの返済について利息制限法の利率に引き直した元利充当計算をしていなかった。そこで、勤勉弁護士は、異議申述期間内に異議申述しないと当該届出債権を再生債権として認めたことになるので、6月6日㈮その債権届出に対して異議申述をした（【書式㉟　168頁】）*17。

② ○○信用金庫は、○○信用保証協会から代位弁済を受けたことにより貸付債権が消滅したにもかかわらず、まだ、債権取下書を提出していなかった。そこで、勤勉弁護士は、○○信用金庫の債権について全額異議申述した（137頁＊8参照）。

③ ○○電機クレジットは、摂津さんとの間で、リース料債権について弁済協定を締結したことにより、リース料は、共益債権として弁済されることになった。しかし、同社から債権取下書の提出がなかったので、勤勉弁護士は、リース料債権について全額異議申述した。

9 異議申述に伴う裁判所の措置

勤勉弁護士からローンズ○○こと○○○○、○○信用金庫及び○○電機クレジット

*16　債権届出期間の経過後に債権届出がされた場合の取扱いについては、〔総論〕11頁参照。
*17　債務者が届出債権に対して異議申述をする場合は、異議申述期間内に、裁判所に対して、異議書（【書式㉟　168頁】）とその副本を提出する（規則121条）。なお、債権者一覧表に記載されている債権に対する債務者からの異議申述は、債権者一覧表に異議を留保する旨の記載をしたときでなければすることができない。

に対し，異議申述がなされたので，裁判所は，当該債権者に対し，異議の通知をした（【書式㊱ 169頁】）。

そして，6月20日(金)勤勉弁護士から計画案提出期限伸長の申立てがあった。裁判所は，再生計画案の提出期限は伸長しない旨，及び，評価の申立てがなされ*18確定債権額等に変更を生じた場合には，再生計画案の修正許可申請により対応する旨，勤勉弁護士に連絡した。

10　異議申述期間の経過

6月20日(金)までの異議申述期間が満了した。その間に債権者から異議の申述はなかった。

11　異議の撤回及び異議撤回の通知

勤勉弁護士は，異議申述後，ローンズ○○こと○○○○に対し，これまでの摂津さんの返済状況を明らかにする書面とこれを利息制限法の利率に引き直した元利充当計算書を提出するように求め*19，ローンズ○○こと○○○○がこれに応じた結果，摂津さんの残債務は30万円であることが判明した。そこで，勤勉弁護士は，30万円の限度でローンズ○○こと○○○○の債権を認め，異議を一部撤回することにした。

そして，勤勉弁護士は，6月24日(火)裁判所に対しローンズ○○こと○○○○の債権

---

*18　異議の申述が行われると当該再生債権の債権者は，異議申述期間の末日から3週間の不変期間内に再生債権の評価の申立てをしなければならない（その再生債権について執行力ある債務名義又は終局判決のある場合には再生債務者が評価の申立てをしなければならない。法227条1項ただし書）。評価の申立てをする者は，申立てに係る費用を予納しなければならず（大阪地方裁判所第6民事部では，予納金を5万円としている。），予納を命じられたにもかかわらず予納がないときには，評価の申立ては却下される（法227条3項4項）。

　評価の申立てがされると，裁判所は，それまで個人再生委員が選任されていなければ，個人再生委員を選任して債権評価の権限を付与し，また，それまでに個人再生委員が選任されていれば，その者に対して債権評価の権限を付与して，個人再生委員による調査を命じる処分を行う（法223条1項ただし書2項2号）。個人再生委員は必要な調査を行って，その結果を裁判所に報告し（法227条5項），裁判所は，その報告を受けて再生債権の金額を評価する（法227条7項8項）。

*19　再生債務者は，届出があった再生債権について異議を述べるかどうかを判断するため必要があるときは，再生債権者に対し，当該再生債権に関する証拠書類の送付を求めることができる旨の規定が置かれている（規則119条）。

について30万円の限度で認める内容の異議の一部撤回書（【書式㊲　170頁】）[*20]を提出するとともに，ローンズ○○こと○○○○に対しても，異議一部撤回書を送付した（規則122条1項）。

12　再生計画案の提出

　勤勉弁護士は，再生計画案の提出期限である6月27日㈮に，債権者から再生債権評価の申立てがなされないことを前提とした再生計画案（【書式㊳　171頁】）と，債権者に対する弁済方法等を記載した弁済計画表（【書式㊵　174頁】）を裁判所に提出した[*21]。

　また，摂津さんは，勤勉弁護士の指導により毎月5万円を勤勉弁護士に送金していたが，勤勉弁護士は，履行可能性を示す資料として積立状況等報告書及びこれを裏付ける通帳の写しを提出した。

　この時，勤勉弁護士は，当初の再生計画素案のうち，以下の点を修正した。

① 　ローンズ○○こと○○○○については，前述のとおり債権額を30万円とした。
② 　代位弁済を受けた○○信用金庫については，債権額は0円となった。
③ 　○○信用保証協会について，前述のとおり手続内での担保不足見込額は200万円となった。そして，将来，担保権の実行により不足額が確定したときは，既に弁済期が到来している分割金について，確定の通知を受けた後，2週間以内にまとめて支払い，その後は，他の再生債権と同様に支払うことにした[*22]。
④ 　○○電機クレジットについては，当初，担保権の行使により弁済が見込まれる額は50万円，担保不足見込額は100万円と記載したが，開始決定後，弁済計画によらず，月々リース料を支払う内容の弁済協定を締結したので，共益債権として取り扱われ

[*20]　**異議の撤回**
　　通常の民事再生手続においては，再生債務者等が認否書の提出後に再生債権の内容等についての認否を認める旨に変更することや，届出再生債権者等が再生債権の内容等について異議の撤回（一部の撤回を含む。）をすることができることを前提として，その方法について規定を置いている（規則41条）。個人再生においても，少なくとも評価の決定がされるまでは，再生債務者又は届出再生債権者が異議を撤回することは可能である。しかし，再生債権者から評価の申立てがあり，個人再生委員の選任がなされた後に異議が撤回された場合には，再生債務者等が個人再生委員に要した費用を負担しなければならないこともあるので，早期の異議撤回を心がける等の注意が必要である。

[*21]　小規模個人再生においては，再生計画案の決議が必要とされているので（法231条1項），再生債務者代理人としては，期限内に再生計画案を提出すれば，それで事足れりとするのではなく，計画案について債権者の賛同が得られるよう努力すべきであろう。例えば，大口債権者を訪問して計画案の弁済率の根拠を明らかにしたり，計画案提出後，各債権者宛てに，今後，裁判所から送付される計画案に是非とも賛同していただきたい旨の依頼文書を送付している例がある。

ることになった。そこで，リース料債権については，再生計画案の共益債権の欄に弁済方法を記載することにした。

この結果，再生債権の総額は，

○○信用金庫	0円
○○信用保証協会担保不足見込額	200万円
○○電機クレジット	0円
ローンズ○○こと○○○○	30万円
その他の債権者8名は，債権者一覧表記載のとおり　計	675万円

の合計905万円で，最低弁済額は，その5分の1（20パーセント）の181万円となり，これを3年間，3か月ごとに約15万833円（1か月換算約5万277円）ずつ弁済することにした。ただし，計算・送金の便宜を考慮し，各債権者に対する各回の返済額の100円未満の端数は切り上げ，最終回の返済額で端数調整を行うことにした。

この結果，○○信用保証協会を除いた債権者9名への各回の返済額は11万7,800円（最終回11万4,200円）となった。

また，別除権付再生債権者である○○信用保証協会は，別除権の行使により不足額が確定しない限り弁済を受けることができないが，勤勉弁護士は，摂津さんに対し，将来不足額が確定したときに備えて，毎回3万3,400円（最終回3万2,600円）ずつ（合計40万円，予定不足額200万円の20パーセント）積み立てておくよう指示した。

13　再生債権の確定

勤勉弁護士の適切な対応により，法定期間内（異議申述期間の末日から3週間以内。

---

*22　別除権の行使によって不足額が確定した場合に，その不足額が再生計画で定める債権カットの対象となる。別除権付再生債権者は，不足額が確定しない限り，弁済を受けることはできないが（法182条），不足額が確定したときは，債権者平等原則に反しないよう他の再生債権者と同様の条件で支払いを受けることが保障されなければならない。したがって，将来不足額が確定した場合の弁済方法に関し，再生計画の中で，いわゆる適確条項（【書式㊳　171頁】の4項を参照）を定めておかなければならない（法160条1項）。

再生債務者としては，将来，不足額が確定したときに備えて，その弁済に充てる予定の金額（担保不足見込額に再生計画で定められた弁済率を乗じ，これを弁済回数で除した金額）を各回の弁済期ごとに積み立てておく必要がある。そうしないと，例えば，3年間の弁済計画の最後の年に不足額が確定した場合，弁済することが困難となる。したがって，再生債務者代理人としては，再生債務者に対し，上記金額を積み立てるように指導することはもちろん，再生債務者に対する履行の監督としては，各回の弁済期ごとに再生債務者からそのときに弁済を要する金額のほかに上記金額の送金を受け，上記金額については不足額が確定したときに直ちに弁済できるように保管しておくなどの措置を講じておく必要がある。なお，Q＆A〔26〕「住宅資金特別条項を定めない場合の留意点」252頁も参照。

（法227条1項））に債権者から再生債権の評価の申立てはなかった。

なお、異議申述がなされたにもかかわらず、評価の申立てをしなかった無名義債権（終局判決又は執行力のある債務名義を有する再生債権以外の債権）は、再生計画が定める弁済期間中は弁済を受けることができないという劣後的な取扱いを受けることになる（法232条3項）。

このようにして代位弁済を受けた○○信用金庫の再生債権は0円，○○信用保証協会の担保不足見込額は200万円，ローンズ○○こと○○○○の再生債権は異議の一部撤回により30万円，○○電機クレジットの再生債権は弁済協定締結により0円，それ以外の債権者は，債権者一覧表の記載に基づき届出がなされたとみなされる内容で手続内で確定した。

小規模個人再生において，確定した再生債権の金額は，①5,000万円という上限要件算定の基礎，②最低弁済額を求めるための基準，③再生計画案の作成に当たって債権のカット率を定める目安となる。

14　再生計画案の付議決定

小規模個人再生においては、通常の民事再生手続と異なり、再生計画案の決議は、常に書面等投票（書面その他の最高裁判所規則で定める方法のうち裁判所の定めるものによる投票をいう。）による決議の方法によって行われ、しかも、再生計画案に同意しない旨を回答した議決権者が議決権者総数の半数に満たず、かつその議決権の額が議決権の総額の2分の1を超えないときは、再生計画案の可決があったものとみなされる（法230条6項）という消極的同意の方法が採られている。

裁判所は、提出された再生計画案について不認可事由の有無を審査したところ、不認可事由があるとは認められなかったので、再生債権評価申立期限経過後の7月16日㈬に当該再生計画案を決議に付する旨決定し（【書式㊵　174頁】）、その旨を公告する手続を執る一方、議決権を行使することができる再生債権者に対し、再生計画案及び当該再生計画に同意しない者は裁判所が定めた回答期間（8月13日㈬まで）に書面でその旨を回答すべき旨を記載した書面（【書式㊶　175頁】）を通常郵便で送付した。

なお、再生計画案の主要な認可要件は以下のとおりである。
① 再生計画案の遂行の見込みがないとはいえないこと（法231条1項・174条2項2号）
② 再生計画案に基づく弁済額（計画弁済総額）が清算価値を下回らないこと（法231条1項・174条2項4号）
③ 計画弁済総額が、無異議債権の額及び評価済債権の額の総額の10分の1（当該総

額が3,000万円を超え5,000万円以下の場合)，または基準債権の総額の5分の1又は100万円のいずれか多い額(無異議債権の額及び評価済債権の額の総額が3,000万円以下の場合。ただし，基準債権が100万円を下回っているときはその全額，基準債権が1,500万円以上のときには300万円)を下回っていないこと(法231条2項3号4号，19頁参照)
④　最終の弁済期を，再生計画認可の決定の確定の日から原則として3年後の日が属する月中の日とすること(法231条1項・174条2項1号・229条2号)
⑤　弁済期が3か月に1回以上到来する分割払いの方法によること(法231条1項・174条2項1号・229条2項1号)

15　官報公告

再生計画案を決議に付する旨の決定から約2週間後の7月30日(水)，この事件の再生計画案について決議に付する旨が官報に掲載された。

16　再生計画認可決定とその送達及び手続の終結

決議における回答期間の終期である8月13日(水)までに不同意の回答書の提出がなく，その後，不認可事由が判明したということもなかったので，裁判所は，決議における回答期間の終期から土日祝日を除いた3日後の8月18日(月)に再生計画の認可決定を行い(【書式㊷　176頁】)，認可決定の主文及び理由の要旨の送達に代わる官報公告(法10条3項)の手続をした。

再生計画認可決定は，約2週間後の9月1日(月)の官報に掲載され，それから2週間の即時抗告期間(法9条)内に即時抗告がなかったので，9月16日(火)に確定し，これにより，摂津さんの再生手続は終結した[23]。

17　再生計画の履行

摂津さんは，申立前に勤勉弁護士から指導を受けて以来，毎月末，5万円を勤勉弁護士に送金していたが，再生計画案認可後は，毎月5万400円ずつ送金することになった。

勤勉弁護士は，再生計画認可決定確定の翌月である平成☆年10月28日を第1回として，それから3か月ごとに再生計画に従い，○○信用保証協会を除く債権者9名に対

---

[23]　認可決定確定の日の確認については，〔Aモデル〕42頁＊23参照。

して送金（合計11万7,800円）して返済した[*24]。また，勤勉弁護士は，別除権付再生債権者で不足額の確定していない〇〇信用保証協会に対する弁済に充てるために，毎回の返済ごとに保管金口座に３万3,400円ずつ積み立てておいた。

　平成☆年４月１日，〇〇信用保証協会は，摂津さん所有の自宅不動産について競売を申し立て，同年10月５日，同不動産は競落され，同保証協会の不足額は195万円と確定した。再生計画によれば，元本及び開始決定日の前日までの利息・損害金の80パーセントの債権の免除を受けることになっているので，不足額として弁済すべき金額は，
　　195万円×0.2（20パーセント）＝39万円
　各回ごとの弁済額は，
　　39万円÷12回＝３万2,500円となる。

　そこで，勤勉弁護士は，再生計画どおり，不足額が確定したとの通知を受けてから２週間以内に，〇〇信用保証協会に対し，積立金の中から，
　　３万2,500円×４回（返済期到来分）＝13万円
を一括して支払った。また，不足額の確定により摂津さんの各回の返済額合計は，
　　11万7,800円（債権者９名）＋３万2,500円（保証協会）
　　＝15万0,300円（７回）と
　　11万4,200円（債権者９名）＋３万2,500円（保証協会）
　　＝14万6,700円（最終回）
となった。

　このようにして摂津さんは，自宅を手放すことになったが，たこ焼き屋の商売を続けることができ，３年間の返済を無事に終えた。

[*24] 再生計画に従った弁済の方法については，〔Aモデル〕42頁[*24]参照。

【書式㉗　申立書・陳述書（小規模個人再生用）】

再生手続開始申立書 ver3.0
（小規模個人再生）

大阪地方裁判所　　　　　　御中
　　　申立人　　陳述書記載のとおり　　　　　　　　　　　　　［印紙］

申立ての趣旨
　申立人について，小規模個人再生による再生手続を開始する（なお，通常の再生手続の開始は求めない。）。

申立ての理由
　申立人は，添付の債権者一覧表に記載したとおりの債務を負担しているが，申立人の資産，収入の状況は，添付の陳述書等に記載したとおりであり，申立人には破産の原因たる事実の生ずるおそれがある。

再生計画案の作成方針についての意見等
　債権者に対する債務について，相当部分の免除を受けた上，法律の要件を満たす額の金額を支払う方針である。
　なお，民事再生法124条2項の財産目録及び125条1項の報告書としては，添付の財産目録等を援用することとする（ただし，開始決定までにこれらの記載内容に変動があった場合には，改めて提出する。）。

添　付　書　類
　添付の「添付書類一覧表」に記載のとおり

　　　　平成☆年4月28日
　　　　　　申　立　人（代理人）　　　弁護士　勤　勉　一　郎　　㊞
　　　　　　　　　Ｔ　Ｅ　Ｌ　　　（　06　）　〇〇〇〇－〇〇〇〇
　　　　　　　　　Ｆ　Ａ　Ｘ　　　（　06　）　〇〇〇〇－〇〇〇〇
　　　　　送達場所　〒530－0047　大阪市北区西天満〇－〇－〇　△△ビル3Ｆ

陳　述　書

陳　述　者　　氏　名　　（ふりがな）せっつさぶろう　摂　津　三　郎　㊞
（申立人債務者）　別　名　　（屋号）蛸よし
年齢　満50歳（生年月日　大・㊋☆年6月28日）
本籍・国籍　　☑　戸籍謄本記載のとおり　　□　国籍＿＿＿＿＿＿
住居所
　☑　〒（△△△－△△△△）住民票のとおり
　□　〒（　　　－　　　　）外国人登録原票記載事項証明書のとおり
　（住民票と異なる場合）
　□　〒（　　　－　　　　）

　　　（連絡先 TEL.（　　　－　　　　）□自宅　□携帯　□　　　）

営業所の有無　　☑ある　□ない
所在地　〒（△△△－△△△△）大阪市〇区□□〇丁目〇番〇〇号

　先行して係属している関連の民事再生事件　　□ある　☑ない
　　大阪地方裁判所　平成　　年（　）第　　　　号
　　申立人名＿＿＿＿＿＿＿＿＿＿　続柄＿＿＿＿＿

貼用印紙	1万円
予納郵券	円
担当者印	

事例　Cモデル

★ 該当する部分を○で囲み，□には✓印を付け，必要事項を記載してください。書く欄が不足した場合には，この陳述書と同じ大きさの用紙（A4判）に横書きで記入して，後ろに添付してください。各項目の必要資料については，添付書類一覧表に従って，その写しを添付してください。

第1　職業，収入の額及び内容等

1　職業（現在から申立ての3年前まで）

就業期間	種　　　別	月収（手取額・円）
就業先（会社名等）	地位・業務の内容	年収（手取額・円）
昭和○○年4月～　　現　在	□勤め□パート等☑自営□法人代表者 □その他（　　　　　　　　　　）	39万
	たこ焼き店	468万
年　月～　　年　月	□勤め□パート等□自営□法人代表者 □その他（　　　　　　　　　　）	
年　月～　　年　月	□勤め□パート等□自営□法人代表者 □その他（　　　　　　　　　　）	
年　月～　　年　月	□勤め□パート等□自営□法人代表者 □その他（　　　　　　　　　　）	

2　現在の収入

	収入の種類		金額（手取額・円）
□	給与（月額）		
□	賞与（最近1年間）	年　　月	
		年　　月	
		年　　月	
□	公的給付（月額）	□児童手当	
		□児童扶養手当	
		□公的年金	
		□その他（　　　　　　　　）	
☑	給与以外の収入（月額）	具体的内容（　　たこ焼き店　　）	39万
	合計	月額（通常月）	39万
		年額	468万

3　過去2年度分の年収額

年　　度	年収額（手取額・円）
申立の前年度　（1月1日～12月31日）	468万
申立の前々年度（1月1日～12月31日）	478万

★ 申立ての前年と前々年（いずれも1月1日から12月31日まで）の年収額（手取額）を確定申告書等に基づいて，ここに記載してください。転職等をした場合には，各年ごとに転職等の前後の収入額を合計して記載してください。

事 例　Cモデル　151

4　申立前2年間に，何らかの理由（就業先の変更など）により，年収の額が，それまでの額に比べて5分の1以上変動（例えば，それまで年収300万円であれば，60万円以上の年収額の増減）したこと

☑ない　□ある→その具体的事情は次のとおりです。

_____
_____
_____
_____
_____

5　事業の具体的内容（事業収入を得ている場合）

> たこ焼き店自営。持ち帰りが多いが，店で食べるお客さんもいる。

6　今後の収入の見込み等（事業収入を得ている場合）

申立て後の事業収入については，

☑　状況に大きな変化がない限り，申立て前6か月間の状況とほぼ同様の状況が続くものと見込まれます。

□　今後，以下のような変化があると見込まれます。

_____
_____
_____
_____
_____

第2　生活の状況

1　家族関係

氏　名	続柄	年齢	職業・学年	同居・別居	平均手取月収（円）
摂津秋子	妻	46	主　婦	☑同 □別	0
夏夫	長男	21	会社員	☑同 □別	18万
春子	長女	17	高校生	☑同 □別	0
				□同 □別	
				□同 □別	
				□同 □別	

別居している家族の住所_____

事例 Cモデル

2 現在の住居の状況
　㋐ 自己所有の家屋　　　イ 借家・賃貸マンション・アパート　　　ウ 社宅・寮
　エ 公営，公団の賃貸住宅　　　オ 親族所有の家屋　　　カ 親族以外の所有家屋
　キ その他（　　　　　　　　　　　　　　　　　　　　　　　　　　　　　　）
　現在の住居について家賃を払っている場合
　(1) 1か月の家賃（管理費込み）_____万_____円
　(2) 賃借人の氏名 _____
　　　賃借人が申立人以外の場合　申立人との関係（_____）
　(3) 居住を開始した日　昭和・平成　____年____月ころ

第3 負債等の状況
1(1) 公租公課（税金，社会保険料等）
　　　納付すべき税金，社会保険料等を滞納している事実が
　　　　□ある　　☑ない

	種　類	納付すべき金額（円）	納　付　時　期
①			年　　月　　日
②			年　　月　　日
③			年　　月　　日
	合　計		

　(2) 課税（滞納）庁との弁済交渉結果又はその予定内容（滞納がある場合に，滞納税の種類を明示して，分割金の支払月額，同期間を具体的に記載する。）

	交渉結果又は予定
①	
②	
③	

2 再生手続開始の申立てをするに至った事情
　　多額の借金（以下，特に断らない限り，ここでいう借金には，連帯保証による債務やクレジットカード利用による債務なども含みます。）をした理由及び弁済が困難となった理由は，次のとおりです。

　★ 次の中から，あてはまるもの（複数にあてはまる場合はそのすべて）を選んで記入してください。また，具体的な事情を，時間の流れに沿って，3に記載してください。

　☑　生活費が足りなかったためです。
　□　飲食，飲酒，旅行，趣味としての商品購入（絵画，パソコン，衣服，健康器具等），ギャンブル，風俗などにお金を使いすぎたためです。
　☑　事業（店）の経営に失敗したためです。
　　　事業資金としてつぎ込んだ金額：合計　　　1,800万円

事 例　Cモデル

事業内容
　会社名　<u>蛸よし</u>　　従業員数　<u>　　　　　0人</u>
　事業（店）の経営に失敗した理由
　　<u>２年程前にぎっくり腰になり，入通院をした３か月間店を閉めていたこと。及び</u>
　　<u>近所にファーストフード店が出来て売上げが減少したこと。</u>
　　<u>　　　　　　　　　　　　　　　　　　　　　　　　　　　　　　　　　　</u>
　　<u>　　　　　　　　　　　　　　　　　　　　　　　　　　　　　　　　　　</u>

□　仕事上の接待費の立替払い，契約金の立替払い，営業の穴埋めなどによる借金が，支払えなくなったためです。
　当時の職業　　　　　　　　　　　　
　□仕事上の接待費の立替払い　　□契約金の立替払い　　□営業の穴埋め
　□その他　　　　　　　　　　　　　　　　　　
　立替等した金額　合計　　　　　　　円

□　住宅ローンが支払えなくなったためです。
　当時の職業　　　　　　　　　　　
　購入物件　　□土地　　□建物　　□マンション　　□その他
　購入時期　　　　　　年　　　　月ころ
　購入金額　合計　　　　　　　　円
　月々の返済金額　月額　　　　　　円　ボーナス月　　　　　　　円

□　他人（会社）の債務を保証したためです。

主債務者	関　係	保証時期	保証金額（円）
		年　　月ころ	
		年　　月ころ	
		年　　月ころ	

□　その他　　　　　　　　　　　　　　　　　　　

3　以上の具体的な事情は，次のとおりです。

> ★　多額の債務を負うことになった事情及び民事再生手続の申立てをするに至った事情について，具体的かつ簡潔に記載してください。

　　<u>私は，○○○商店街で店舗を借りて，たこ焼き屋をしています。店は，ずっと黒字</u>
　<u>経営だったのですが，２年程前にぎっくり腰になり，約１か月入院し，約２か月通院</u>
　<u>しました。その間，私以外の者がたこ焼きを焼くと店の味が変わるので，店を閉めな</u>
　<u>ければなりませんでした。収入がないので，仕方なく，各種ローン会社から借入れを</u>
　<u>して生活費にあてました。私が退院しフルタイムで店を開けるようになりましたが，</u>
　<u>店の近くにファーストフード店ができたため売上げの回復は思わしくなく，借金が増</u>
　<u>えました。１年前ころからは，売上げは以前と同じくらいになりましたが，もう借入</u>

金が多くなっていてその返済がきつく，やはり借金は増えていきました。今年の2月では，もともとあった信用金庫からの事業資金の借入分も含め，約10社から1,800万円ほど借りていて，月々の返済が40万円以上になり，生活費が足りず，返済が困難になってしまいました。

4　過去2年間以内に処分した財産（保険，退職金，不動産，自動車，離婚に伴う財産分与，贈与等）（20万円以上の価値のあるもの）　　　　　　　　　□ある　☑ない

財産の種類	処分の時期	処分額（円）	使　途	相手方の氏名
	年　　月			
	年　　月			
	年　　月			

5　支払不能の状態で，一部の債権者に弁済した債務　　　　　　☑ある　□ない

時　　期	相手方の氏名	弁　済　額　（円）
平成☆年　4月	○○電機クレジット㈱	2万5,000
年　　月		
年　　月		

6　債権者に対する申立代理人等の受任通知発送日
　　　平成　☆年　3月　27日ころ

7　債権者との訴訟等の状況
　(1)　債権者との話し合い，調停手続等の利用をしたこと　□ある　☑ない
　　　　□　弁護士に依頼して債権者と交渉（任意整理）してもらった。
　　　　□　＿＿＿＿＿＿簡易裁判所の調停手続を利用した。
　　　　　昭・平＿＿＿年＿＿＿月ころ申立て
　　　　その結果，話合いが成立した債権者の数　＿＿＿＿＿社（人）
　　　　話し合いのとおり支払をした期間
　　　　昭・平＿＿＿年＿＿＿月ころから昭・平＿＿＿年＿＿＿月ころまで
　　　　　毎月の支払総額　＿＿＿＿万＿＿＿＿円
　　　　支払の内訳（できるだけ具体的に記入してください。）

　　　　□　その他（　　　　　　　　　　　　　　　　　　　　　　）

事　例　　Cモデル

(2) 支払督促，訴訟，差押，仮差押等　　　　　　　　　　　□ある　☑ない

裁判所名	事件番号	相手方
	平成　　年（　）第　　　号	
	平成　　年（　）第　　　号	
	平成　　年（　）第　　　号	

(3) 給与の（仮）差押　　　　　　　　　　　　　　　　　　□ある　☑ない

　　　給与の（仮）差押を受けているのは，上記(2)のうち，＿＿＿＿＿＿番（債権者一覧表の番号を記載）で，月＿＿＿＿＿＿＿円の差押を受けている。

(4) 不動産の競売手続　　　　　　　　　　　　　　　　　　□ある　☑ない

　　　不動産の競売手続をされているのは，上記(2)のうち，＿＿＿＿＿＿番（債権者一覧表の番号を記載）で，競売開始決定は＿＿年＿＿月＿＿日に行われました。

　　　　　競売をされているのは，□自宅，□その他　です。

(5) 住宅ローンについて保証会社の代位弁済　　　　　　　　□ある　☑ない

　　　代位弁済は，（　　　　　　　）が，＿＿年＿＿月＿＿日に行いました。

第4　過去の免責等に関する状況

1　過去に破産免責手続を利用して免責の決定を受けたこと
　　□ある　☑ない
　　　　▶（　　　）地方裁判所（　　　）支部
　　　　　　昭・平＿＿＿＿年（フ）第＿＿＿＿＿号・昭・平＿＿＿＿年（モ）第＿＿＿＿＿号
　　　　　　免責決定の確定日　昭・平＿＿＿＿年＿＿＿＿月＿＿＿＿日
　　　　▶□上記事件番号・免責確定日については不明

2　過去に再生手続を利用したこと
　　□ある　☑ない
　　　　▶□再生計画に定められた弁済を終了した。
　　　　　　（　　　）地方裁判所（　　　）支部平＿＿＿＿年（再　　）第＿＿＿＿＿号
　　　　　　再生計画認可決定確定日　平＿＿＿＿年＿＿＿＿月＿＿＿＿日
　　　　▶□上記事件番号・確定日については不明
　　　　▶□再生計画による弁済を行っている途中で，弁済を続けることが極めて困難となり，免責の決定を受けた。
　　　　　　（　　　）地方裁判所（　　　）支部平＿＿＿＿年（再　　）第＿＿＿＿＿号
　　　　　　　　　　　　　　　　　　　　　　　　平＿＿＿＿年（モ）第＿＿＿＿＿号
　　　　　　再生計画認可決定確定日　平＿＿＿＿年＿＿＿＿月＿＿＿＿日
　　　　▶□上記事件番号・確定日については不明

第5　再生債権に対する計画弁済総額及び弁済期間に関する具体的予定並びにその履行可能性

1　再生債権に対する計画弁済総額　（＿＿＿＿181万）円
2　弁済期間　　☑3年間
　　　　　　　□特別の事情があるので，（＿＿＿＿）年間
3　1か月当たりの弁済額　　　　　（＿＿＿＿5万0,277）円

事例　Cモデル

4　弁済原資の積立額
　☑現在ある　　　　　　　　　　　　　　　（　　　　　5万）円
　　今後再生計画認可確定時までの積立予定月額（　　　　5万）円
　□現在ない
　　今後再生計画認可確定時までの積立予定月額（　　　　　　　）円
5　履行可能性（家計収支表，事業収支実績表の収支状況等に照らして弁済原資とすることができる金額及び住宅資金特別条項を定める場合の計画弁済額や家計が同一の者の債務等の弁済額等を説明するなどして，分かりやすく記載する。）

　　　月平均79万円の売り上げがあり，リース代を含む経費を差し引いても約39万円の利益があるので，現在の家計収支表のとおり支出を維持すれば，これまで返済に回していた約15万円の余裕があり，月約5万円は充分に支払っていけるし，自宅を失い賃貸アパートに移って約8万円の家賃を支払うことになったとしても履行は可能である。
　　　仮に，弁済協定，別除権行使が予定どおりになされないで計画弁済総額が300万円になった場合には，1か月当たり8万3,333円を弁済することは困難であるが，弁済期を5年間にすれば，1か月当たりの弁済額は5万円となり，前述のとおり充分履行は可能である。

		金額（円）
①	今後の平均収入の合計見込月額	39万
②	今後の平均支出の合計見込月額	27万
③	今後の弁済原資合計見込月額（①－②）	12万

6　5,000万円要件及び最低弁済額

		金額（円）
①	負債総額	1,850万
②	①のうち住宅資金貸付債権額	
③	②のうち別除権行使による回収見込額	
④	①のうち別除権行使による回収見込額（③を除く）	50万
⑤	うち開始前の罰金等の額	

（5,000万円要件）		
⑥　5,000万円≧①－②－④－⑤		円
3,000万円以下の場合	→	A　へ
3,000万円を超える場合	→	B　へ

Aの場合	
（最低弁済額）	
住宅資金貸付債権がある場合	
住宅資金特別条項を定める場合	
①－②－④－⑤　　→　1／5	円
住宅資金特別条項を定めない場合	
①－③－④－⑤　　→　1／5	円
住宅資金貸付債権がない場合	
①－④－⑤　　→　1／5	300万円

【注・ 最高300万円，最低100万円，100万円以下は全額】

Bの場合	
（最低弁済額）	
⑥ × 1／10	円

7　住宅資金特別条項を定める場合
　①　住宅ローンの約定弁済合計額（元利合計額，ボーナス加算後合計額，数社ある場合は合計額）
　　　通常月　　　　（　　　　　　　　）円
　　　ボーナス月　　（　　　　　　　　）円
　②　申立時における住宅ローンの支払状況（遅滞の有無）
　　　□遅滞ない
　　　□遅滞ある　　（　　　　　　）円（　　）か月分
　　　⇒その支払い状況
　　　　＿＿＿＿＿＿＿＿＿＿＿＿＿＿＿＿＿＿＿＿＿＿＿＿＿
　　　　＿＿＿＿＿＿＿＿＿＿＿＿＿＿＿＿＿＿＿＿＿＿＿＿＿
　　　　＿＿＿＿＿＿＿＿＿＿＿＿＿＿＿＿＿＿＿＿＿＿＿＿＿
　　　　＿＿＿＿＿＿＿＿＿＿＿＿＿＿＿＿＿＿＿＿＿＿＿＿＿
　　　　＿＿＿＿＿＿＿＿＿＿＿＿＿＿＿＿＿＿＿＿＿＿＿＿＿

　③　住宅ローン債権者との事前協議の経過
　　　　＿＿＿＿＿＿＿＿＿＿＿＿＿＿＿＿＿＿＿＿＿＿＿＿＿
　　　　＿＿＿＿＿＿＿＿＿＿＿＿＿＿＿＿＿＿＿＿＿＿＿＿＿
　　　　＿＿＿＿＿＿＿＿＿＿＿＿＿＿＿＿＿＿＿＿＿＿＿＿＿
　　　　＿＿＿＿＿＿＿＿＿＿＿＿＿＿＿＿＿＿＿＿＿＿＿＿＿

　④　予定している住宅資金特別条項の内容
　　　□期限の利益回復型・約定型（199条1項）
　　　□リスケジュール型（199条2項）
　　　□元本猶予期間併用型（199条3項）
　　　□同意型（199条4項）
　　　　＿＿＿＿＿＿＿＿＿＿＿＿＿＿＿＿＿＿＿＿＿＿＿＿＿
　　　　＿＿＿＿＿＿＿＿＿＿＿＿＿＿＿＿＿＿＿＿＿＿＿＿＿

【書式㉘　債権者一覧表】

大阪地方裁判所　　　　平成☆年（再
　　再生債務者（　　　　摂　津　三

債権現在額合計額（①）		),000円	①-②-③=	18,000,000円

債権番号	債権者の氏名（会社名） 契約時と現在とで債権者の氏名・商号が変更されている場合には，（　）内に旧氏名・商号記載をしてください。	内　　　容 当初の契約年月日等	債務名義	住特条項	異議留保
1	○○信用金庫　天六支店 （旧商号△△信用金庫）				○
2	○○信用保証協会	の保証将来の求償権			
3	○○電機クレジット株式会社	リース料債権			○
4	ローンズ○○こと○○○○				○
5	株式会社○○○ローン				
6	○○商事株式会社				
7	有限会社○○○				
8	△△△株式会社				
9	○○○クレジット株式会社				
10	○○ファイナンス株式会社				
11	○○○カード株式会社				
12	○○○○こと□□□□				

この欄は住宅資金特別条項を定める債権につい

別除権付債権	債権番号	別除権の行使により弁済が見込まれる額（円）	担保不
	2	0（注1）	
	3	500,000	

その債権について債務名義がある場合には，この欄に○を記載する。

その債権について住宅資金特別条項を定める予定がある場合には，この欄に○を記載する。

その債権の額及び担保不足見込額について異議を述べることがある場合はこの欄に○を記載する。

注1　債権番号1の債権の代位弁済前であるのでる。

事例　Ｃモデル

大阪地方裁判所　　　　平成☆年（再イ）第　○○○　号　　　　**債　権　者　一　覧　表** ver3.0 (No.1)　　　　【書式㉘　債権者一覧表】

再生債務者（　摂　津　三　郎　）

| 債権現在額合計額（①） | 18,500,000 円 | 住宅資金貸付債権合計額（②） | 円 | 別除権の行使により弁済が見込まれる額の合計額（③） | 500,000円 | ①－②－③＝ | 18,000,000円 |

債権番号	債権者の氏名（会社名） 契約時と現在とで債権者の氏名・商号が変更されている場合には、（　）内に旧氏名・商号記載をしてください。	住　所 （ＴＥＬ　・　ＦＡＸ）	債権現在額（円）	原因	内　　容 当初の契約年月日等	債務名義	住特条項	異議留保
1	○○信用金庫　天六支店 （旧商号△△信用金庫）	〒○○○-○○○○ 大阪市北区○○　ＴＥＬ○○-○○○○-○○○○　ＦＡＸ○○-○○○○-○○○○	10,000,000	1	Ｈ☆・　3・			○
2	○○信用保証協会	〒○○○-○○○○ 大阪市北区○○　ＴＥＬ○○-○○○○-○○○○　ＦＡＸ○○-○○○○-○○○○	0	4	Ｈ☆・　3・1の保証将来の求償権			
3	○○電機クレジット株式会社	〒○○○-○○○○ 大阪市中央区○○　ＴＥＬ○○-○○○○-○○○○　ＦＡＸ○○-○○○○-○○○○	1,500,000	4	Ｈ☆・　11・リース料債権			○
4	ローンズ○○こと○○○○	〒○○○-○○○○ 大阪市北区○○　ＴＥＬ○○-○○○○-○○○○　ＦＡＸ○○-○○○○-○○○○	250,000	1	Ｈ☆・　7・			○
5	株式会社○○○ローン	〒○○○-○○○○ 大阪市中央区○○　ＴＥＬ○○-○○○○-○○○○　ＦＡＸ○○-○○○○-○○○○	1,100,000	1	Ｈ☆・　2・			
6	○○商事株式会社	〒○○○-○○○○ 大阪市高槻市○○　ＴＥＬ○○-○○○○-○○○○　ＦＡＸ○○-○○○○-○○○○	1,400,000	1	Ｈ☆・　1・			
7	有限会社○○○	〒○○○-○○○○ 京都市上京区○○　ＴＥＬ○○-○○○○-○○○○　ＦＡＸ○○-○○○○-○○○○	900,000	1	Ｈ☆・　5・			
8	△△△株式会社	〒○○○-○○○○ 大阪市北区○○　ＴＥＬ○○-○○○○-○○○○　ＦＡＸ○○-○○○○-○○○○	550,000	1	Ｈ☆・　8・			
9	○○○クレジット株式会社	〒○○○-○○○○ 大阪市中央区○○　ＴＥＬ○○-○○○○-○○○○　ＦＡＸ○○-○○○○-○○○○	1,200,000	1	Ｈ☆・　7・			
10	○○ファイナンス株式会社	〒○○○-○○○○ 大阪市北区○○　ＴＥＬ○○-○○○○-○○○○　ＦＡＸ○○-○○○○-○○○○	650,000	1	Ｈ☆・　3・			
11	○○○カード株式会社	〒○○○-○○○○ 大阪市中央区○○　ＴＥＬ○○-○○○○-○○○○　ＦＡＸ○○-○○○○-○○○○	500,000	1	Ｈ☆・　12・			
12	○○○○こと□□□□	〒○○○-○○○○ 大阪府茨木市○○　ＴＥＬ○○-○○○○-○○○○　ＦＡＸ○○-○○○○-○○○○	450,000	1	Ｈ☆・　2・			

この欄は住宅資金特別条項を定める債権については記載する必要はない。　　　　　　　　　　　　　　　小計（　　18,500,000円　　）

別除権付債権	債権番号	別除権の行使により弁済が見込まれる額（円）	担保不足見込額（円）	別除権の目的である財産
	2	0（注1）	0（注1）	大阪市○区△△△○丁目○番○号の土地・建物
	3	500,000	1,000,000	平成☆年式○○社製業務用冷蔵庫

「原因」欄には、債権の原因について、次の中から該当する番号を記載し、その債権が住宅資金貸付債権に該当する場合には、その番号を○で囲む。
1借入　2物の購入（クレジット契約などによる立替払いを含む。）
3保証　4その他（保証委託に基づく求償債権を含む。）

「当初の契約年月日等」の欄には、当初の契約年月日を記載し、原因が3（保証）の場合には、誰の保証かを記載し、原因が4（その他）の場合には、その具体的内容を記載する。

その債権について債務名義がある場合には、この欄に○を記載する。

その債権について住宅資金特別条項を定める予定がある場合には、この欄に○を記載する。

その債権の額及び担保不足見込額について異議を述べることがある場合はこの欄に○を記載する。

注1　債権番号1の債権の代位弁済前であるので0円となっている。代位弁済がなされた場合には、別除権の行使により弁済が見込まれる額は800万円、担保不足見込額は200万円となる予定である。

財産目録 ver3.0（個人再生事件用）

【書式㉙ 財産目録（小規模個人再生用）】

- ★各項目の必要資料については，添付書類一覧表【書式④】に従って，その写しを添付する。
- ★現金については，20万円以上ある場合に全額記載する。

1 現金 金額 0 円 → 手持現金から99万円を控除した残額を記載する。→ 0 円 1

- ★預貯金の口座は，残高が少額でも必ず全部記載する。口座の種類欄には，普通，定期，当座，総合等の種類を記載し，払戻見込額欄には，金融機関からの借入がある場合の相殺を考慮し，払い戻されるであろう金額を記入する。【書式④5(1)】

2 預貯金（銀行以外の金融機関に対するものを含む）

金融機関	支店名	口座の種類	口座番号	一括記帳の有無	記帳日	残高（円）	払戻見込額（円）
○○信用金庫	△△支店	普通	○○○○	□有 ☑無	4月17日	101,651	101,651
〃	〃	定期	○○○○	□有 ☑無	4月21日	500,000	0
○○銀行	□□支店	普通	○○○○	□有 ☑無	4月22日	1,015	1,015
○○郵便局		通常	○○-○○○○	□有 ☑無	4月16日	1,200	1,200
				□有 □無	月 日		
				□有 □無	月 日		
				□有 □無	月 日		

★各項目の合計金額が，相殺や控除等の処理によりマイナスになる場合には0と記載する。
★記載欄が足らず，左下の欄や別紙に記載した場合にはそれも合算する。

払戻見込額を合計する。 → 103,866 円 2

- ★解約返戻金がない場合でも，必ず全部記載する。
- ★申立人以外の者が被保険者となっていても，申立人が契約者の場合には記載する。
- ★源泉徴収票，確定申告書，給与明細書，家計収支表【書式⑧】，通帳等に保険の存在をうかがわせる記載がある場合は，忘れずに記載する。
- ★「解約返戻金」の欄には，貸付金等を控除した金額を記載する。【書式④5(2)】

3 保険（生命保険，火災保険，車両保険など）

保険会社	証券番号	契約日	月額保険料（円）	解約返戻金額（円）
△△生命	○○○○-○○○○	H☆年 4月 1日	7,000	200,000
□□□損保	○○○○-○○○○	H☆年 4月 1日	3,000	0
××火災	○○○-○○○○	H☆年 4月 1日		0
		年 月 日		
		年 月 日		
		年 月 日		

解約返戻金額を合計する。 → 200,000 円 3

- ★給与明細に財形貯蓄の計上がある人は，必ず記載する。【書式④5(6)】

4 積立金等（社内積立，財形貯蓄など）

種類	開始時期	積立総額（円）
	年 月ころ	
	年 月ころ	

積立金等を担保にする貸付金がある場合には，それを控除した残額を合計する。 → 0 円 4

- ★自宅，作業場，駐車場として申立人本人名義で賃借している土地・建物に関する差入保証金について記載する。【書式④5(7)】

5 賃貸保証金・敷金

賃貸物件	契約の始期	差入金額（円）	契約上の返戻金（円）	滞納額（円）
店舗	H☆年 4月ころ	150万	100万	0
	年 月ころ			

契約上の返戻金額から60万円を控除し，さらに滞納額を控除した残額を合計する。 → 400,000 円 5

- ★親族，友人・知人などに対する貸金で，契約書等の書面を作成していないものでも，およその金額を記載して，回収の見込みについても記載する。【書式④5(8)】

6 貸付金・売掛金等

債務者名	債権金額（円）	時期	回収見込み	回収できない理由	回収見込額（円）
		年 月ころ	□有 □無		
		年 月ころ	□有 □無		
		年 月ころ	□有 □無		

回収見込額を合計する。 → 0 円 6

- ★実質的に所有している不動産は，登記名義のいかんを問わず，記載する。特に，親族の死亡にともない不動産を相続している場合には，被相続人の登記名義のままの相続財産でも，必ず記載する。【書式④5(4)】
- ★「家計収支表【書式⑧】・事業収支実績表【書式㉛】」で，駐車場代，ガソリン代の支出のある人は，忘れずに記載する。【書式④5(5)】

7 退職金 □有 ☑無　退職金の見込額 0 円 → 退職金見込額の1/8の金額を記載する。→ 0 円 7

8 不動産（土地・建物・借地権付建物）

種類	所在地 / 地番又は家屋番号	時価 / 登記された担保権の被担保債権残額
☑土地 ☑建物 □借地権付建物	大阪市○区△△△○丁目○番○号の土地・建物	800万円 / 1,000万円

時価から時価の5%の金額を控除し，そこから被担保債権残額を控除した金額を記載する。 → 0 円 8

- ★申立時において，10万円以上の価値のあるものを記載する。【書式④5(9)】

9 自動車

車名	年式	登録番号	時価（円）
○○○	H☆	なにわ○○も○○○○	500,000

所有権が留保されている動産については，時価からローンの残額を控除したものを合計する。 → 500,000 円 9

- ★欄が足りない場合にはここに記載するか，別紙に記載し直後に添付する。
  （　　　　　　）について

10 その他の動産（貴金属，着物，パソコン等）

品名	時価（円）

→ 0 円 10

11 その他（株券，会員権など，1～10以外の財産）

財産の内容	時価（円）

→ 0 円 11

総合計 1,203,866 円

事例　Cモデル

【書式㉚　家計収支表】

家計収支表（個人再生用）ver3.0

		申立前2か月分→	平成☆年2月分	平成☆年3月分
収入	給与（申立人）			
	給与（配偶者）			
	給与（　　　　　　　　　）			
	自営収入（申立人）		383,000円	390,000円
	自営収入（配偶者）			
	自営収入（　　　　　　　　　）			
	年金（申立人）			
	年金（配偶者）			
	年金（　　　　　　　　　）			
	雇用保険（申立人）			
	雇用保険（配偶者）			
	雇用保険（　　　　　　　　　）			
	生活保護（　　　　　　　　　）			
	児童（扶養）手当			
	親類からの援助（　　　　　　から）			
	その他（長男から　　　　　　）		30,000円	30,000円
	その他（　　　　　　　　　）			
	その他（　　　　　　　　　）			
		収入合計	413,000円	420,000円
		前月からの繰越	0円	4,720円
支出	住居費（家賃，地代等）			
	住宅ローン（管理費等を含む）			
	駐車場代（車の名義　　　　　　）			
	食費		98,000円	102,000円
	嗜好品代		12,000円	18,000円
	外食費		13,000円	15,250円
	電気代		10,500円	11,800円
	ガス代		8,000円	8,300円
	水道代		5,800円	6,100円
	電話料金（携帯電話を含む）		7,700円	7,800円
	新聞代		3,980円	3,980円
	国民健康保険料（国民年金）			
	保険料（任意保険） （保険の契約者　　摂津　三郎　　）		25,200円	25,200円
	ガソリン代（車の名義　摂津　三郎　）		5,600円	5,670円
	日用品費		5,000円	5,000円
	医療費		6,500円	3,900円
	被服費		7,000円	6,000円
	教育費（　　高　校　学　費　　）		20,000円	20,000円
	交際費（　　長女の小遣い　　）		15,000円	15,000円
	娯楽費（　　　　　　　　　）		15,000円	16,000円
	その他（　　　返　済　　　）		150,000円	
	その他（　　計画弁済積立て　　）			50,000円
		支出合計	408,280円	320,000円
		翌月への繰越	4,720円	104,720円

事 例　Cモデル

【書式㉛　事業収支実績表】

事 業 収 支 実 績 表 ver3.0

年	平成☆年			平成☆年			月平均額
月	10月	11月	12月	1月	2月	3月	
収入（合計額）	79万	77万	82万	79万	80万	77万	79万
現金売上額							
売掛金回収額							
受取手形取立額							
商業手形取立額							
その他の収入〔　　〕							
〔　　〕							
〔　　〕							
〔　　〕							
〔　　〕							
〔　　〕							
支出（合計額）	40万	38.8万	41.5万	40万	41.7万	38万	40万
現金仕入額	13.5万	12.5万	14.5万	13.5万	14.2万	12万	
買掛金支払額							
支払手形決済額							
人件費額							
その他の経費〔店舗家賃〕	15万	15万	15万	15万	15万	15万	
〔リース代〕	2.5万	2.5万	2.5万	2.5万	2.5万	2.5万	
〔電気代〕	1.5万	1.4万	1.7万	1.5万	1.6万	1.4万	
〔ガス代〕	3万	2.9万	3.6万	3万	3.3万	2.8万	
〔水道代〕	1万	0.9万	1.1万	1万	1.4万	0.9万	
〔ガソリン代〕	1万	1.1万	0.6万	1万	1.4万	0.9万	
〔　　〕							
支払手数料額							
その他〔税金・保険〕	2.5万	2.5万	2.5万	2.5万	2.5万	2.5万	
〔　　〕							
〔　　〕							
差引過不足	39万	38.2万	40.5万	39万	38.3万	39万	39万
前月繰越	0						
翌月繰越	0						

★　申立前6か月分の事業収支状況について，事業の実体を記録した帳簿等から，月ごとの売上額等の収入額，仕入額，経費等の支出額，その月の事業利益額を整理して記載し，提出してください。

★　支出のその他の経費については，電気代，ガス代，水道代，電話代，保険料，ガソリン代等，その具体的内容を〔　　〕内に記載した上で金額を記載し，それに含まれないその他の支出についてはその他欄の〔　　〕内に具体的内容を記載した上で金額を記載してください。

★　人件費欄には本人に対する報酬等は計上しないでください。

【書式㉜ 事業に関する報告書】
平成☆年4月28日

事業に関する報告書

大阪地方裁判所 ☑第6民事部
　　　　　　　□　　　　支部 御中

申立人（代理人）　弁護士　勤勉一郎　㊞

1　事業名称　　　　　　　　　　　　　　　　　　【☑有　□無】
　　その店名・屋号　　　蛸よし
2　事業所所在地（□自宅兼店舗である。）
　　大阪市〇区□□〇丁目〇番〇〇号
3　事業用賃借物件（営業所，店舗，倉庫）の有無　【☑有　□無】
　　その物件での賃料の滞納の有無　　　　　　　　【□有　☑無】
　　　その滞納賃料　　　　　　　　か月分　合計　　　　　　円
4　具体的な事業の内容
　　たこ焼き店自営
5　過去3年間の年度別の営業状況

年度（平成）	売上（年間・円）	経費（年間・円）	従業員数（人）
☆	948万	480万	0
☆	960万	482万	0
☆	985万	495万	0

6　事業用の資産（□事業用設備・機械，□什器備品，□車両，□在庫，□その他）
　　の有無　　　　　　　　　　　　　　　　　　　【□有　☑無】
　　その評価額　　　　　　　　　　　　合計　　　　　　　　0円
7　弁済協定締結予定の有無　　　　　　　　　　　【☑有　□無】
　　①　リース物件等の品名　（　業務用冷蔵庫　）
　　　　　　　　　　　　　　（　　　　　　　　）
　　②　相手方（債権者名）　　〇〇電機クレジット㈱
　　③　リース代月額及び残期間　月額2.5万円　残期間5年間
　　④　弁済協定締結の必要性（事業継続に欠くことのできないという具体的理由）
　　　　野菜，タコ等大量に仕入れた材料の保管のために，業務用冷蔵庫の使用は，
　　　　事業継続のために必要不可欠である。
8　従業員の有無　　　　　　　　　　　　　　　　【□有　☑無】
　　その従業員に対する未払賃金の有無　　　　　　【□有　☑無】
　　　その未払賃金の合計額・未払の期間
9　公租公課（税金や社会保険料）の滞納の有無　　【□有　☑無】
　　その滞納額　　　　　　　　　　　　合計　　　　　　　　円
10　売掛金等（事業により生じ，現在までに回収していない債権）の有無
　　　　　　　　　　　　　　　　　　　　　　　　【□有　☑無】

相手の名前	金　額(円)	時　期	回収見込み	回収できない理由
		年　月	□有　□無	
		年　月	□有　□無	
		年　月	□有　□無	

11　負債総額－住宅貸付債権額－保証債務額＞3,000万円　【□超　☑以下】

ver.3.0

【書式㉝　開始決定書】

平成☆年（再イ）第○○○号　小規模個人再生事件

決　　　　定

大阪市○区△△△○丁目○番○号
　　　　申　　立　　人　　摂　津　三　郎
　　　　申立人代理人弁護士　勤　勉　一　郎

主　　　　文

1　申立人摂津三郎について小規模個人再生による再生手続を開始する。
2(1)　再生債権の届出をすべき期間
　　　　平成☆年6月3日まで
 (2)　届出のあった再生債権に対する一般異議申述期間
　　　　平成☆年6月6日から平成☆年6月20日まで
 (3)　再生計画案の提出期間の終期
　　　　平成☆年6月27日まで

理　　　　由

　疎明及び債権者一覧表等の一件記録によれば，申立人は，再生手続開始の申立てに加えて，小規模個人再生を行うことを求める旨の申述をしているが，申立人には，破産の原因となる事実の生ずるおそれがあることが認められ，かつ，民事再生法25条各号に該当する事由及び同法221条7項により申立てを棄却すべき事由はないことが認められる。
　よって，主文のとおり決定する。

　　　　　平成☆年5月6日午後5時
　　　　　大阪地方裁判所第6民事部
　　　　　　裁　判　官　　西天満　六　郎　㊞

【書式㉞　開始決定についての債権者宛通知書】

平成☆年(再イ)第○○○号

再生債権者　各位

平成☆年5月6日

大阪地方裁判所第6民事部

裁判所書記官　懸　命　一　所　㊞

通　知　書

　頭書事件について，再生手続開始の決定があったので下記の事項を通知します。なお，再生債務者提出の債権者一覧表は別添のとおりです。

記

再生債務者の表示（申立日　平成☆年4月28日）

　　　氏　名　　　摂　津　三　郎
　　　　　　　　　せっ　つ　さぶ　ろう
　　　生年月日　　昭和☆年6月28日
　　　住　所　　　大阪市○区△△△○丁目○番○号

1　決定の日時　　平成☆年5月6日午後5時00分
2　決定の主文　　再生債務者について小規模個人再生による再生手続を開始する。
　　(1)　再生債権の届出をすべき期間　　平成☆年6月3日まで
　　(2)　一般異議申述期間　　　　　　　平成☆年6月6日から
　　　　　　　　　　　　　　　　　　　 平成☆年6月20日まで
　　(3)　再生計画案の提出期間の終期　　平成☆年6月27日まで

【債権届出の状況，再生債務者の財産状況の開示について】

　民事再生規則で再生債務者による備置きが定められている債権届出の状況，再生債務者の財産状況に関する書面は，裁判所で事件記録が閲覧できるほか，下記の場所にも備え置かれています。

　　　大阪市北区西天満○丁目○番○号△△ビル3F
　　　再生債務者代理人　弁護士　勤勉一郎
　　　電話　06－○○○○－○○○○　　FAX　06－○○○○－○○○○

＊　なお，同封した債権者一覧表に住宅資金特別条項を定めた再生計画案を提出する意思がある旨の記載がされている場合には，住宅資金貸付債権者は，当該住宅資金貸付債権につき債権届出をする必要がありません。

【書式㉟　異議書】

平成☆年（再イ）第〇〇〇号　小規模個人再生事件

異　議　書

大阪地方裁判所第6民事部　御中

　　　　　　平成☆年6月6日
　　　　　　　再 生 債 務 者　　　摂　津　三　郎
　　　　　　　同代理人弁護士　　　勤　勉　一　郎　㊞

　頭書事件について，再生債務者は，届出のあった再生債権について下記のとおり異議を述べます。

1　相手方
　　再生債権者番号4　ローンズ〇〇こと〇〇〇〇

2　異議を述べる事項
　　相手方が平成☆年〇月〇日付け債権届出書により御庁に届出をした再生債権のうち5万円を超える額について異議がある。

3　異議の理由
　　再生債務者は，相手方に対して，上記再生債権届出書記載の再生債権に対する弁済のため，平成☆年〇〇月〇〇日までに合計〇〇〇万0,000円を相手方に支払った。この弁済を利息制限法による制限利率に引き直して計算すると，その残額は，5万円以下となる。

　（注）　債務者が届出債権に対して異議申述をする場合，異議申述期間内に裁判所に対して，異議書（正本）とその副本を提出する（規則121条）。その際，債権者1人につき，郵券80円と当該債権者への宛名のステッカーを併せて提出してください。なお，異議申述ができるのは，債権者一覧表に異議を留保する旨の記載をした場合又は債権者一覧表に記載した額を上回る額の債権の届出があった場合である。

【書式㊱　異議通知書】

事件番号：平成☆年（再イ）第〇〇〇号

再生債権者　殿

平成☆年6月6日
大阪地方裁判所第6民事部
裁判所書記官　　懸　命　一　所

異　議　通　知　書

　頭書事件について，届出のあった再生債権について，別紙異議書記載のとおり異議が述べられましたので，通知します。

※　注意
1　異議の述べられた再生債権については，再生計画に従った弁済を受けることができません。
2　再生計画に従った弁済を受けるためには，異議の述べられた再生債権が調査された異議申述期間の末日から3週間以内に，当裁判所に対し，異議を述べた者を相手方として再生債権の評価の申立てをしなければなりません。ただし，異議の述べられた再生債権について執行力ある債務名義又は終局判決がある場合には，異議を述べた者が再生債権の評価の申立てをすることになります（民事再生法227条1項）。
3　再生債権の評価の申立てに当たっては，手続の費用として金5万円を裁判所に予納する必要があり（同条3項），この費用が予納されない場合には，申立てが却下されることになります（同条4項）。

【書式㊲　異議一部撤回書】

平成☆年（再イ）第〇〇〇号　小規模個人再生事件

異 議 一 部 撤 回 書

大阪地方裁判所第6民事部　御中

　　　　　　　　　　　　　　　平成☆年6月24日
　　　　　　　　　　　　　　　　再生債務者　　摂　津　三　郎
　　　　　　　　　　　　　　　　同代理人弁護士　勤　勉　一　郎　㊞

　頭書事件について，再生債務者は，平成☆年6月6日付で下記再生債権者の届出債権について述べた異議を一部撤回する。

記

　　再生債権者番号　　　　4
　　再生債権者名　　　　　ローンズ〇〇こと〇　〇　〇
　　住　　　　所　　　　　大阪市〇区〇〇町×丁目×番×号
　　異議撤回後の金額　　　300,000円

（注）　異議を申述した者（再生債務者又は届出再生債権者）が，異議の（一部）撤回をする場合，この書面を裁判所に提出するとともに異議を撤回する再生債権者に対し，その旨を通知しなければならない（規則122条）。

【書式㊳ 再生計画案】

大阪地方裁判所　　　　　　平成☆年（再イ）第　○○○　号（Cモデル計画案）

再 生 計 画 案 （平成☆年6月27日）

再　生　債　務　者　　　摂　津　三　郎

再生債務者代理人弁護士　　　勤　勉　一　郎　㊞
（電話　06　－　○○○○　－　○○○○　）

1　再生債権に対する権利変更として，次の額について免除を受ける。免除額に1円未満の端数が生じたときは，切り捨てる。
　(1)　元本及び再生手続開始決定日の前日までの利息・損害金の［　80　］パーセント相当額
　(2)　再生手続開始決定日以降の利息・損害金の［　100　］パーセント相当額

2　上記1による権利変更後の再生債権について，再生計画認可決定確定日の属する月の翌月以降，下記の□に印を付した項に記載した方法により分割弁済をする。ただし，これより算出される［　100　］円未満の端数は［**切り上げ**］，[**最終回**］で調整する。
　☑　3か月ごとに支払う方法
　　　上記確定日の属する月の［　**翌**　］月を第1回目として以後3か月ごとに合計［　12　］回，各月の［　28　］日限り，各［12分の1］の割合による金額を支払う（通算期間　　3年　　0か月間）。
　□　毎月支払う方法
　　　［　　］年［　　］か月間，毎月［　　　］日限り，各［　　　］の割合による金額を支払う（合計　　　回）。
　□　ボーナス時に支払う方法
　　　［　　］年［　　］月間，毎年［　　　］月及び［　　　］月の［　　　］日限り，各［　　　］の割合による金額を支払う（合計　　　回）。

□　その他の方法

　　　再生計画による弁済総額が［　　　］円以下の再生債権者に対しては，上記確定日の属する月の翌月の［　　　］日限り，［　　　］の割合による金額を支払う（合計＿＿＿回）。

3　共益債権及び一般優先債権は，随時支払う。
　　（上記債権［特に公租公課等］で未払分がある場合には，下記にその種目，金額を記載する。）
　　　○○電機クレジット株式会社のリース料債権については，平成☆年12月8日締結の弁済協定により，平成☆年1月から同☆年12月まで，毎月末日限り，1万円ずつ，合計24万円を支払う。

4　再生債権額が確定していない再生債権に対する措置
　(1)　再生債権者○○信用保証協会の再生債権について，別除権が行使されていない。
　(2)　別除権の行使によって弁済を受けることができない債権の部分（以下，「不足額」という。）が確定したときは，前記［1，2］の定めを適用する。
　(3)　再生債権者○○信用保証協会から不足額が確定した旨の通知を受けた日に，既に弁済期が到来している分割金については，当該通知を受けた日から2週間以内に支払う。

以　　上

事例　Cモデル

【書式㊴　再生計画による弁済計画表】

再生計画による弁済計画表

Cモデル

大阪地方裁判所　平成☆年(再イ)第○○○○号

再生債務者の氏名　摂津　三郎

1　再生計画による弁済率　[　20　]パーセント
2　弁済期間・弁済方法は、再生計画案記載のとおり
3　弁済金の支払方法

振込送金（振込先口座は再生債権者が指定。振込手数料は再生債務者が負担）

照会先	
弁護士　勤勉　一郎	照会先電話番号・ファックス番号 電話　06-○○○○-○○○○ ＦＡＸ　06-○○○○-○○○○

＊　この弁済計画表に関する問い合わせは、上記照会先に直接連絡をしてください。

債権者番号	届出のあった 再生債権者名	不足	協定	確定債権額：円	再生計画による 弁済総額：円	各回の弁済額：円	
						毎月（回）の額	最終回の額
2	○○信用保証協会	○		2,000,000	400,000	0	0
3	○○電機クレジット㈱		○	0	0		
4	ローンズ○○こと○○○○			300,000	60,000	5,000	5,000
5	㈱○○○ローン			1,100,000	220,000	18,400	17,600
6	○○商事㈱			1,400,000	280,000	23,400	22,600
7	有限会社○○○			900,000	180,000	15,000	15,000
8	△△△㈱			550,000	110,000	9,200	8,800
9	○○○クレジット㈱			1,200,000	240,000	20,000	20,000
10	○○ファイナンス㈱			650,000	130,000	10,900	10,100
11	○○○カード㈱			500,000	100,000	8,400	7,600
12	○○○○こと□□□□			450,000	90,000	7,500	7,500
	合　計			9,050,000	1,810,000	117,800	114,200

(注意)
1　「確定債権額」欄には確定した元本及び開始決定日の前日までの利息・損害金の合計額を記載する。
2　「再生計画による弁済総額」欄の各金額は、再生計画により算出される弁済額について1円未満の端数が生じたときは、切り上げた金額を記載する。
3　この弁済計画表は、再生計画案で「住宅資金特別条項」を定めた場合には、同条項による弁済以外のものである。
4　「不足」欄に○印がある場合、「確定債権額」の金額は「担保不足見込額」であることを表し、「再生計画による弁済総額」の金額も見込みであるため、確定した不足額によっては変動することがある。
5　「協定」欄に○印があるものは、「弁済協定」を締結したことを表し、その協定によって支払う場合である。

【書式㊵　再生計画案を決議に付する旨の決定書】

平成☆年（再イ）第〇〇〇号　小規模個人再生事件

決　　　　定

大阪市〇区△△△〇丁目〇番〇号
　　再生債務者　　摂　津　三　郎

主　　　　文

1　本件再生計画案を書面による決議に付する。
2　民事再生法230条4項に規定する期間を
　　　平成☆年8月13日
　までとする。

　　　　　　　　　　平成☆年7月16日
　　　　　　　　　　大阪地方裁判所第6民事部
　　　　　　　　　　　　裁判官　　西　天　満　六　郎　㊞

事例　Cモデル

【書式㊶　再生計画案の決議についての債権者宛通知書】

平成☆年（再イ）第○○○号

再生債権者各位

平成☆年7月16日
大阪地方裁判所第6民事部
裁判所書記官　懸　命　一　所

通知書（再生計画案の書面決議について）

　頭書事件について，再生債務者から別添のとおり再生計画案が提出され，書面決議に付する旨の決定がされました。この再生計画案に同意されない再生債権者は，その旨を記載した書面を
平成☆年8月13日まで（必着）に提出してください。
　なお，この再生計画案に同意される再生債権者は，書面を提出する必要はありません。

　　不同意の書面提出先
　　　〒530－8522
　　　大阪市北区西天満2丁目1番10号
　　　　大阪地方裁判所第6民事部
　　　　＊　書面には，必ず事件番号，住所，氏名を明記してください。

　　再生計画案の内容については，
　　　再生債務者代理人　弁護士　勤　勉　一　郎
　　　電話　06－○○○○－○○○○　　ＦＡＸ　06－○○○○－○○○○
　　　にお問い合わせください。

＊　同封の「再生計画による弁済計画表」は，別添の再生計画案の認可決定が確定した場合に，実際にどのような返済を行う予定であるかについて，参考のために再生債務者が作成したものです。

【書式㊷　再生計画認可決定書】

平成☆年（再イ）第〇〇〇号　小規模個人再生事件

決　　　定

大阪市〇区△△△〇丁目〇番〇号
　　再生債務者　　摂　津　三　郎

主　　　文
本件再生計画を認可する。

理　　　由
　可決された本件再生計画には，民事再生法174条2項及び231条2項に該当する事由はない。

平成☆年8月18日
　　大阪地方裁判所第6民事部
　　　　裁判官　　西　天　満　六　郎　㊞

Q & A

Q&A

Q&A 細目次

ページ

1 個人再生申立ての準備……………………………………………………185

 Q 個人再生手続を申し立てるに当たって，代理人が準備しておくべきことはどのようなことですか。

2 個人再生手続における非免責債権の扱い…………………………………189

 Q 悪意による不法行為債権等の非免責債権は，個人再生手続においてどのように扱われますか。

3 否認の対象となる弁済がある場合の取扱い………………………………191

 Q 個人再生手続を利用しようと思っていますが，否認の対象となるような弁済をしています。否認制度がない個人再生手続では，そのことは特に問題とはならないのでしょうか。

4 申立前の給与の仮差押え……………………………………………………193

 Q サラリーマンの債務者について個人再生の申立てをする予定ですが，申立前に，1人の債権者から給与の仮差押えをされてしまいました。この仮差押えがあるままでは，再生計画案を立てるのにも困るのですが，どうすればよいのでしょうか。

5 専業主婦やアルバイト，パートタイマーの個人再生の利用の可否……194

 Q 専業主婦やアルバイト，パートタイマーのように収入を得る見込みに疑義がある場合，個人再生手続を利用することができますか。

6 1人会社の代表取締役の給与所得者等再生の利用の可否………………196

 Q 債務者は株式会社の代表取締役です。その会社には，債務者以外には誰も働いていません。債務者は会社から給与を得ていて，源泉徴収もされています。この債務者は給与所得者等再生を利用できるでしょうか。

7 可処分所得額の算出方法……………………………………………………197

 Q 給与所得者等再生における可処分所得額の算出方法について教えてください。

8 可処分所得額がゼロの場合の履行可能性…………………………………199

 Q 給与所得者等再生において，計算上，可処分所得額がゼロ（ないしマイナス）になる場合には，履行可能性がないとして再生計画案は不認可となるのでしょうか。

9 同居の親族に収入がある場合の給与所得者等再生 …… 200

Q 給与所得者等再生で同居の親族に収入がある場合，次のような点はどうなるのでしょうか。
① 同居の親族（夫，妻，子等）に収入があります。その収入は可処分所得額算出の際，合算しなくていいのでしょうか。
② 同居の親族（夫，妻，子等）の収入は，履行可能性の計算上は収入に含めてよいのでしょうか。
③ 収入のある同居の親族は，可処分所得額算出の際，被扶養者として計算できるのでしょうか。
④ 債務者（妻）の収入がパートで月収8万円です。夫がサラリーマンで債務者は夫の扶養家族になっています。債務者の可処分所得額は，債務者の収入だけで計算してよいのでしょうか。そもそも，給与所得者等再生の利用が可能なのでしょうか。

10-1 不動産の財産価値(1) …… 203

Q 甲・乙が各2分の1を共有する土地建物があり，その評価額は1,200万円です。この土地建物には，A銀行の甲に対する債権残額1,000万円について共同抵当の抵当権が設定されています。乙は，甲のA銀行に対する債務について「連帯保証人兼物上保証人」です。
① 甲が個人再生の申立てを行う場合，甲所有の不動産の財産価値はいくらなのでしょうか。
② 乙が個人再生の申立てを行う場合，乙所有の不動産の財産価値はいくらなのでしょうか。
③ 甲乙が共働き夫婦であり，それぞれの収入で返済するものとして住宅ローンを組んで本件土地建物を購入し，共有持分は2分の1ずつとしたが，住宅ローンの形態は，主債務者が甲，保証人が乙としてなされたという場合の甲，乙の財産価値はいくらなのでしょうか。

10-2 不動産の財産価値(2) …… 205

Q 甲が所有する土地の上に，乙が建物を所有しています。乙は，建物建築資金1,000万円をA銀行から借入れしており，その借入れについて，甲所有の土地と乙所有の建物に共同担保の抵当権を設定しています。
土地建物の評価額は1,200万円，土地の更地価格は600万円，建物の評価額は600万円です。
① 甲乙の契約関係が借地契約である場合，この事案で，甲，あるいは乙が個人再生の申立てをした場合，甲，乙所有の物件の財産価値はいくらなのでしょうか。
② 甲乙の契約関係が使用貸借である場合，この事案で，甲，あるいは乙が個人再生の申立てをした場合，甲，乙所有の物件の財産価値はいくらなのでしょうか。

11　債権者一覧表作成上の留意点 …………………………………… 207

Q　個人再生手続における債権者一覧表について教えてください。

12　知れたる債権者を債権者一覧表に記載しない場合の取扱い ……… 212

Q　知れたる債権者を債権者一覧表に記載しないとどういうことになりますか。

13　会社からの借入金の取扱い …………………………………… 215

Q　会社から借入れをしています。毎月給料天引きで返済をし、退職時は一括返済の約定です。
① 会社からの借入れも、債権者一覧表に記載しなければなりませんか。
② 給料天引き等について
　会社に対して給料天引きでの返済を続けても構いませんか。会社が貸付けの分割金と給料を相殺することはできますか。
③ 退職金を担保に借入れしています。一般の再生債権になるのですか。別除権付債権になるのですか。それぞれ、どのような処理になりますか。
④ 退職金債権について
　(1) 引き続き会社に勤めます。
　　申立書に添付する財産目録には、どのように計上すべきですか。
　(2) 今般、会社を退職します。
　　申立書に添付する財産目録には、どのように計上すべきですか。

14　滞納家賃の取扱い …………………………………… 218

Q　滞納家賃がある場合、債権者一覧表に載せて滞納家賃をカットするとなると家主に追い出されます。家主には滞納家賃についてその後の家賃に上乗せして3回に分割して支払うことで了解してもらっていますが、これは認められますか。
　敷金を入れている場合、敷金の充当で滞納家賃をゼロにしてもらって、敷金を今後追加して少しずつ積み増しするという方法はどうですか。

15　養育費の取扱い …………………………………… 220

Q　平成☆年に妻と離婚し、妻が3歳と5歳の子供を引き取りましたが、養育費について争いとなり、平成☆年に家庭裁判所の審判で子供1人当たり2万5,000円の養育費を子供が成人するまで支払うように命じられました。当時私は会社に勤めて月収25万円を得ていたのですが、昨年リストラされ、今年になってようやく再就職したものの月収は18万円に落ちました。再就職までの間に借りたサラ金などに対する480万円の債務が支払えないので個人再生手続の申立てをしようと思います。
　今のままでは、再生手続開始までに1年間分60万円（2.5万円×2×12）が未払いになりそうです。また、審判に記載されている将来の養育費総額は540万円（2.5万円×12×10＋2.5万円×12×8）になります。
　養育費は、どの範囲で再生債権になるのですか。
　また、この養育費を今後支払っていくことは無理だと思うので、減額してほしいのですが、再生手続によって養育費の支払額を一部カットすることはできますか。

16 別除権付再生債権の取扱い……………………………………………224

Q 個人再生手続における別除権付再生債権の取扱いについて教えてください。また，自動車について所有権留保契約が締結されている場合に留意すべき事項についても，併せて教えてください。
① 別除権付債権の取扱いの概要
② 担保不足見込額の算定方法と算出上の留意点
③ 別除権付債権に関する再生計画の条項（適確条項）
④ 別除権付債権の弁済方法と留意点
⑤ 将来の求償権者が担保権を設定している場合の取扱い
⑥ 別除権目的物の受戻し
⑦ 個人再生手続上の所有権留保の扱い
⑧ 自動車の対抗要件
⑨ 債権者一覧表及び財産目録の記載方法

17 リース料債権の取扱い……………………………………………………230

Q 個人再生手続におけるリース料債権の取扱いについて教えてください。

18 個人再生委員の選任……………………………………………………232

Q 個人再生委員はどのような場合に選任されるのですか。

19 保証債務の評価…………………………………………………………234

Q 再生債務者が，保証債務（主たる債務の事前求償権）を保証しており，主たる債務者が正常に弁済を継続している場合，保証債務の評価額はどのようになりますか。

20 再生計画案作成上の留意点…………………………………………236

Q 再生計画案を作成するにあたって，留意すべき点について教えてください。

21 少額債権の定め………………………………………………………243

Q 少額債権の定めをする場合に，どのような点に留意しなければならないですか。

22 全額弁済の再生計画案………………………………………………245

Q 再生計画案においては清算価値を保障しなければなりませんが，資産を清算価値で評価しても債務と同価値かそれ以上の資産がある場合，個人再生手続開始の申立てを行うことは可能でしょうか。
　このような場合，再生計画案に債務免除条項を入れることはできないと思いますが，債務の全額を弁済するような再生計画案は認められるのでしょうか。

Q&A 細目次

23 債権者からの少額支払残額免除の申出……………………………………247
Q 個人再生手続開始決定後，あるクレジット会社が債権額の3％（5,000円）をすぐ払ってくれたら残額は放棄すると言ってきました。再生計画案の弁済は，2割の予定です。この申出に応じることはできますか。
また，開始決定前に債権者からこのような申出があった場合に，これに応じることはできますか。

24 住宅資金特別条項を定める場合の留意点……………………………………249
Q 住宅資金特別条項を定める場合の留意点について教えてください。

25 「住宅」について……………………………………………………250
Q ① 「自己の居住の用に供する」建物の意義について教えてください。
② 二世帯住宅や店舗兼居宅に関連して「床面積の2分の1以上に相当する部分が専ら自己の居住の用に供されるもの」の意義について教えてください。

26 住宅資金特別条項を定めない場合の留意点……………………………………252
Q 住宅ローンを負担しているのに，住宅資金特別条項を定めない場合の留意点について教えてください。

27 住宅の処分と住宅資金特別条項……………………………………255
Q 次のような場合，再生計画に住宅資金特別条項を設けることはできますか。
① 住宅ローンに係る抵当権が設定された建物の全部を，個人再生手続の申立前又は申立後に，離婚した妻に財産分与した場合
② 住宅ローンに係る抵当権が設定された建物は，購入時には，同居する母親の所有であったが，個人再生手続の申立てをする前に，再生債務者が母親から当該建物を譲り受けて自己名義にした場合

28 ペアローンと住宅資金特別条項……………………………………258
Q ペアローンでは，住宅資金特別条項は利用できないのでしょうか。

29 連帯債務型の住宅ローンと住宅資金特別条項……………………………………260
Q 連帯債務型の住宅ローンで再生計画案を定める場合に住宅ローンの返済額は，半分ずつでもよいのでしょうか。

30 巻戻し及び競売中止命令……………………………………262
Q 住宅ローンの支払いを遅滞して保証会社から住宅ローン債権の代位弁済をしたとの通知が届きました。このような場合でも住宅資金特別条項を定めることができる場合があると聞いたのですが，どのような点に注意したらよいか教えてください。

31 個人再生手続と不動産の仮差押え……………………………………………… 265
　Q　再生計画案の認可決定が確定しましたが，不動産に債権者の仮差押えがついたままになっています。これを抹消するにはどうすればよいのでしょうか。

32 個人再生における再生計画の変更……………………………………………… 266
　Q　個人再生における再生計画の変更手続における，再生変更計画案の作成方法について教えてください。

1 個人再生申立ての準備

Q 個人再生手続を申し立てるに当たって、代理人が準備しておくべきことはどのようなことですか。

A 1 弁護士が個人再生手続の申立てを検討している債務者からの相談を受けた場合、弁護士は、まず、債務者やその家族から十分に事情を聴取し、当該事案が個人再生手続に適するものであるかどうかを見極めて、適切なアドバイスをする必要があります。

　法221条1項や239条1項（給与所得者等再生の場合）の要件を充たし、個人再生手続を利用する資格があるかどうか、再生計画の作成や履行が可能かどうかなどを判断する必要があります。その際、受任時チェックリスト（【書式①　43頁】）が参考になります。

2　弁護士が申立代理を受任することになったら、代理人は、各債権者に受任通知を発送しますが、その際、債権明細調査票を同封し、各債権者（特に金融業者）に提出期限を切って取引経過を開示するよう求めるとともに、開示のない場合は、残債推計表による金額とする旨を付記すべきです（【書式②③　51、57頁】）。これは、早期に正確な債権額を把握するためです。別除権の有無の調査や保証人の有無の調査も重要です。

　また、個人再生手続による場合に、破産に伴う法律上、事実上の不利益を受けることなく生活の再建を図ることができるのは、いうまでもなく再生債務者が再生計画に従った弁済をすることを当然の前提としていますので、代理人にとっては、債務者に対する指導や管理も重要です。代理人は、再生計画の履行確保の重要性について十分説明するとともに、債務者が弁済を停止したことによって生じた金員を無駄遣いしないよう、債務者に別の口座（積立専用通帳）を作らせ、今後の返済にあてる金員の積立てを指示するなどしてください。

　大阪地方裁判所第6民事部では、手続進行中に、最低でも、予定している毎月の計画弁済額に相当する金員を積み立てることを前提に、再生計画案提出時に、その積立状況に関する資料（下記積立状況等報告書、積立専用通帳）の提出を受け、これを履行可能性（法230条2項・174条2項2号・240条1項1号・241条2項1号、住宅資金特別条項を定める場合については202条2項2号）に関する判断材料の1つとして、付議決

定又は意見聴取決定を行う運用を行っており，申立書・陳述書に記載された予定積立額が積み立てられていない場合には，履行可能性がないものと判断される可能性もあります。

　したがって，代理人は，受任時から弁済原資の積立てを行うことを積極的に指導するとともに，積立状況，積立予定月額を申立書・陳述書に記載し，計画案提出時に積立状況等報告書と積立専用通帳の写しを提出してください。なお，この積立ては，弁済原資確保のためのものですから，積み立てた金員を清算価値に上乗せしない運用としていますので，この積立てが原因で最低弁済額が増加することはありません。

　また，家計収支表も，履行可能性の審査のための重要な資料となりますので，その原資料として家計簿をつけさせ，家計管理を徹底させて，計画弁済額を将来にわたって確保させるよう工夫すべきです。

　さらに，債務者が，偏頗弁済等，問題となり得る行為をしないよう，よく指導すべきです。

3　代理人は，債務者からの事情聴取に加え，必要書類の提出を求めた上で，定型の申立書式（大阪弁護士会の会員用ホームページからダウンロード可）を使用し，添付書類一覧表，申立書・陳述書，債権者一覧表，財産目録，家計収支表等を作成するなどの準備を行うことになります。

① 申立書・陳述書の作成（【書式⑤⑱㉗　59，113，149頁】）
　必要事項を書式に記載する方法で，申立書・陳述書を作成します。

② 添付資料の確認
　債務者に各疎明資料の提出を求め，添付書類一覧表（【書式④　58頁】）にチェックをしながら，内容を確認します。

③ 債権者一覧表の作成（【書式⑥⑳㉘　69，117，159頁】）
　書式に従って，債権者一覧表を作成します。別除権付債権については，別除権の行使によって弁済が見込まれる額等の記載も必要です。例えばリース債権等，別除権付きであるにもかかわらずこれが看過される例が見受けられますから，注意してください。また，住宅資金貸付債権であるかどうか，債務名義の有無等も確認の上，記載してください。住宅資金特別条項を定める場合，異議を留保することはできませんので，該当欄に○印を付していないか確認してください。

④ 財産目録の作成（【書式⑦㉙ 71，161頁】）

書式に従って，財産目録を作成します。

再生計画が決議に付され，あるいは，認可されるためには，再生計画の内容が清算価値を上回らなければなりません（法230条2項・231条1項・174条2項4号・241条2項2号）。

財産目録は，この点の判断のために重要ですが，問題となることが多いのは，退職金，生命保険，敷金・保証金請求権の取扱い等です。

例えば，債務者が勤務先から借入れをしている場合，退職金との関係をどうみるかについては，Q&A〔13〕「会社からの借入金の取扱い」215頁を参照してください。次に，通帳については，申立2週間前までの分を必ず記帳してその写しを提出してください。

また，生命保険の解約返戻金を確認するに際しては，債務者が契約者貸付を受けていないかどうか，受けている場合には借入れの時期に注意してください。申立ての直近に借入れた金員については，使途如何によって否認権の行使が問題となることがあります（個人再生手続では，法6章2節の規定の適用が除外されていますが（法238条・245条），否認対象行為によって減少した財産相当分は，清算価値に上乗せすべきです。Q&A〔3〕「否認の対象となる弁済がある場合の取扱い」191頁参照）。

⑤ 滞納公租公課の弁済交渉

債務者に未払いの公租公課がある場合，課税庁から滞納処分を受けるなどすれば，再生計画の履行はおぼつかなくなりますから，必ず課税庁と交渉し，未払分の納付について合意を得ておくべきです。遅くとも，再生計画案提出時には，具体的な合意内容について裁判所に報告してください。

⑥ 申立ての方針確定と再生計画案の素案作成

資産（財産目録），負債（債権者一覧表），債務者の収入状況から，基準債権額が5,000万円を超えないこと，最低弁済基準額，清算配当額，可処分所得額（給与所得者等再生の場合），計画弁済総額，計画遂行の見込み等，認可要件が充足される見込みであることを確認した上で，再生計画の素案を作成します。

4 住宅資金特別条項を利用する場合には，特別な準備が必要です。
(1) 代理人は，債務者に，あらかじめ銀行に対して弁護士に依頼して個人再生手続の申立てをし，住宅資金特別条項を定めた再生計画案を提出する予定であることを，説明させておくべきでしょう。

法は，住宅資金特別条項として，まず①期限の利益回復型，②弁済期間延長型，③元本猶予期間併用型の3類型を定めていますが，それらはいずれも要件が厳しく，債務者の実情に即した調整が必要なこと，住宅ローンの内容が変動金利やボーナス期払いの併用等相当に複雑で，弁済計画案の作成は住宅資金貸付債権者（金融機関）に頼らざるを得ないこと等から，住宅資金特別条項は，金融機関の同意を前提とする④同意型が多くなっています。したがって，代理人は，早期に，金融機関と協議をする必要があります。

　金融機関との協議には，債務者の①源泉徴収票，②直近3か月分の給料明細書，③債権者一覧表，④再生計画案の素案，⑤不動産登記簿謄本又は不動産登記事項証明書（共同担保のものはその目録付きのもの），⑥住民票，⑦家計収支表等が通常必要となりますから，それらを準備して協議に臨む必要があります。代理人は，金融機関に，債務者の履行可能性を考慮した弁済プランを示し，これに対し，金融機関から提示される今後の住宅ローン償還予定案及び弁済計画案を検討することになるでしょうが，いずれにせよ，再生計画案提出までの時間的制約を考えれば，金融機関との事前協議は不可欠で，申立ての段階で，あらかじめ住宅資金特別条項の内容を決定し，金融機関の了解を取り付けておくべきです。

(2)　前記3の準備に際しては，以下の点に注意してください。

　まず，再生計画に定める住宅資金特別条項については，疎明資料として，住宅ローンの金銭消費貸借契約書，住宅ローンの償還表，住宅の不動産登記簿謄本又は不動産登記事項証明書を添付する必要がありますので，添付資料を落としていないか確認してください。住宅ローンの場合，保証会社に保証委託されていることも多いので，その点を確認の上，保証委託がある場合には，保証委託契約書も必ず添付してください。

　また，住宅資金特別条項を定める場合には，3③で述べたとおり，必ず債権者一覧表の該当欄に記載要領にしたがって○印をする必要がありますので，この点の確認も必要です（【書式⑥⑳㉘　69，117，159頁】）。

(3)　債務者が，再生手続開始後に，住宅資金貸付債権の一部を弁済しなければ住宅資金貸付契約の定めにより同債権の全部又は一部について期限の利益を喪失することになる場合で，住宅資金特別条項を定めた再生計画の認可の見込みがあるときには，裁判所の許可を得て，同債権の弁済をすることができます（法197条3項）。この弁済をするためには，弁済許可の申立てが必要ですので，個人再生手続の申立てと同時にしてください（【書式⑲　116頁】）。

2 個人再生手続における非免責債権の扱い

Q 悪意による不法行為債権等の非免責債権は，個人再生手続においてどのように扱われますか。

A

1 非免責債権となる再生債権

新破産法制定と同時に行われた平成16年の民事再生法改正により，①再生債務者が悪意で加えた不法行為に基づく損害賠償請求権，②再生債務者が故意又は重大な過失により加えた人の生命又は身体を害する不法行為に基づく損害賠償請求権，③再生債務者の扶養義務等に係る請求権が，個人再生手続において，非免責債権とされました（法229条3項）。

通常の再生手続であれば，「その他これらの者の間に差を設けても衡平を害しない場合」（法155条1項ただし書後段）として，これらのように要保護性の高い再生債権を優遇する再生計画を作成することが可能ですが，個人再生手続では，全ての再生債権は一般的基準に従って変更され（法232条2項・244条），再生計画で平等でない扱いができるのは，不利益を受ける債権者の同意がある場合，少額債権の弁済時期，開始後の利息等の劣後取扱いに限定されています（法229条1項・244条）。再生計画の定めでは要保護性の高さを反映できないため，今回の改正で，非免責債権とされたのです。

なお，租税等の請求権や，雇用関係に基づいて生じた使用人の請求権は，破産手続においては非免責債権とされますが（破253条1項1号5号），民事再生手続では，これらの債権は一般優先債権として再生手続によらずに随時弁済される（法122条）ことから，非免責債権とはされていません。

2 非免責債権の個人再生手続における扱い

非免責債権も再生債権であり，法221条1項や231条2項2号，4号等における「再生債権の総額から除かれる債権」にも明記されていないので，個人再生手続の利用要件（5,000万円要件）や最低弁済額を判定する際の基礎になりますし，債権者一覧表への記載も必要となります。また，再生手続によらないで弁済が禁止される（法85条1項）ことも，通常の再生債権と同様です。

債権確定手続も，通常の再生債権と同様であり，届出・異議・評価という一連の

手続により，手続内での確定が図られることになります（みなし届出や異議留保についても適用があります。）。ここで注意を要するのは，当該債権が非免責債権か否かは，手続内確定の対象ではないということです。なぜなら，個人再生手続における再生債権の調査手続は，再生債権の有無，額及び担保不足見込額を確定するものであるところ（法221条3項1号2号・226条1項・227条7項），当該債権が非免責債権に該当するか否かはそのいずれにも該当しないからです。当該債権が非免責債権か否かは，その債権の性質から当然に決まることとなり，この点に争いがある場合には，訴訟等により確定すべきことになります。

　非免責債権については，再生計画において，当該再生債権者の同意がある場合を除き，権利の減免の定めその他権利に影響を及ぼす定めをすることはできません（法229条3項）。その代わりに，非免責債権で，無異議債権及び評価済債権については，再生計画において定められた一般的基準に従って弁済し，かつ，再生計画で定められた弁済期間が満了するときに，その債権額から弁済期間内に弁済をした額を控除した残額について弁済をしなければならないものとされています（法232条4項）。非免責債権の全額を直ちに支払わなければならないとすると，再生計画は履行可能性がないことになり，非免責債権を負担する債務者はおよそ個人再生手続を利用できなくなって，結局非免責債権の債権者にも支払いができなくなるため，このような規定がされています。

　なお，非免責債権で，無異議債権及び評価済債権以外のものは，法232条3項と同様，原則として劣後化された上（法232条5項），免責されないことになります。

　再生計画においては，非免責債権の有無にかかわらず，権利変更の一般的基準だけを定めることになり，非免責債権に関する条項が個別に定められることはありません。弁済計画表にも，非免責債権について一般弁済期間内における弁済の内容を記載することになります（規則130条の2）。

　以上のとおりですので，再生計画の作成の方法については，非免責債権の有無にかかわらず，変わりはないということになります。

3　否認の対象となる弁済がある場合の取扱い

Q 個人再生手続を利用しようと思っていますが，否認の対象となるような弁済をしています。否認制度がない個人再生手続では，そのことは特に問題とはならないのでしょうか。

A 1　再生債務者が，他の債権者を害することを知りながら支払停止等があった後はその6か月以内に特定の債権者に弁済（偏頗弁済）をしたような場合には，債権者平等原則に反するので，通常の民事再生手続では，破産法と同様に否認の制度が認められており，否認権限を有する監督委員又は管財人は否認権を行使することが可能です（法127条以下）。

　しかし，個人再生手続では，最終的に訴訟によって決着する否認権の制度は，手続の簡易迅速化を目的とする制度趣旨に合わないために，認められていません（法238条により6章2節否認権の規定が小規模個人再生では適用除外されています。法245条により給与所得者等再生でも同じです。）。

2　もっとも，否認対象行為が行われていた場合には，そのことによって個人再生手続の利用（小規模個人再生でも給与所得者等再生でも同じです。）が認められなくなる可能性がありますし，再生計画に基づいて支払うべき最低弁済額に影響することもあり得ます。

　例えば，破産手続では否認権が行使されるのでこれを回避しようとすることを目的として個人再生手続の申立てをした場合には，「不当な目的で再生手続開始の申立てがされたとき」（法25条4号）に該当し，再生手続開始前には申立てが棄却される可能性があります。

　また，否認対象行為の行われていたことが開始決定後に判明した場合には，いわゆる清算価値保障原則に違反する可能性があります。つまり，否認権が行使され財産が回復されると現在の清算価値が客観的には増えることになります。したがって，現在の清算価値が最低弁済額の場合に，その清算価値のみを弁済する再生計画案が提出されたときには，法律違反（再生債権者の一般の利益に反する）になりますので（法174条2項4号・241条2項2号），再生手続が廃止（法191条1号2号・230条2項・

240条1項1号・241条2項2号・243条1号2号等),若しくは不認可の決定がなされることになります(法231条1項・174条2項4号・241条2項2号)。もっとも,例えば,現在の清算価値が50万円で,否認権行使によって回復されるであろう額が30万円だとすると,最低弁済額は法231条2項4号で原則100万円とされていますので,法律違反にはなりません。

3 したがって,否認権行使の対象となる可能性がある行為をしていた場合には,個人再生手続の申立てができないというわけではありませんが,その申立てに際しては,誠実にその具体的な内容を報告すべきですし(このような場合には財産調査等のために個人再生委員が選任されることもあるでしょう),再生計画案では清算価値保障原則に違反しないような弁済額を検討すべきでしょう。

4 申立前の給与の仮差押え

Q サラリーマンの債務者について個人再生の申立てをする予定ですが，申立前に，1人の債権者から給与の仮差押えをされてしまいました。この仮差押えがあるままでは，再生計画案を立てるのにも困るのですが，どうすればよいのでしょうか。

A 1 再生手続の開始決定がなされると，強制執行等の手続は当然に中止します（法39条1項）（ただし，執行裁判所に対して開始決定正本及びこれを停止文書とする旨の上申書を提出する必要があります。）。さらに，再生のために必要であれば，裁判所は債務者の申立てにより，中止された強制執行等の取消しを命ずることができます（法39条2項）。この強制執行等には仮差押えも含まれます（法26条1項2号）。

2 ですから，個人再生手続開始の申立てを行い，開始決定がなされた段階で仮差押えの取消申立てをすることで，給与の全額を受け取ることができるようになります。なお，この取消命令は無担保でも可能ですので，給与に対する仮差押えについては，再生計画の認可に懸念があるようなケースは別として，無担保による取消しを期待してよいでしょう。

ただし，法39条2項には，「再生のため必要があると認めるとき」という要件が定められていますので，取消しの申立てをする場合には，支払われている給与の4分の3（ただし，その額が標準的な世帯の必要生計費を勘案して政令で定める額を超えるときは，政令で定める額に相当する部分）（民執152条1項）だけでは当面の生活ができないなど，再生のために，再生手続の開始により勤務先にプール（凍結）される分の支払いを受ける必要がある旨の説明をする必要があります。

なお，再生手続の申立てをすると，仮差押えをした債権者との間で担保取消しの同意をすることと引換えに仮差押えの取下げをする合意を得ることが可能なこともしばしばありますので，その方法も検討してください。

3 いずれにせよ，再生計画認可の決定が確定すると，強制執行等は失効します（法184条本文）から，再生計画案の立案自体は，給与の全額を受け取ることができる前提で行うことに問題はありません。

5 専業主婦やアルバイト，パートタイマーの個人再生の利用の可否

Q 専業主婦やアルバイト，パートタイマーのように収入を得る見込みに疑義がある場合，個人再生手続を利用することができますか。

A
1 個人再生手続開始の要件

小規模個人再生による再生手続を利用することができるのは，個人債務者のうち，将来において継続的に又は反復して収入を得る見込みがあるもの（法221条1項）であり，給与所得者等再生による再生手続を利用することができるのは，「給与又はこれに類する定期的な収入を得る見込みがある者であって，かつ，その額の変動幅が小さいと見込まれるもの」（法239条1項）です。

「将来において継続的に又は反復して収入を得る見込み」とは，弁済原資である収入が3年ないし5年にわたり少なくとも3か月に1度の割合で収入が得られる見込みということです。3か月に1度の割合で収入が得られるのでなければならないとの見解もあるようですが，たとえ年1度の収入であっても，それを留保することにより3か月に1度の割合で弁済が可能であれば，問題はないと考えられます。

「給与又はこれに類する定期的な収入」とは，給与など雇用契約に基づく労働の対価に限るものではなく，これに類する定期的な収入には，年金や恩給による収入，さらには定期的に受領する家賃収入なども含まれると解されています。

「その額の変動幅が小さいと見込まれるもの」とは，再生債務者の過去及び現在の収入の状況，経済情勢などを総合的に考慮して判断することになります。具体的には，収入の変動に関して計画弁済総額の算定との関連で，再生計画案の提出前2年間に5分の1以上の変動を生じた場合の規定（法241条2項7号イ）がありますから，年収換算で5分の1を超えない程度の変動であれば，原則的にはこの要件を満たすと思われます。

2 専業主婦の場合

　専業主婦が，全く収入を得ていない場合は，前記要件を欠くものと思われます。しかし，主婦であっても，アルバイト，パートタイマーによって，何らかの収入を得ている場合は，小規模個人再生の利用を認めてもよいと思われますし，さらに，年収を基準とした場合に，収入の変動幅が小さいと見込まれる場合（安定した収入がある場合）には，給与所得者等再生の利用も認められます。

3 アルバイト，パートタイマーの場合

　アルバイト，パートタイマーであっても，雇用契約あるいは労働契約により給与を得ているわけですから，継続的に勤務に従事して収入を得ている者は，小規模個人再生の利用は認められてもよいと思われますが，短期のアルバイト，パートタイマーを繰り返しているような人については，継続的，反復的に収入を得る可能性があるとはいえないでしょう。

　一方，給与所得者等再生の場合は，通常のサラリーマンと同様に継続的に勤務に従事し，かつ，年収を基準とした場合に収入の額の幅が小さいと見込まれる場合には，給与所得者等再生の利用を認めてもいいと思われます。逆に，年収を基準にしても収入の額の幅が小さいとはいえない場合は，給与所得者等再生の利用は認められません。

6　1人会社の代表取締役の給与所得者等再生の利用の可否

Q 債務者は株式会社の代表取締役です。その会社には，債務者以外には誰も働いていません。債務者は会社から給与を得ていて，源泉徴収もされています。この債務者は給与所得者等再生を利用できるでしょうか。

A
1　この債務者が，法239条1項の給与所得者等に該当する場合，再生計画案を債権者の決議に付す必要はありません。債権者の決議に付す必要がないとされる根拠は，給与の安定性，明確性です。

　このように，給与に安定性，明確性があるとされるのは，給与が通常当該債務者とは別個の存在である企業体との契約により確実に支給されるものであり（給与不払いには労働基準法による罰則があります。），減給があり得るにしても，企業体が恣意的に変更することはできず，通常は短くても1年間は変更がない，といった点で安定しているとともに，給与明細，源泉徴収票などにより，給与額が明確に把握できるという性質を有するものだからです。

2　本問のケースでは，形式的には会社からの支給ですが，実質的には会社が再生債務者と別個の存在であるということはできません。給与の安定性はもっぱら会社の毎月の業績の安定性に依拠しており，この債務者の実態は個人事業者と変わりません。したがって，このような債務者の収入は，形式上は給与であっても，「給与又はこれに類する定期的な収入」には該当しないと考えられます。

7 可処分所得額の算出方法

Q 給与所得者等再生における可処分所得額の算出方法について教えてください。

A 1 給与所得者等再生においては、計画弁済額の総額が、破産の場合の清算価値及び基準債権から算出される金額（【5,000万円要件と最低弁済額要件】19頁参照）を上回るだけでなく、可処分所得額の2年分以上の額でなければなりません（法241条2項7号）。

この可処分所得額は、再生債務者の収入から税金等や政令（民事再生法第241条第3項の額を定める政令）で定められた再生債務者及び被扶養者の最低生活費を控除して算出されます。したがって、多くの場合、再生債務者は、これまでの生活水準を落とさなければならず、特に、家賃、教育費、介護費などの支出が大きい場合には可処分所得額を基準とした弁済が困難となることがあります。

そこで、申立人代理人としては、あらかじめ可処分所得額の計算をし、家計の収支から見て弁済が可能であるかどうかを確認しておく必要があります。なお、大阪地方裁判所第6民事部では、申立書に可処分所得額算出シートを添付する取扱いをしています。

2 以下、可処分所得額算出シート（【書式⑨㉑　74, 119頁】）を用いた計算方法を示します。

まず、源泉徴収票の支払金額を収入額として過去2年間の収入合計額（①欄）を記載します。次に、源泉徴収票、市民税・府民税通知書、給与明細書等の資料をもとに過去2年間の、所得税（②欄）、住民税（③欄）、社会保険料（④欄）を記載し、これらを合算して収入合計額から控除する額（⑤欄）を求めます。これを過去2年間の収入合計額から控除した残額を2で割った金額が1年間当たりの手取り収入額（⑥欄）となります。

さらに、民事再生法第241条第3項の額を定める政令を参照して、手取収入額から控除すべき最低生活費を算出します。控除の対象となるのは、再生債務者及び被扶養者の居住地域の区分と年齢に応じた個人別生活費の額（⑦欄）（政令2条）、居住地

域の区分と居住人数に応じた世帯別生活費の額（⑧欄）（政令3条），居住人数，冬季特別地域の区分，居住地域の区分に応じた冬季特別生活費の額（⑨欄）（政令4条），住居費の額（⑩欄）（ただし，居住する建物の所在する地域，居住地域の区分，居住人数に応じた政令の住居費の額（政令5条）（A欄）と，再生債務者の1年間の住宅ローン弁済見込総額（B欄）又は1年間の家賃支払見込総額（C欄）を比較し，この中で最も低い額を住居費の額（D欄）とします。），再生債務者の居住地域の区分に応じた勤労必要経費の額（⑪欄）（政令6条）に限られます。これらの費用を合算して1年分の費用額（⑫欄）を算出し，債務者及び被扶養者全員の費用を合計したものが最低生活費（⑬欄）となります。手取収入額（⑥欄）から最低生活費（⑬欄）を控除したものが1年間当たりの可処分所得額（⑭欄）であり，これを2倍したものが計画弁済総額の最低基準額（⑮欄）となります。

　なお，最低生活費の額を自動的に算定するソフトをインターネットで入手することができます（「松尾さんのHomePage」http://www1.ocn.ne.jp/~matsuo3/）。

3　算定に当たって問題となる点をいくつか指摘しておきます。
(1)　再生債務者の年収の額が再生計画案提出前2年間の途中で5分の1以上の変動があった場合には，変動後の収入額をもとにして可処分所得額を算出し，また，再生債務者が再生計画案提出前2年間の途中で給与所得者等に新たになった場合には，そのようになった後の収入額をもとにして可処分所得額を算出することになります（法241条2項7号イロ）。
(2)　給与明細書から通勤手当が判明する場合には，それを収入金額から控除して計算することができます。
(3)　再生債務者が離婚して子と別居している場合であっても再生債務者がその子に対して一定額以上の養育費を支払っている場合には，養育費として支払った額を被扶養者の個人別生活費として控除することができます。ただし，政令の定める個人別生活費の額が控除の最高限度額となります。

8　可処分所得額がゼロの場合の履行可能性

Q 給与所得者等再生において，計算上，可処分所得額がゼロ（ないしマイナス）になる場合には，履行可能性がないとして再生計画案は不認可となるのでしょうか。

A　1　給与所得者等再生の可処分所得額は，最低弁済額を算出することを目的とし，個別債務者個々の事情を相当程度捨象した一律の基準です。他方，履行可能性は，その債務者の生活実態に基づく個別判断です。ですから，可処分所得額がゼロないしマイナスであっても，再生計画案の履行可能性は，その債務者の収入と支出の具体的な検討によって判断されます。

2　可処分所得額算出の際，収入から差し引く必要生活費は，個々の生活費ではなく，世帯の人数，年齢，住所地などを基準として機械的に算定されます。例えば，その債務者の実際の家賃がいくらか，ということは考慮されません。履行可能性について検討する際に，収入から差し引く生活費は，あくまでその債務者にとって実際に必要な費用ですから，実際の生活費が可処分所得基準の計算の際の必要生活費よりも低ければ，弁済原資があることになります。したがって，可処分所得基準の上で可処分所得額がゼロないしマイナスであっても，当該債務者の収入及び支出を具体的に検討した場合に，弁済原資を確保できる見込みがあれば，履行可能性はあるということができます。

9 同居の親族に収入がある場合の給与所得者等再生

Q 給与所得者等再生で同居の親族に収入がある場合，次のような点はどうなるのでしょうか。
① 同居の親族（夫，妻，子等）に収入があります。その収入は可処分所得額算出の際，合算しなくていいのでしょうか。
② 同居の親族（夫，妻，子等）の収入は，履行可能性の計算上は収入に含めてよいのでしょうか。
③ 収入のある同居の親族は，可処分所得額算出の際，被扶養者として計算できるのでしょうか。
④ 債務者（妻）の収入がパートで月収8万円です。夫がサラリーマンで債務者は夫の扶養家族になっています。債務者の可処分所得額は，債務者の収入だけで計算してよいのでしょうか。そもそも，給与所得者等再生の利用が可能なのでしょうか。

A 1 ①の点は，可処分所得額の計算の問題ですので，それを定めた法241条2項7号イ，ロ，ハによって決まります。この規定は，収入については，再生債務者の収入だけを挙げており，再生債務者以外の同居の親族の収入をこれに加える必要はありません。

実質的に考えても，給与所得者等再生の可処分所得額が最低弁済額を算出することを目的とした一律の基準であること，同居の親族が再生債務者の債務の弁済義務を負うものではないことからすれば，可処分所得額の計算では，法規の文言どおり，再生債務者だけの収入によって最低弁済額を算出することで差し支えないということができます。

2 ②の点は，履行可能性の問題です。履行可能性は，当該再生債務者について，実質的個別的に判断すべきものです。同居の親族（夫，妻，子等）の収入の有無，多寡によって，再生債務者にとっての実際の必要生活費が違ってきます。場合によっ

ては再生債務者の収入の全部を弁済原資とすることも可能になります。その意味で、同居の親族の収入を履行可能性について組み込むことができます。

3 ③の点は、被扶養者とは何かという問題です。可処分所得基準における必要生活費の算定における被扶養者については、法（法241条3項）及び民事再生法第241条第3項の額を定める政令では、いずれも定義規定をおいていません。したがって、収入のある同居の親族を被扶養者とできるか否かは実質的な判断で定めることになりますが、可処分所得額の必要生活費が政令による一律の基準で算出されることを考えると、実務上は、同居の親族の収入が所得税法上の配偶者控除や扶養控除の対象となり得る収入であれば、ここでの被扶養者に該当することには問題がないと考えられます（髙山崇彦「「民事再生法第241条第3項の額を定める政令」の概要」金法1606号39頁参照）。

同居の親族の収入が給与であれば（パート収入も給与です。）、180万円以下の給与収入については65万円を控除したものが給与所得となります（所税28条3項1号）。その所得が38万円以下であれば、配偶者控除（所税2条1項33号）、扶養控除（所税2条1項34号）の対象となります。したがって、給与収入が103万円（65万円＋38万円）以下であれば、被扶養者として取り扱うことに問題はないと考えられます。

ただし、事例によっては、給与収入が103万円以下であっても、源泉徴収票や健康保険証などの上で被扶養者ありとなっていないものがあります。このような場合には、扶養の事実そのものに疑問がもたれますので、その理由を説明することが必要です。

4 ④の点は、①及び②が複合した問題です。給与所得者等再生で可処分所得額の計算をする際には、同居の親族の収入は考慮する必要はなく、債務者の収入だけで計算すればよいことは、1で回答したとおりです。

履行可能性については、夫の収入を組み込むことが可能なことも、2の回答のとおりです。

むしろ、このケースの問題は、この債務者が「給与所得者等」といえるのかどうか、ということです。

「給与所得者等」とは「給与又はこれに類する定期的な収入を得る見込みがある者であって、かつ、その額の変動の幅が小さいと見込まれるもの」（法239条1項）で

あり，パートであっても，その収入が給与である点では問題はありません。しかし，再生債務者として弁済に充てる収入がパート収入なのか，夫から受け取る扶養的な給付なのかという点で，後者であれば，法239条1項に該当するか否かについて疑問が生じます。月額8万円のパート収入が再生計画による1か月あたりの弁済額を賄うに足りるのであれば，「給与所得者等」と解することができます。しかし，パート収入の月額で再生計画案の弁済を賄うことができない場合には，夫からの給付を併せて履行が可能である場合でも，給与所得者等再生の利用は否定せざるを得ないと思われます。

10-1 不動産の財産価値(1)

Q
　甲・乙が各2分の1を共有する土地建物があり，その評価額は1,200万円です。この土地建物には，A銀行の甲に対する債権残額1,000万円について共同抵当の抵当権が設定されています。乙は，甲のA銀行に対する債務について「連帯保証人兼物上保証人」です。
① 甲が個人再生の申立てを行う場合，甲所有の不動産の財産価値はいくらなのでしょうか。
② 乙が個人再生の申立てを行う場合，乙所有の不動産の財産価値はいくらなのでしょうか。
③ 甲乙が共働き夫婦であり，それぞれの収入で返済するものとして住宅ローンを組んで本件土地建物を購入し，共有持分は2分の1ずつとしたが，住宅ローンの形態は，主債務者が甲，保証人が乙としてなされたという場合の甲，乙の財産価値はいくらなのでしょうか。

A
1　まず，甲乙の関係を，乙は保証人だから負担部分ゼロであり，乙が負担した全額を甲に求償できることを前提とします。
　財産価値を算定するには，この物件が競売された場合を想定することが適当です。
　この土地建物を1,200万円（つまり，甲持分600万円，乙持分600万円）で売却した場合，競売における配当とパラレルに考えると，抵当権者A銀行に支払うべき1,000万円の債務は，まず，債務者である甲の持分に600万円が割り付けられ，不足分の400万円が物上保証人である乙の持分に割り付けられ，余剰の200万円は乙に配当されます（後順位担保権者がいませんので，民法392条1項を考慮する必要はありません。）。そこで，甲の持分の財産価値はゼロとなります。これが①の答えです。

2　次に，乙が個人再生の申立てをする場合も，同様です。被担保債権1,000万円のうちの400万円が乙所有の不動産に割り付けられて，乙のA銀行に対する支払いとな

り、他方、乙は200万円の配当を受けます。そこで、乙所有の不動産の財産価値は200万円に400万円の求償債権のうちの回収可能な価額を加えたものとなります。これが②の答えです。

3 ③の場合、甲乙は、負担部分が各2分の1として合意していると解されます。すると、被担保債権は甲乙の持分にそれぞれ500万円ずつ割り付けされるべきこととなり、各100万円が余剰として配当されます。

　したがって、甲が個人再生の申立てをする場合でも、乙が個人再生の申立てをする場合でも、各100万円が、本件土地建物についての財産価値となります。

10-2　不動産の財産価値(2)

Q　甲が所有する土地の上に、乙が建物を所有しています。乙は、建物建築資金1,000万円をA銀行から借入れしており、その借入れについて、甲所有の土地と乙所有の建物に共同担保の抵当権を設定しています。

土地建物の評価額は1,200万円、土地の更地価格は600万円、建物の評価額は600万円です。

① 甲乙の契約関係が借地契約である場合、この事案で、甲、あるいは乙が個人再生の申立てをした場合、甲、乙所有の物件の財産価値はいくらなのでしょうか。

② 甲乙の契約関係が使用貸借である場合、この事案で、甲、あるいは乙が個人再生の申立てをした場合、甲、乙所有の物件の財産価値はいくらなのでしょうか。

A　1　①については、甲乙の契約関係が借地契約ですから、土地建物の合計価値は、①土地（底地）、②土地利用権（借地権価格）、③建物に3分され、①が甲に、②と③が乙に帰属することになります。

市街地について多くみられる借地権割合70％で計算すると、甲所有物件に帰属する価値は、更地価格600万円の3割の180万円であり、乙所有物件に帰属する価値は、更地価格600万円の7割の420万円（借地権価格）と建物価格600万円の合計の1,020万円です。

甲乙の負担部分は、甲がゼロ、乙が100％ですから、A銀行に支払うべき債務1,000万円はまず乙所有物件に全額が割り付けられ、そこから支払われます。したがって、乙所有物件の財産価値は残った20万円であり、甲所有物件はそのまま残りますので、その財産価値は180万円です。

これは、甲乙のどちらが個人再生申立てをしても同じです。

2　②については、甲乙の契約関係が使用貸借である場合、使用貸借という土地利用権をいくらと評価するかが問題です。使用貸借は対抗力がなく、返還時期や目的を

定めていなければいつでも返還を請求され，返還時期の定めがあれば更新は保障されないものですから，その価値は，最大に見積もっても更地価格の1割と思われます。

更地価格の1割（60万円）を使用貸借の価値として，甲乙の不動産の財産価値を算定すると以下のとおりです。

土地建物の総体価値のうち，甲所有物件に帰属する価値は，更地価格600万円の9割の540万円であり，乙所有物件に帰属する価値は，更地価格600万円の1割の60万円（使用貸借権の価格）と建物価格600万円の合計の660万円です。

甲乙の負担部分は，甲がゼロ，乙が100％ですから，A銀行に支払うべき債務1,000万円はまず乙所有物件に660万円が割り付けられ，不足する340万円が甲所有物件に割り付けられます。したがって，乙所有物件の財産価値はゼロであり，甲所有物件の財産価値は残った200万円に，340万円の求償債権のうちの回収可能な価額を加えたものとなります。

これも，甲乙のどちらが個人再生申立てをしても同じです。

11 債権者一覧表作成上の留意点

Q 個人再生手続における債権者一覧表について教えてください。

A

1　個人再生債務者が，小規模個人再生又は給与所得者等再生を行うことを求める旨の申述をする際には，債権者一覧表を提出しなければなりません（法221条3項・244条）。これは，個人再生手続では，無担保の再生債権の総額が5,000万円以下であることが手続利用の要件の1つとなっており（法221条1項・239条1項），この要件を判断するためには，債権者一覧表の提出が必要不可欠だからです。

2　ところで，個人再生手続の申立てをする債務者には，いろいろな類型が考えられますが，各類型に応じて，債権者一覧表記載に当たっての留意点は異なります。

　まず，住宅以外に不動産等の資産もなく，銀行や消費者金融業者からの借入れのいずれにも物的担保を設定していない債務者について，債権者一覧表の記載の仕方を説明します（【書式⑥⑳㉘　69, 117, 159頁】）。

(1)　債権者一覧表の作成に当たっては，表から漏れる債権者のないよう，債務者から事情を聴取して十分に調査してください。例えば，再生手続開始後に，債権者一覧表に記載されていなかった債権の届出があり，最低弁済額が変動するような場合には，再生計画の履行の見込みにも影響することになりますので注意してください。申立人の債務について保証人がある場合には，その保証人も債権者一覧表に記載する必要がありますから，債権明細調査票や契約書を精査し，保証人の有無についても確認してください。

　次に，債権者一覧表に債権者の氏名・名称を記載する際には，正確に記載するようにしてください。商号を使用している個人の債権者については，商号のみを記載するのではなく，「○○ファイナンスこと西天満太郎」というように個人名を併せて記載する必要があります。調査しても個人名が判明しない場合（闇金融業者など）は，その旨の報告書を裁判所に提出してください。

(2)　銀行からの借入れについて，保証会社が保証しているような場合で，代位弁済が未了のときは，どのように記載すべきでしょうか。まず，その前提として，銀

行のみを債権者として一覧表に記載した場合において（後述する異議留保はしていないものとします。），開始後その債権の全額について代位弁済がなされ，保証会社が原債権の承継届出ではなく，保証会社自身の求償権を届け出た場合には，手続はどのように進むかを考えてみます。このとき，原債権の取下げがなされなければ，債務者としては，原債権については異議を述べられませんので（異議留保がないため），保証会社が届け出た求償権について異議を述べるしかありませんが，これは実態に合ったものとはいえません。このような結果を避けるためには，原債権については全額を記載し，後述する異議留保をしておき，保証会社の求償権については，債権者一覧表に載せた上，代位弁済前であることから，将来の求償権として0円と記載する等の工夫が必要でしょう。保証会社の求償権を0円として債権者一覧表に記載しておけば，開始決定とともに，保証会社にも開始決定や債権者一覧表等が送付されますので（法222条4項・244条），保証会社も債務者についての個人再生手続開始を知ることができ，届出の機会の保障にもなります。この場合には，求償権の届出がなされたときに，異議留保をした原債権については，異議を述べることを忘れないよう注意してください。異議を述べ忘れると，原債権の取下げがなされない限り，原債権と求償権の双方が手続内では確定してしまいます。

(3) 債権者一覧表の記載の訂正については，開始決定後はできません。したがって，十分な注意が必要です。

3 個人再生手続に特徴的なものとして，異議留保の制度があります（法221条4項・244条）。

これは，再生債務者の手元に各債権についての十分な資料がなく，債権の正確な額を記載することが困難な場合のあること等を考慮し，再生債務者自らが記載した再生債権の額について，債権者一覧表に異議を留保する旨の記載をすることを条件に，後に異議を述べる機会を与えることとしたものです。

異議留保をしなかった場合，自らが記載した額については，後に異議を述べることはできませんが，債権届出期間内に，再生債権者から，債権者一覧表に記載した額以上の届出があった場合には，債権者一覧表に記載した額を超える部分については一部異議を述べることができます。債権額を0円とした場合には，届出額全額に対して異議を述べることができ，異議留保の記載をする必要はありません。

異議留保をする場合は，定型書式では，債権者一覧表の「異議留保」欄に〇印を付することになります。

4 次に、住宅を所有しており住宅資金特別条項を定める再生債務者と、住宅を所有しているが住宅資金特別条項を定めず、住宅を手放す予定の再生債務者の各事例における債権者一覧表の記載上の留意点について説明します。
(1) 住宅資金特別条項を定める再生債務者について（【書式⑳　117頁】）
　ア　住宅資金貸付債権については、債権者一覧表において、その旨を明らかにする必要があります（法221条3項3号・244条）。これは、まず個人再生手続の適格要件である5,000万円要件を算定するに当たって、再生債権の総額から住宅資金貸付債権の額が除かれる（法221条1項・239条1項）ことによるものです。

　　定型書式では、債権者一覧表の「内容」の「原因」欄に「①」と記載するとともに、上部の「住宅資金貸付債権合計額（②）」の欄に金額を記入することになります。なお、上部欄は、5,000万円要件を判断するための欄ですので、住宅資金貸付債権者が同時に別除権者である場合で、その余の別除権者がいない場合には、「別除権の行使により弁済が見込まれる額の合計額（③）」の欄に「②に該当するもの以外なし」と記載する（空欄でも結構です。）ことになります。
　イ　住宅資金特別条項を定める場合には、さらに債権者一覧表に住宅資金特別条項を定めた再生計画案を提出する意思がある旨を記載する必要があります（法221条3項4号・244条）。定型書式では、「住特条項」の欄に○印を付することになります。

　　債権者一覧表の記載の変更は、手続開始決定後は認められません。したがって、住宅資金特別条項を使う場合には、債権者一覧表にその旨記載しておく必要があり、記載しておかないと、後で再生計画案に盛り込むことはできません。

　　逆に、住宅資金特別条項を定める意思がある旨記載したときには、住宅資金特別条項を定めた再生計画案を提出しないと、再生計画案についての不認可事由になります（法231条2項5号・241条2項5号）。

　　したがって、住宅資金特別条項を定めるか、定めずに住宅を手放すのかについて、事前に、債務者の意思や住宅ローン債権者の意向、履行の見込みを十分検討した上で、申立てをする必要があります。
　ウ　債権者一覧表の定型書式には、その左下に、別除権の行使により弁済が見込まれる額、担保不足見込額及び別除権の目的である財産を記載する欄が設けられていますが、これは、担保不足見込額を記載することにより、別除権付再生債権について、手続遂行の基礎となる再生債権の額及び議決権の額を示すため

のものです。

住宅資金特別条項を定める再生計画案を提出する場合は、担保不足見込額が手続遂行の基礎となることはありませんので、住宅資金貸付債権が別除権付債権であっても、この欄にその記載をする必要はありません。

エ　住宅資金特別条項を定める場合において、保証会社による代位弁済が済んでおり、巻戻しが予定されているときには、住宅資金貸付債権者の債権現在額を0円、原因欄を①、住特条項欄に〇を記載し、保証会社の債権現在額欄に巻戻し前の現在の債権額を、原因欄に4（内容欄に巻戻しされる旨の表示）を記載することになると考えられます。

【債権者一覧表（巻戻し）の記載例・抜粋】

| 債権現在額合計額（①） | 7,000万円 | 住宅資金貸付債権合計額（②） | 2,000万円 | 別除権の行使により弁済が見込まれる額の合計額（③） | 0円 | ①−②−③ | 5,000万円 |

債権者の氏名（会社名）	住所	債権現在額	内容 原因	内容 当初の契約年月日等	債務名義	住特条項	異議留保
Aローン（一般債権者）	‥‥‥	5,000万円	1	☆18，1，8			
B銀行（住宅貸付債権者）	‥‥‥	0円	①	☆17，12，8		〇	
C保証（保証会社）	‥‥‥	2,000万円	4	☆17，12，8 巻戻し			

(2)　住宅資金特別条項を利用せず、住宅を手放す予定の再生債務者について

ア　住宅資金特別条項を利用しない場合でも、住宅資金貸付債権については、債権者一覧表にその旨記載する必要があります（法221条3項3号・244条）。これは、前述のとおり、個人再生手続の適格要件である5,000万円要件の算定に際して住宅資金貸付債権が控除されるからです。

この場合にも、前記のとおり上部の「住宅貸付債権合計額（②）」の欄に金額を記載することになります。

イ しかしこの場合，住宅資金貸付債権は別除権付債権となり，前記4(1)の場合とは異なって，担保不足見込額が手続遂行の基礎となりますので，債権者一覧表に，その別除権の目的である財産及び別除権の行使によって弁済を受けることができないと見込まれる再生債権の額を記載する必要があります（法221条3項2号・244条）。

具体的には，①住宅資金貸付債権者が同時に担保権者である場合には，債権者一覧表には，住宅資金貸付債権の現在額を記載するとともに，左下の「別除権の行使により弁済が見込まれる額」及び「担保不足見込額」の欄に金額を記載することになります。

②再生債務者から保証委託を受けた保証会社が再生債務者に対する求償権を担保するために再生債務者の所有する不動産に抵当権を設定している場合は，その時点で，ⓐ代位弁済が未了のときは，住宅資金貸付債権の現在額を記載し，保証会社の将来の求償権を0円と記載し，左下の「別除権の行使により弁済が見込まれる額」及び「担保不足見込額」の欄に0円と記載した上でそれぞれに（注1）と付記し，欄外に，例えば，「（注1）債権番号○の債権については，債権番号○の債権について代位弁済前であるので0円となっている。代位弁済がなされた場合には，別除権の行使により弁済が見込まれる額は○○万円，担保不足見込額は○○万円である。」といった記載をし（**書式㉘** 159頁），ⓑ代位弁済が既に終了しているときには，保証会社の求償権のみを記載し，左下の「別除権の行使により弁済が見込まれる額」及び「担保不足見込額」の欄に金額を記載することになります。

12 知れたる債権者を債権者一覧表に記載しない場合の取扱い

Q 知れたる債権者を債権者一覧表に記載しないとどういうことになりますか。

A 1 個人再生手続に参加しようとする再生債権者は，債権届出期間内に，各債権について所定の事項を裁判所に届け出なければなりません（法94条1項。ただし，届出の内容について法224条・244条が特則を定めています。）。
　再生債務者が小規模個人再生あるいは給与所得者等再生の申述をするには，債権者一覧表の提出が義務づけられており（法221条3項・244条），知れたる債権者には，この債権者一覧表が通知されることから（法222条4項・244条），法は債権者一覧表に記載されている再生債権は，これと異なる届出をしない限り，その記載内容と同一の内容で再生債権の届出をしたものとみなすこととしています（法225条・244条）。したがって，再生債権者は，債権者一覧表に記載された債権の内容に異議がない場合には，あえて債権届出をする必要はなく，手続上の負担が軽減されています。

2 それでは，債権届出がなされておらず，しかも債権者一覧表にも記載されていないため，債権を届け出たものともみなされない再生債権（以下「無届債権」といいます。）は，個人再生手続において，どのように扱われるのでしょうか。
(1) まず，債権届出期間経過後は，原則として債権届出をすることはできませんから，無届再生債権者は個人再生手続に参加することができないことになります。しかし，再生債権者の責めに帰することができない事由によって届出ができなかった場合には，その事由が消滅した後1か月以内に限り，例外的に届出の追完をすることができます（法95条1項）。ただし，再生計画案を決議に付する旨の決定（小規模個人再生の場合）又は再生計画案についての意見聴取決定（給与所得者等再生の場合）がされた後は，このような事由があっても，もはや届出の追完をすることはできなくなります（法95条4項・240条3項）。
(2) 再生計画の認可決定が確定すると，個人再生手続においては，無届債権を含む

すべての再生債権者の権利は，再生計画に定められた一般的基準に従って変更されるものとされています（法232条1項・244条）。この点，通常の再生手続では，債権調査確定手続によって実体的に確定した再生債権以外は，原則として失権してしまうこと（法178条）と大きく異なるので注意が必要です。これは個人再生手続では債権の実体的な確定を行わないため，失権といった強力な効力を付与するのは妥当ではないと考えられたからです。

ただし，無届債権等，手続内で確定しなかったことについて債権者に帰責事由がある再生債権は，再生計画で定められた弁済期間が満了する時までの間は弁済等を受けることができないという劣後的な取扱いを受けます（法232条3項・244条）。手続内で確定していない債権も再生計画で定められた弁済期間内に弁済しなければならないということにすると，再生債務者が弁済期間内に弁済すべき金額が予想外に増加して，再生計画の遂行ができなくなり，ひいては真面目に手続に参加して債権調査を経た債権者が，再生計画による弁済を受けることができなくなるという不利益が生じることを避けるためです。他方で，再生債権者の責めに帰することができない事由によって届出ができず，付議決定までにその事由が消滅しなかった再生債権は，例外的に，劣後的な取扱いを受けません（法232条3項ただし書・244条）。

3 以上を前提に，設問を検討します。
(1) まず，再生債権者の責めに帰することができない事由によって届出ができなかった場合，債権届出の追完が認められるかが問題となります。この点，「責めに帰することができない事由」は，再生手続に重大な支障を生じさせない限りできるだけ広く解するべきとするのが通説的な見解といわれています（三ヶ月章ほか著『条解会社更生法（中）』（弘文堂，昭62）585頁参照）。個人再生手続が開始したこと等を再生債権者が知るのは，実際は公告によってではなく，開始決定通知書や債権者一覧表の通知によってであることが普通です。したがって，特段の事情がある場合を除き，債権者が再生手続の個別通知を受けなかった場合は，債権者の責めに帰することのできない事由があると解してよいでしょう（園尾隆司ほか著『条解民事再生法』（弘文堂，平15）379頁参照）。

よってこのような場合，再生計画案を決議に付する旨の決定や意見聴取決定の前であれば（法95条4項・240条3項），追完を認めてよいものと考えられます。
(2) 再生計画案を決議に付する旨の決定や意見聴取決定の後は，もはや届出の追完

をすることはできません。そこで、以後の手続は無届債権を除外して進行することになります。

　しかし、例えば、本来は無担保の再生債権の総額が5,000万円を超えるため個人再生手続が利用できないのに、これを潜脱するために、ことさらに知れたる債権者を記載しなかった場合や、小規模個人再生において再生計画案を可決させるため、反対が予想される知れたる債権者をことさらに記載しなかった場合等は、再生手続又は再生計画が法律の規定に違反し、かつその不備を補正することができないものである、あるいは再生計画の決議が不正の方法によって成立するに至ったものとして、再生計画が認可されないということもあり得るでしょう（法231条1項・241条2項1号・174条2項）。

　さらに前記2(2)のとおり、無届債権のうち、再生債権者の責めに帰することができない事由により届出ができず、付議決定までにその事由が消滅しなかった債権者については、一般的基準に従った変更がされるものの、劣後化がされませんので、一般弁済期間中に上乗せして弁済する必要が生じ、その結果履行可能性に問題を生じることもあり得ます。

　このように、知れたる債権者を債権者一覧表に記載しないということは不利益にこそなれ、全く利益になりません。

　したがって、知れたる債権者はすべて債権者一覧表に記載するようにする必要があります。

13　会社からの借入金の取扱い

Q
会社から借入れをしています。毎月給料天引きで返済をし，退職時は一括返済の約定です。
① 会社からの借入れも，債権者一覧表に記載しなければなりませんか。
② 給料天引き等について
会社に対して給料天引きでの返済を続けても構いませんか。会社が貸付けの分割金と給料を相殺することはできますか。
③ 退職金を担保に借入れしています。一般の再生債権になるのですか。別除権付債権になるのですか。それぞれ，どのような処理になりますか。
④ 退職金債権について
(1) 引き続き会社に勤めます。
申立書に添付する財産目録には，どのように計上すべきですか。
(2) 今般，会社を退職します。
申立書に添付する財産目録には，どのように計上すべきですか。

A
1　会社からの借入れについて
　会社が従業員の福利厚生の一環として労働者に貸し付ける長期かつ低利の住宅資金等の貸付けでは，返済方法は給料天引きとし，返済途中で退職をする場合は退職金で全額返済するなどの約定になっているケースがあります。
　ところで，給料，退職金については，労働基準法24条1項が賃金全額払いの原則を定めています。同法は，賃金の天引きだけでなく，使用者による賃金債権との「相殺」も「控除」の一種として禁止していると解されます（最高裁昭和36年5月31日判決民集15巻5号1482頁）。ただし，①労使間の書面による賃金控除協定がある場合は，給料天引き，相殺も有効です（労働基準法24条1項ただし書。）。また，②合意による相殺

が労働者の自由な意思に基づいてされたものであると認めるに足りる合理的な理由が客観的に存在するときは、右同意を得てした相殺は全額払原則に反しないとするのが最高裁判例です（最高裁平成2年11月26日判決民集44巻8号1085頁。民執152条の制限については前記と同じ。）。

したがって、前記①か②の要件を充たした場合、会社からの貸付金を賃金や退職金からの天引きや相殺で処理することは可能です。

しかし、会社からの借入金は、再生手続開始決定前の原因に基づいて生じた財産上の請求権なので、再生債権に該当し（法84条1項）、個人再生の申立てに際しては債権者一覧表に記載しなければならず、法による規制に服します。

2　給料天引きについて

前記のとおり会社からの借入金も再生債権なので、再生手続開始後は、法律に特別の定めがある場合を除き、再生計画の定めるところによらない弁済は禁止されます（法85条1項）。

給料からの天引きも再生債権の一部弁済に相違ないので、再生手続開始後も給料天引きの返済を続けるならば、法85条1項違反として、再生計画の不認可事由になりかねません（法174条2項1号）。したがって、債務者は、会社に対して給料天引きを停止するよう申し出をしなければなりません。

3　別除権付債権として認められるか

社内融資が一般の再生債権になるのか、別除権付債権として認められるかは、具体的な社内融資の約款によって違ってきます。

①　退職時に退職金と貸付金を相殺する旨の相殺予約がある場合、通常は退職時に労使協定に基づく約款又は合意による相殺が行われます（1①②参照）。破産手続では、この合意による相殺を否認できないとする最高裁判決があります（1②判決）。

しかし、民事再生手続では、相殺を広範に認めると再生計画遂行時の弁済原資を脆弱にし、再生に支障を来す可能性があるなどの理由から相殺できる場合を限定しています（法92条・93条）。したがって、このような相殺予約を非典型担保の別除権付債権として取り扱うのは困難であり、結局、無担保の再生債権となります。

②　退職金請求権に社内融資のための質権が設定されている場合は、別除権付債権となります。したがって、別除権の行使によって弁済を受けられない不足額部分

の再生債権にしか権利変更の効力は及びません（法88条・177条2項）。再生計画案には，別除権者の予定不足額（将来質権実行された場合の予定不足額）についての適確条項を定める必要があります（法160条1項）。そして現実に退職をしたときに不足額が確定します。

4 申立書添付の財産目録の記載の仕方
 (1) 引き続き会社に勤務する場合

再生計画の決議が再生債権者の一般の利益に反するときは再生計画は不認可となります（法174条2項4号・231条2項，清算価値保障原則）。再生計画による弁済は，破産した場合に配当できる以上の配当であることが必要です。この清算価値保障原則を充たしているか否かを判断するための財産目録ですから，財産目録には，仮に破産手続開始決定があった場合に否認権が行使される行為については，否認権行使の結果組み入れられる財産を財産目録に組み入れておかなければなりません。したがって，ここで問題となるのは，破産法に基づく相殺権あるいは否認権の問題です。

1中にある最高裁平成2年11月26日判決の要件を充足する場合は，会社は相殺権を行使できるので，相殺後の退職金見込額の8分の1を前提とした価値として問題ありません。

 (2) 退職予定の場合

債務者が退職金を受領すると，債務者の財産は退職金請求権から現金・預金に変わるため，受領した退職金全額について現金又は預金として財産目録に計上することになるので注意を要します。これに対し，申立て段階で既に退職しているが退職金請求権のままである場合や申立て段階で近々退職することが予定されている場合は，退職金見込額の4分の1を計上する必要があります。

14 滞納家賃の取扱い

Q 滞納家賃がある場合、債権者一覧表に載せて滞納家賃をカットするとなると家主に追い出されます。家主には滞納家賃についてその後の家賃に上乗せして3回に分割して支払うことで了解してもらっていますが、これは認められますか。
　敷金を入れている場合、敷金の充当で滞納家賃をゼロにしてもらって、敷金を今後追加して少しずつ積み増しするという方法はどうですか。

A 1　再生手続開始前の原因に基づいて生じた財産上の請求権は再生債権とされますので（法84条1項）、滞納家賃は再生債権に該当します。したがって、債権者一覧表に記載する必要があります。

　再生債権に対しては弁済禁止効が働き、再生手続開始後は、この法律に特別の定めがある場合を除き、再生計画に定めるところによらなければ、弁済をすることができません（法85条1項）。したがって、再生手続開始後に、再生債務者が滞納家賃の上乗せ弁済をすることは、原則として、認められません。

　ただし、事業の継続に著しい支障を来すことを避けるための少額債権については、弁済許可を受けた上で支払うことができますので（法85条5項後段）、自宅が店舗や工場等を兼ねていて、家主に明渡すと事業継続が不可能になってしまい、ひいては計画弁済の履行が不可能になる上、滞納家賃の負担が過大ではないというような場合に限っては、裁判所の許可を得て、弁済することができます。

2　この「事業の継続に著しい支障を来すとき」とは、具体的にどのような場合をいうのかは、解釈に委ねられていますが、仮に本条により安易な弁済許可がされることになりますと、再生手続の公正さが保てないことになりますので、この解釈は厳格にする必要があります。また、「少額の債権」といえるかどうかは、弁済の対象となる債権の額、再生債務者の資産総額、業務の規模、弁済の必要性の程度等を勘案して判断する必要があります（手続の円滑な進行を図るための少額債権とは違った観点から判断されることになります。）。

3 以上の弁済許可は、あくまでも弁済禁止効に対する例外的な措置ですので、事業の継続に著しい支障を来す場合で、かつ少額の債権の場合に限られ、滞納家賃が過大な場合や単に自宅を明け渡すと引越費用等経費がかさみ、計画弁済が困難になるという場合には認められません。また、本条による弁済許可は、再生計画認可確定までに弁済を終了することが前提ですので、再生計画認可確定後にも残額が残る場合は、弁済協定の締結により共益債権化して支払う方法（法119条5号）を検討してください。

4 なお、弁済したのに家主が届出債権を取り下げない場合に備えて異議留保しておくほか、再生計画案提出時に弁済額を記載した報告書を提出してください（規則85条1項1号）。

5 滞納家賃を解消するには、家主の承諾が得られる場合に限りますが、敷金充当という方法もあります。

　家主が敷金を滞納家賃に充当すると、滞納家賃はゼロになり、滞納家賃の弁済の問題は解消します。しかし、敷金が減少しますので、家主から積み増しを求められることが考えられます。

　再生手続開始前に締結した敷金積み増しの合意に基づき、再生手続開始後に敷金を積み増しするのは、再生債権の履行になるので、弁済禁止効（法85条1項）が働きます。すなわち、前記1により弁済が許可されない限り、敷金の積み増しも認められません。

6 以上のとおり、再生手続開始後に再生債務者が滞納家賃等を支払うことについては、弁済禁止効の問題がかかわってきます。

　最も問題が少ない方法は、家族等に第三者弁済をしてもらうことです。すなわち、家族等に滞納家賃を返済してもらって滞納家賃をゼロにしたり、家主に敷金の充当で滞納家賃をゼロにしてもらい、家族等が敷金の積み増しをするのであれば、弁済禁止効に抵触するという問題は生じません。

15 養育費の取扱い

Q 平成☆年に妻と離婚し，妻が3歳と5歳の子供を引き取りましたが，養育費について争いとなり，平成☆年に家庭裁判所の審判で子供1人当たり2万5,000円の養育費を子供が成人するまで支払うように命じられました。当時私は会社に勤めて月収25万円を得ていたのですが，昨年リストラされ，今年になってようやく再就職したものの月収は18万円に落ちました。再就職までの間に借りたサラ金などに対する480万円の債務が支払えないので個人再生手続の申立てをしようと思います。

今のままでは，再生手続開始までに1年間分60万円（2.5万円×2×12）が未払いになりそうです。また，審判に記載されている将来の養育費総額は540万円（2.5万円×12×10＋2.5万円×12×8）になります。

養育費は，どの範囲で再生債権になるのですか。

また，この養育費を今後支払っていくことは無理だと思うので，減額してほしいのですが，再生手続によって養育費の支払額を一部カットすることはできますか。

A 1 民事再生手続においては，再生手続開始前の原因に基づいて生じた財産上の請求権は再生債権とされ（法84条1項），法の定めにしたがって弁済をする必要があります（法85条1項・232条・244条）。また，再生手続開始の申立書には，債権者の氏名等を記載した債権者一覧表を添付する必要があります（法221条3項・244条）。

これに対し，再生手続開始後に生じた再生債務者の生活に関する費用や，やむを得ない費用の請求権は共益債権とされ（法119条2号7号），再生手続に先立って，再生手続によらず随時弁済することとなります（法121条1項2項）。

したがって，問題の養育費については，これが「再生手続開始前の原因によって生じた請求権」といえるかどうかによって結論が異なると考えられます。つまり，養育費の請求権が要扶養状態という日々の事実状態により発生するものか，それと

も審判ないし協議の事実により発生するものかが問題となります。この問題についての詳細な論考は，本書の旧版である「最新版　事例解説　個人再生～大阪再生物語～Q&A13」を参照してください。

2　しかし，平成16年の民事再生法改正で養育費請求権が非免責債権とされたことなどから（Q&A〔2〕「個人再生手続における非免責債権の扱い」189頁参照），この問題に対する法の考え方が明らかになりました。

　すなわち，養育費請求権は，非免責債権とされ，再生計画において同意がある場合を除き，権利の減免の定めその他権利に影響を及ぼす定めをすることはできなくなりました（法229条3項3号）。また，非免責債権であり，かつ，無異議債権及び評価済債権であるものについては，再生計画において定められた一般的基準に従って弁済し，かつ，再生計画で定められた弁済期間が満了するときに，その債権額から弁済期間内に弁済をした額を控除した残額について弁済をしなければならないものとされました（法232条4項）。

　仮に，審判書にかかる将来の養育費も含めた養育費総額（本問では600万円）を再生債権とすると，再生債権者は，弁済期間中に将来の養育費も含めた養育費総額の2割（本問では600万円の2割で120万円）を弁済期間内に弁済した上，弁済期間満了時に将来分を含めた養育費の残額（本問では480万円）を直ちに支払わなければならないことになります。しかし，将来の養育費が減免される訳ではないので，将来の養育費を再生計画の弁済期間中に弁済させる合理的な理由はありません。これでは，養育費請求権が要扶養状態の継続によって日々発生する権利であるという本質と不整合が生じます。また，弁済期間満了時に残りの将来の養育費を支払わなければならないとすると，その処理後に，扶養の必要性や扶養能力の変動による事情変更が生じ，養育費の変更・取消審判をする必要が生じた場合に，その処理に窮することになります。

　これらの問題は，いずれも将来の養育費請求権が審判ないし協議の事実に基づいて発生すると解することから生じるものであり，養育費は要扶養状態の存在により日々発生する権利で再生手続開始後の部分は共益債権であり，再生手続外で支払うことができると解した場合には，このような問題は一切発生しません。扶養請求権から生じている養育費請求権は，本来，扶養請求権者の日々の生活を維持するために必要な額を，扶養義務者にとって可能な限度で，その都度支給させるという本質を有しており，前記のとおり再生手続開始後の養育費請求権が共益債権であるとす

る考え方は、養育費請求権のこの本質に合致した解釈であって、改正法の趣旨にも合致し、実務的にも妥当な解決をもたらすものということができます。

3 以上のとおり、養育費は要扶養状態の継続によって日々発生する権利であり、再生手続開始前に弁済期が到来した過去の養育費請求権は再生債権（ただし、後述のように非免責債権になります。）に該当しますが、再生手続開始後の養育費請求権は再生債権には該当しないと考えられますので、これについては、共益債権として手続外で随時弁済することができます。

4 非免責債権の支払時期
　このように、養育費請求権に該当する再生債権は、非免責債権となりました（法229条3項3号）が、注意すべきことは、非免責債権であっても、個人再生手続の影響を全く受けないのではなく、再生計画の弁済期間内は期限が猶予されることです。非免責債権の全額を直ちに支払わなければならないとすると、再生計画は履行可能性がないことになり、非免責債権を負担する債務者はおよそ個人再生手続を利用できなくなり、結局、非免責債権の債権者にも支払いができなくなるからです。
　本件の養育費のうち、再生債権である60万円について、再生計画が［80パーセントの免除を受け残額を認可決定確定日の属する月の翌月28日を1回として3か月ごとに各12分の1ずつ支払う］というものですと、この間は、60万円の2割の12分の1つまり1万円を3か月ごとに12回支払えばよいのです。そして再生計画に基づく弁済が完了した時（この例ですと、第1回支払いの34か月後に弁済が完了しますので、34か月後の28日がその時点です。3年後ではないことにご注意ください。法232条3項による「弁済期間が満了する時」の定義を参照。）に、残額の48万円を一括して支払わなければなりません（法232条4項5項）。しかし、その時点では、他の再生債権については免責されていますから、一括での支払いは難しいとしても従来支払っていた各弁済期ごとの支払額の全額を、非免責債権の債権者に支払うことはできるはずなので、そこで改めて分割支払いの合意をすることも期待できます。

5 ですから、質問の前段については、過去の未払養育費は債権者一覧表に記載する必要がありますが、再生手続開始後の養育費は記載する必要がない、ということになります。ただし、将来にわたって養育費の弁済義務を負っており、共益債権として弁済を要するということは、再生計画の履行可能性との関係で重要な事実ですか

ら、当然申立書に記載するべきですし、再生計画も養育費の支払いを前提として立案する必要があります。

　次に、質問の後段についてですが、前述したとおり、再生手続開始後の養育費請求権を仮に再生債権と解釈しても、再生手続でカットされることはありません。

　しかし、リストラや債務負担によって、審判に基づく金額の養育費の支払いが困難になっている場合には、民法880条に基づき、事情変更を理由として、家庭裁判所に対して審判の変更の申立てをすることができますし、もちろんこの手続によらなくても、前妻との協議が成立すれば、養育費の減額は可能です。

　したがって、本問では、まず前妻と協議して、減額の見込みについて一定の見通しを立てた上で、必要であれば上記審判の申立てをして、履行可能な再生計画を立案することが相当です。個人再生手続においては、滞納税金や養育費等の共益債権の弁済の見込みがあるかどうか、これらについて履行ができないために強制執行を受けるおそれがないかを考慮した上、履行の可能性を判断しますので、何らの話合いもせず申立てをすることは相当ではありません。以上が、大阪地方裁判所第6民事部の見解です。

6　質問については前記結論のとおりですが、なお念のため付言しますと、再生手続開始後の養育費請求権は再生債権ではありませんので、法221条1項の5,000万円要件を判断する際に再生債権額としてカウントされることはありません（ただし、再生手続開始前の未払養育費請求権は再生債権となりますので、5,000万円要件判断の際にも算入されます。）。また、養育費が扶養の必要性に対して日々発生するものであることからすると、本問でいう妻の側が個人再生手続の申立てをする場合、財産目録には、既発生の未払養育費請求権を計上する必要がありますが、将来の養育費請求権を掲げる必要はないことになります。

16 別除権付再生債権の取扱い

Q 　個人再生手続における別除権付再生債権の取扱いについて教えてください。
　また，自動車について所有権留保契約が締結されている場合に留意すべき事項についても，併せて教えてください。
① 別除権付債権の取扱いの概要
② 担保不足見込額の算定方法と算出上の留意点
③ 別除権付債権に関する再生計画の条項（適確条項）
④ 別除権付債権の弁済方法と留意点
⑤ 将来の求償権者が担保権を設定している場合の取扱い
⑥ 別除権目的物の受戻し
⑦ 個人再生手続上の所有権留保の扱い
⑧ 自動車の対抗要件
⑨ 債権者一覧表及び財産目録の記載方法

A

1　別除権付再生債権の取扱いの概要

　例えば，再生債務者に対する債権の担保として再生債務者所有の不動産に抵当権が設定されている場合，当該債権を別除権付再生債権といいます。別除権付再生債権については，別除権の行使によって弁済を受けることのできない債権の部分（以下「不足額」といいます。）が確定しない限り弁済を受けることができません（法182条）。

　また，別除権付再生債権については，別除権の行使によって弁済を受けることができないと見込まれる再生債権の額（以下「担保不足見込額」といいます。）を，別除権の目的とともに債権者一覧表に記載しなければなりません（法221条3項2号）。

　これは，別除権付再生債権については，競売など担保権実行の結果，不足額が確定するわけですが，それまでには相当期間がかかるので，担保不足見込額をもって議決権額（法230条8項），5,000万円の上限額（法231条2項2号）及び最低弁済額（法231条2項3号4号）の基準となる再生手続上の債権額として取り扱うことにしたからです。

なお，別除権付再生債権とされるためには，後記のとおり第三者対抗要件が必要となるので，申立ての際には，この点を確認しておく必要があります。

2　担保不足見込額の算定方法と算出上の留意点

別除権付不動産を所有しているが住宅資金特別条項を使わないで個人再生を利用する場合には，被担保債権から目的物の評価見込額を控除したものが基準債権に含まれることになります。他に再生債権者がおらず，被担保債権が2,000万円という例ですと，目的物の評価見込額を1,000万円として計画弁済額を算定すると，基準債権が1,000万円ですから，計画弁済額の最低額は200万円です。評価見込額1,600万円として計画弁済額を算定すると，基準債権が400万円ですから，計画弁済額の最低額は100万円です。目的物の価額は，債務者が決めて再生計画案を作成するのであり，裁判所が決定するものではありません。あくまで見込みですので，いくらとするべきかは申立代理人として慎重に考える必要があります。計画弁済額の最低額を最低の100万円とすることを狙って，目的物の価額を高く見積もることが債務者に有利とは限りません。もし，目的物の評価見込額を1,600万円として，100万円を3年で弁済するという再生計画案を作成すると，基準債権400万円に対して弁済額が100万円ですから，弁済率25％（免除率75％）となります。そして，再生計画認可決定の確定後，競売が行われ，800万円で売却がされたとすると，確定した不足額は1,200万円であり，支払うべき弁済額は，その25％の300万円です。もし，目的物の価額を1,000万円と見込んで再生計画を作成していれば，基準債権1,000万円に対して計画弁済額200万円，弁済率20％ですから，もし800万円で売却となったとしても，支払うべき弁済額は1,200万円の20％の240万円に留まります。このような結果は，①個人再生の再生計画の認可により確定するのは，債権者の債権額や弁済額ではなく，免除率であること，②計画弁済の最低額には，5分の1という割合基準の外に，100万円あるいは300万円という上下限が設けられていることから生ずるものです（ただし，負債総額が3,000万円以上5,000万円以下の場合は，負債総額の10分の1）。申立代理人としては，別除権行使の結果も考慮にいれた上で，債務者が実際にいくら弁済しなければならないか，ということを考えて，目的物の価額の見込みを立てる必要があります。

また，このような点を考慮し，大阪地方裁判所第6民事部では，申立ての際に，固定資産評価証明書だけでなく，不動産業者の査定書も疎明資料として提出する取扱いとなっています。

なお，別除権付再生債権が住宅資金貸付債権に関するもので，かつ，住宅資金特別条項を定める場合には，担保不足見込額が手続上の債権額として手続の基礎となることがないので，債権者一覧表に担保不足見込額を記載する必要はありません。

3　別除権付再生債権に関する再生計画の条項（適確条項）

別除権付再生債権については，再生計画において，不足額が確定した場合における権利の行使に関する適確な措置（以下「適確条項」といいます。）を定めなければなりません（法160条1項）。適確条項は，通常，「①再生債権者○○○○の再生債権について別除権が行使されていない。②不足額が確定したときは，再生債権の弁済方法の定めを適用する。③再生債権者から不足額が確定した旨の通知を受けた日に既に弁済期が到来している分割金については当該通知を受けた日から2週間以内に支払う。」というように記載します（【資料②簡易説明書　278頁】）。

4　別除権付再生債権の弁済方法と留意点

別除権付再生債権の弁済方法について，以下具体的に検討します。例えば，2,000万円の別除権付再生債権を有する者が，別除権の行使により1,100万円の弁済を受けた場合，不足額は，2,000万円－1,100万円＝900万円となります。この場合，再生計画において，再生債権の80パーセントの免除を受け，残り20パーセントを，3年間，3か月に1回ずつ当該月の末日限り分割して支払うことを定めていたとすると，当該債権者に対して弁済すべき金額は，900万円×0.2＝180万円となります。そして，当該債権者が再生債務者に対し，不足額が確定した旨を通知したのが，再生債務者の5回目の弁済後であった場合には，再生債務者は，当該債権者に対し，180万円÷12回×5回分＝75万円を通知を受けた日から2週間以内に支払い，以後弁済期ごとに180万円÷12回＝15万円ずつを残り7回で支払うことになります。

したがって，再生債務者としては，将来不足額が確定したときに備えて，その弁済に充てる予定の金額（担保不足見込額に再生計画で定められた弁済率を乗じ，これを弁済回数で除した金額）を各回の弁済期ごとに積み立てておく必要があります。再生債務者代理人としては，再生債務者に対して前記金額を積み立てるよう指導することはもちろん，再生債務者に対する履行の監督として，各回の弁済期ごとに再生債務者からそのときに弁済を要する金額のほかに前記金額の送金を受け，前記金額については不足額が確定したときにすぐに弁済できるように保管しておくなどの措置を講じておくべきでしょう。

5 将来の求償権者が担保権を設定している場合の取扱い

　次に，再生債務者から保証委託を受けた保証会社が，再生債務者に対する求償権を担保するために，再生債務者の所有する不動産に抵当権を設定している場合（代位弁済は未了とします。）には，どのように記載すべきでしょうか（なお，住宅資金特別条項を設けない場合を前提としています。）。以下，保証会社が，再生債務者の金融機関からの借入債務3,000万円を保証し，再生債務者所有の不動産に3,000万円の抵当権を設定していたところ，再生手続申立時の再生債務者の借入残債務が2,000万円，不動産の時価が1,500万円，その他の再生債権が1,200万円であった場合を例に挙げて説明します。

(1)　A説は，再生手続が開始されると，保証会社による代位弁済がなされるのが通常ですから，代位弁済前であっても，これがあったのと同様に扱い，金融機関の貸金債権を0円，保証会社の求償債権を2,000万円，別除権の行使により弁済が見込まれる額を1,500万円，担保不足見込額を500万円と記載するという考え方です。しかし，この説に対しては，①開始決定時における再生債権の現状に則していない，②代位弁済がなされず，金融機関が2,000万円の貸金債権を届け出た場合には5,000万円の上限要件（法231条2項2号・241条2項5号）を超えてしまう事例もありうる，といった批判が当てはまります。

(2)　B説は，金融機関の貸金債権を2,000万円，保証会社の求償債権を2,000万円と記載するとともに双方について異議留保し，異議申述期間中に代位弁済がなされない場合には，貸金債権については認め，求償債権については全額異議を述べることにし，代位弁済がなされた場合には，貸金債権については全額異議を述べ，求償債権については認めるという考え方です。しかし，この説に対しても，A説に対する前記①と同様の批判が当てはまります。

(3)　C説は，代位弁済がなされていない以上，金融機関の貸金債権を2,000万円とし，保証会社の将来の求償権を0円，別除権の行使により弁済が見込まれる額を0円，担保不足見込額を0円と記載するという考え方です。開始時の実体に則した考え方ですが，開始後に代位弁済がなされる見込みであるにもかかわらず，代位弁済がなされた場合に再生債権の金額がどのように変動するのか不明であるという不都合があります。

　大阪地方裁判所第6民事部では，再生手続申立時の再生債権の金額・性質については，その時の実態に則した記載をする必要があると考え，C説による取扱いを妥当としています。そして，前述したC説の不都合を回避するために，債権者一覧表の下部又は別紙に「債権番号2の債権については，債権番号1の債権につ

いて代位弁済前であるので0円となっている。代位弁済がなされた場合には，別除権の行使により弁済が見込まれる額は1,500万円，担保不足見込額は500万円となる予定である。」といった記載を行うよう指導しています（【書式㉘ 159頁】）。また，前記設例のように別除権の行使により弁済が見込まれる額を差し引くことができないことによって再生債権の総額が5,000万円を超えてしまう場合には，通例，代位弁済後に開始決定をすることになりますので，申立人代理人としては，金融機関及び保証会社に対し，代位弁済の時期，金額等について問い合わせ，裁判所に報告する取扱いになっています。

6 別除権目的物の受戻し

　別除権付不動産を持っているが住宅資金特別条項を使わないで再生計画を提出した場合，別除権者は，権利行使に制限を受けませんので，競売申立てをすることが予想されます。競売により別除権者が弁済を受けるとそれにより不足額が確定し，その確定した再生債権について一般的基準を適用したものを債務者が再生計画により弁済を行うことになります。

　ただ，別除権者に対する弁済は，別除権の行使（競売）によるものに限られるのではなく，その不動産を任意売却し，売却代金を別除権者に支払って別除権を消滅させることもできます。これが受戻しですが，法41条は，再生債務者が「別除権の目的である財産の受戻し」をすることができることを前提として，それについて裁判所の許可を得なければならないものとすることができるとしています。個人再生では，要許可事項は定められていないのが普通ですので，認可決定の確定による再生手続の終結を待たず手続係属中であっても，債務者は，裁判所の許可を受けることなく，任意売却による受戻しをすることが可能です。

7 個人再生手続上の所有権留保の扱い

　所有権留保は，売買目的物の代金等を完済するまで，目的物の所有権を売主に留保する法形式ですが，その実質が，売買代金の担保としての機能を果たすことから，個人再生手続上も別除権の一種として扱われています（法53条1項は，4種類の担保権について，その目的である財産に別除権を有する旨規定していますが，この規定は，別除権をその4種類に限定する趣旨ではなく，譲渡担保・所有権留保などの非典型担保についても，別除権として扱うべきであるとするのが多数説です。）。

　所有権留保特約は，契約当事者間においては，第三者に対する対抗要件を備えて

いなくても有効ですが，個人再生手続においてその所有権留保が別除権として認められるためには，それが他の再生債権者に対抗しうるもの，すなわち対抗要件を具備したものでなくてはなりません。別除権は，再生手続によらないで行使することができる（法53条2項）という優越的地位を与えられているからです。

8　自動車の対抗要件

　軽自動車，小型特殊自動車及び二輪の小型自動車（以下「軽自動車等」という。）以外の自動車は，道路運送車両法4条による登録が第三者対抗要件とされています（道路運送車両法5条）。したがって，軽自動車等以外の自動車についての所有権留保が，個人再生手続において別除権として扱われるためには，車検証の所有者欄の登録名義が売主になっていることが必要です。

　これに対して，軽自動車等は，登録が対抗要件とされていないので，一般の動産と同様，引渡しが対抗要件となります（民法178条）。そうすると，再生債務者から担保権者に対する引渡しがされていると認定できる場合には，個人再生手続においても別除権として認められることになりますが，この点は，売買契約書等において，再生債務者から売主に対する占有改定がされているかなどによって判断されることになると思われます。

9　債権者一覧表及び財産目録の記載方法
(1) 所有権留保が対抗要件を備えていると認められる場合

　　債権者一覧表を作成する際には，所有権留保によって担保される債権を別除権付債権として記載します。別除権の行使により弁済が見込まれる額，担保不足見込額，別除権の目的を所定の欄に記載することも必要です。

　　財産目録の当該自動車の時価を記載する欄には，業者の査定書等による時価からローンの残額を控除した額（オーバーローンの場合は0円）を記載します。

(2) 所有権留保が第三者対抗要件を備えていると認められない場合

　　債権者一覧表を作成する際に，所有権留保契約によって担保されることになっている債権を，別除権付債権として記載することはできません。また，財産目録には，査定書等による時価をそのまま記載します（ローン残額等を控除することはできません。）。

17　リース料債権の取扱い

Q 個人再生手続におけるリース料債権の取扱いについて教えてください。

A　1　個人事業者の場合，リース会社との間で，事業用の機械，什器備品，自動車等についてリース契約を締結していることがあります。フルペイアウト方式によるファイナンス・リース契約において，リース物件の引渡しを受けたユーザーにつき民事再生手続の開始決定があった場合に未払のリース料債権をどのように取り扱うべきかということが問題となりますが，未払のリース料債権は，再生手続開始前の原因（リース契約）に基づいて生じた債権です。そして，この場合リース会社は，ユーザーに対してリース料の支払債務と牽連関係に立つ未履行債務を負担していないので，双方未履行の双務契約に関する法49条の規定は適用されないと考えられます（会社更生手続の場合につき，最高裁平成7年4月14日判決民集49巻4号1063頁）。したがって，未払いのリース料債権は，再生債権として取り扱われることになりますが，これは別除権付再生債権と考えられます。リース契約において，リース物件の所有権はリース会社にあり，ユーザーがリース料を支払わない場合には，リース会社は，リース物件を引き揚げ，これを換価するなどして債権回収をすることができると約定されているので，リース物件そのもの，あるいはその利用権に担保権を設定したものと理解されるからです。したがって，未払いのリース料債権がある場合には，債権者一覧表の別除権付債権の欄に，別除権の行使により弁済が見込まれる額（リース物件の時価），担保不足見込額（残リース料からリース物件の時価を控除した額），別除権の目的（リース物件）を記載しなければなりません（法221条3項2号）。

　このように未払いのリース料債権は再生債権ですから，再生手続開始後は，弁済禁止効により，原則として再生計画の定めによる弁済しか許されなくなります（法85条1項）。そこで，リース会社としては，別除権の行使として，リース料の不払いを理由にリース物件の引揚げを求めてくることが予想されます。しかし，そうなると，そのリース物件が事業継続に不可欠なものである場合，再生債務者としては，今後の事業継続が困難になるというのが問題の所在です。

2　では，この別除権の行使（引揚げ）を防ぐ方法はないものでしょうか。事業のために必要不可欠なリース物件が引き揚げられると，再生債務者としては，事業を続けるために，どこからか代替物件を調達しなければなりませんが，新たにリース物件を取得するよりも，現に使用しているリース物件の使用を継続する方が経済的に見て合理的なことが多いものと考えられます。また，当該リース物件の使用によって新たに弁済原資が生み出され，事業継続を前提とする計画弁済が履行できることになるものということができます。

　そこで，再生手続開始後，リース会社との間で，残リース料の支払いについて弁済協定を締結し，弁済協定の内容となった債務を，再生手続開始後の再生債務者の業務及び財産の管理に関する費用の請求権（法119条2号）又は再生債務者財産に関し再生債務者等が再生手続開始後にした資金の借入れその他の行為によって生じた請求権（法119条5号）に該当する共益債権として弁済するという方策が考えられます。すなわち，元来は別除権付再生債権であるリース料債権について，弁済協定を締結することによって，共益債権として取り扱い，弁済するという方法です。再生計画上，共益債権として支払うのであれば，再生計画の定めによる債権カットの対象とならず，再生債権に先立って弁済することができます（法121条1項2項）。

3　この弁済協定によるリース料債権の共益債権としての支払いは，裁判所の許可が必要な事項として指定することも可能な行為ですが（法41条1項8号），個人再生手続の場合には，通常そのような指定はされません。したがって，再生債務者の判断で弁済協定を締結してもよいのですが，事業にとって必要不可欠でないリース物件について弁済協定を締結してその支払いをすることは，法85条1項に違反し，再生計画の不認可事由となるおそれがあります（法231条1項・174条2項1号）。そこで，再生債務者代理人としては，あらかじめ裁判所に対し，当該リース物件について弁済協定を締結する必要性について上申書を提出する必要があります。

　必要性の点がしばしば問題となるのは，自動車のリース契約の場合です。例えば，貨物自動車を用いた商品の配達や販売の場合には，当該自動車が事業継続に必要不可欠と認められますが，サラリーマンが通勤等に普通乗用自動車を使用している場合には，事業にとって必要不可欠というわけではないので，弁済協定を締結することは許されません。

18 個人再生委員の選任

Q 個人再生委員はどのような場合に選任されるのですか。

A

1　個人再生手続における重要な機関として個人再生委員があります。通常の民事再生においては監督委員が選任されるのが通常ですが、監督委員のように広範囲な権限を与えるとその費用・報酬が高額となり、とても個人再生のような手続ではコストパフォーマンスが引き合いません。そこで、必要最小限の職務を果たす機関として個人再生委員の制度が設けられました（法223条・244条）。

2　個人再生委員は、①債務者の財産及び収入の状況の調査、②債務者が適正な再生計画案を作成するために必要な勧告、③関係者間の争いのある再生債権の評価に関する裁判所の補助という3つの職務のうち、裁判所が指定した職務のみを行います。このうち③については、再生債権の評価の申立てがあった場合に必要的に選任されることになります（法223条1項ただし書）。

その余の①②の職務については、必要がある限り選任されることになります。

(1)　大阪地方裁判所第6民事部では、弁護士代理の事件で、負債総額が3,000万円以下であるか、負債総額が3,000万円を超えた場合でも、当該債務が事業によるものではない場合には、原則として個人再生委員を選任しないこととしています。これは、前記②の場合、弁護士代理の事件では、再生債務者のために適正な再生計画案を作成することは申立代理人の基本的職責であって、それ以上に個人再生委員を補助につける必要性がないこと、①の場合も、個人再生手続を利用する債務者が零細な事業者や給与所得者であり、一般に費用対効果の点で引き合わないこと、申立代理人による資産調査が適正に行われる限り、個人再生委員による財産調査を更に行う必要性もないことを理由とするものです。

もっとも、清算価値保障原則の関係からも、債務者の財産や収入が適正に調査されていることが重要であることはいうまでもありません。したがって、この点に疑問があれば、直ちに個人再生委員を選任することになります。したがって、債務者に財産隠しなどの疑いがあれば債権者からその情報を裁判所に報告するこ

とが望まれます。
(2) 一方，事業に基づく負債が3,000万円を超えるような個人事業者は，その事業規模においても零細とはいえないばかりか，売掛・買掛や手形取引等の信用取引を反復，継続的に行っていることも多く，申立代理人による資産調査を前提としたとしても，なお財産及び収入の状況の把握や再生計画の遂行可能性の判断に困難を生じることが予想されます。また，破産手続における当部の取扱いでも，保証債務と住宅ローンを除いた負債が3,000万円を超える者については，一般に，破産管財人による資産調査の必要があるとの考えから，管財相当事案の一類型として挙げられているところです（大阪地方裁判所・大阪弁護士会新破産法検討プロジェクトチーム編『破産管財手続の運用と書式』（新日本法規，平16）16頁参照）。

そのため，住宅ローンと保証債務を除いた負債額が3,000万円を超える事業者が申立てをした場合には，代理人申立て，本人申立ての別を問わず，個人再生委員を選任して財産及び収入の状況の調査を行うこととしています。したがって，この場合には，申立時に，個人再生委員選任費用相当額（原則として30万円）の予納金の納付も併せて必要になるので注意が必要です。
(3) これに対して弁護士代理でない事件については個人再生委員を選任することになります。司法書士申立ての場合においては，関与している司法書士ごとに個別に判断することになりますが，現在までのところ，大阪地方裁判所における司法書士申立ては良好な状況にあり，個人再生委員を選任したケースが非常に少ないのが実情です。

19 保証債務の評価

Q 再生債務者が、保証債務(主たる債務の事前求償権)を保証しており、主たる債務者が正常に弁済を継続している場合、保証債務の評価額はどのようになりますか。

A

1　例えば、債権者Aが主たる債務者Bに金員を貸し付け、保証会社Cがこれを保証したとします。そして、CのBに対する事前求償権について、Dが保証していたところ、Dが個人再生手続開始決定を受けたとします。

　このときDは、①Bが約定通りの返済を継続している以上、BはもちろんDも期限の利益を喪失していないとして、あるいは②主たる債務自体が事前求償権であるところ、Bが正常弁済を継続しているため、民法460条各号のいずれの場合にも該当せず、Cは事前求償権を未だ行使し得ない状況であるので、これを保証する保証債務も将来の請求権にとどまる、としてCの債権に異議を述べることが考えられます。これに対して、Cから再生債権の評価の申立てが出された場合、どのような評価額になるのでしょうか。

2　保証債務は、一般にその補充性から、主たる債務の履行がない場合において、その履行をなす責めに任ずるものですが、この補充性は、債権者が保証人に対して履行を求めた場合に、保証人には催告・検索の抗弁権が与えられるという形で現れるにすぎません。また、連帯保証では、補充性さえなく、これらの抗弁権を有しません。

　したがって、保証債権は、その固有の性質として将来の請求権ではなく、ただ主たる債務が将来の請求権であるような場合に、附従性により保証債務も将来の請求権となるにすぎません。

　そして、保証債務が、附従性により将来の請求権となる場合には、将来の請求権は法定の停止条件付債権と通説では考えられていますので、法227条9項で準用される法221条5項により、法87条1項3号ホの「条件付債権」に該当し、債権額そのものではなく、再生手続開始時の評価額をもってその金額と定めることになり、主債務者が正常弁済を継続している等の事情をある程度考慮する余地があります(な

お，個人再生手続においては，法232条１項により，条件付債権等の再生債権は法87条１項１号から３号までにより定められる金額に実質的に等質化されることになります。）。

3 ところで，事前求償権が発生するのは，民法460条各号に該当する場合のほか，契約に基づく場合が考えられます。

　本問の場合には，主たる債務者が正常弁済を継続しており，期限の利益も失っていないため，民法460条各号のいずれにも該当せず，民法上の事前求償権は発生していないと考えられますが，通常，保証委託契約書において，保証人の「破産手続開始の申立て」や「和議開始」等が事前求償権発生事由と定められており，「和議開始」に「再生手続開始」が含まれると一般に考えられていることからしますと，ＢＣ間の保証委託契約書が，このような内容のものである場合，Ｄが個人再生手続開始決定を受けたことにより，この契約条項に基づいてＣがＢに対する事前求償権を取得することになります。

　したがって，これを保証しているＤの保証債務は，将来の請求権ではなく，現在の請求権ということになりますので，その評価額は，債権額全額となります。

20 再生計画案作成上の留意点

Q 再生計画案を作成するにあたって、留意すべき点について教えてください。

A

1 再生計画案の策定の準備
(1) 裁判所へ提出にあたって

　再生計画案とは、再生債権者の権利の変更を通じて再生債務者の経済生活の再生を目的としたもので、その提出権者は、再生債務者に限定されています（法238条及び法245条による法163条2項の適用除外）。その意味で再生計画案の策定は、個人再生手続の中心的作業と言えます。再生計画案は、権利変更の内容として債務の減免（免除率）、期限の猶予その他の権利の変更の一般的基準を定めなければなりません（法156条）。申立代理人としては、再生計画案を法律に基づき正確に作成するとともに、再生計画案に添付される弁済計画表についても、再生債権者及び再生債務者に対する具体的な権利変更の内容（弁済総額、弁済期間、各回の弁済額など）を周知させるため正確に策定する必要があります。補正ができない再生計画案が提出された場合には、手続は廃止（法191条1号2号）となりますので、提出前には十分に点検することが大切です。その上で、提出期限を厳守（期限を過ぎると手続が廃止となります（法191条2号）。）することは当然ですが、㋐再生計画案、㋑再生計画による弁済計画表、㋒積立状況等報告書（積立専用通帳写しを含む）の3点セットを提出してください。また、開始決定時に家計収支表などの提出を指示されていた場合には、当該書面も併せて提出してください。なお、積立てができていない場合や一括積立てをしている場合には、その理由を積立状況等報告書に記載してください。

(2) 再生計画案策定にあたり債権額を確定する上で留意すべき事項

　ア　債権譲渡や承継、代位弁済の通知書が申立代理人又は再生債務者に届いた場合

　債権の譲受人ないし承継人に対し、裁判所に新旧の債権者連名、押印の再生債権承継届出書又は債権名義変更届出書（法96条）を提出するよう連絡してください（後掲書式「再生債権承継届出書」242頁参照）。裁判所に未提出の状態では、手

続上承継人等を新債権者と扱うことはできず，債権者一覧表に記載されている旧債権者を，再生債権者として再生計画による弁済計画表に挙げることになります。

イ　債権者一覧表に銀行と保証会社（債権額は0円，将来の求償権）の双方を記載していた場合に，債権届出期間前に保証会社が代位弁済したとして債権届出書を提出した場合

代位弁済を受けた銀行に連絡を取り，取下書を裁判所に提出するよう依頼してください。法人の場合，取下書の作成名義は当然に登記された代表権限を有する代表取締役や支配人名義となることにも留意してください。取下書が提出されない場合には，再生計画による弁済計画表に銀行を債権者として挙げざるを得ません。この場合，申立段階で銀行に対して，債権者一覧表で異議留保をしておけば，一般異議申述期間内に異議を述べる方法で代位弁済を受けた銀行を手続から排除することができます。なお，債権届出期間後は，前記アの方法により，再生債権承継届出書又は債権名義変更届出書を提出してもらうことになります。

ウ　異議の撤回手続

異議の撤回は，裁判所に対して異議撤回書（異議一部撤回書（**書式㊲**　170頁））の正本1通を提出してください。その上で再生債権者に対しては，申立代理人から通知してください（規則122条1項）。また，債権者への通知の方法は，定められておりませんが，異議撤回書を送付するのが相当でしょう。異議申述の場合とは異なり，裁判所に異議撤回書の副本を提出する必要はありません。

2　再生計画案策定の順序

(1)　履行の可能性の検討

申立代理人は，開始決定後の債務者の収支の状況を家計収支表等を用いて精査の上，積立状況等報告書を作成し，法定の最低弁済額が弁済可能かどうか検討してください。

(2)　法定の最低弁済額の確定と免除率の確定

ア　具体的事例で計算してみましょう。債権者は6名で確定債権額は次のとおりです。前提として，便宜上，清算価値，可処分所得額2年分（給与所得者等再生の場合のみ）が，100万円以下とします。

債権者1　　　96万3,193円

債権者2　　　42万2,188円

債権者3	164万7,575円
債権者4	41万7,582円
債権者5	13万5,081円
債権者6	19万7,603円
合計額	378万3,222円

届出のあった債権の確定債権額の合計額が378万3,222円で，この5分の1は75万6,644.4円ですから，法定の最低弁済額は100万円となります（法231条2項4号）。

それでは，免除率を算出しましょう。確定債権額の総額378万3,222円から法定の最低弁済額100万円を差し引いた残額278万3,222円が免除されるわけですから，278万3,222円を378万3,222円で割り免除率を算出します。その商は0.73567504101…と割り切れません。この場合にどの位で切り捨てたらよいのでしょうか。

上記数字を小数点以下5桁で切り捨てると，0.7356となり，①免除率は73.56％となります。

小数点以下11桁で切り捨てると，0.7356750410となり，②免除率は73.56750410％となります。それぞれの免除率に基づく弁済率，弁済総額の算出は下記のとおりです。いずれも法定の最低弁済額は超えていますが，個人再生は法定の最低弁済額以上の弁済をしていくという再生計画案を提示して，各債権者に理解を求める手続ですから，法定弁済額に限りなく近づけて支払わなければならないものではなく，検算の簡便さから，免除率は小数点以下2桁までを求める①の計算方法が望ましいといえます。

★弁済率と弁済方法の計算方法と結果

免除率は，$\dfrac{\text{確定債権額}-\text{最低弁済額}}{\text{確定債権額}}$ で算出されます。

次に弁済率と弁済総額を算出します。

免除率①では，弁済率　100％－73.56％＝26.44％

弁済額は，378万3,222円×26.44％＝100万0,283.8968円となり，1円未満を切り上げて100万0,284円(※1)となります。

免除率②では，弁済率

　　100％－73.56750410％＝26.4324959％

弁済額は，378万3,222円×26.4324959％＝100万0,000.00003円となり，円未満切り上げて100万0,001円となります。

※両者の弁済総額の差は，283円と僅少です。

(3) 計画案の作成

さて，前述したとおり免除率が定まりました。どの範囲の債権が免除の対象となるのでしょうか。計画案の1項をご覧いただきますと「元本及び再生手続開始決定日の前日までの利息・損害金」の73.56％を免除することができ，再生計画案は次のようになります。

(※本例は，定型書式を利用し，2項は3か月ごとに支払う方法を選択し，100円未満を切り上げて端数調整し，3項は滞納の共益債権，一般優先債権がない場合の記載例です。)

大阪地方裁判所　平成☆年（再イ・ロ）第〇〇〇〇号

再生計画案（平成☆年〇月〇日）

再生債務者　　　□□□□
再生債務者代理人□□□□　㊞
（電話06－〇〇〇〇－〇〇〇〇）

1　再生債権に対する権利変更として，次の額について免除を受ける。免除額に1円未満の端数が生じたときは，切り捨てる。

(1)　元本及び再生手続開始決定日の前日までの利息・損害金の[　73.56　]パーセント相当額

(2)　再生手続開始決定日以降の利息・損害金合計額の[　100　]パーセント相当額

2　上記1による権利変更後の再生債権については，再生計画認可決定確定日の属する月の[翌]月以降，下記の□に印を付した項に記載した方法により分割弁済する。ただし，これにより算出される[　100　]円未満の端数は[切り上げ][最終回]で調整する。

☑　3か月ごとに支払う方法

上記確定日の属する月の[翌]月を第1回目として以後3か月ごとに合計[　12　]回，各月の[末]日限り，各[　12分の1　]の割合による金額を支払う（通算3年0か月間）。

□　毎月支払う方法

上記確定日の属する月の[　　]月を第1回目として，毎月[　　]日限り，各[　　　]の割合による金額を支払う（通算期間[　　]年[　　]か月間）。

□　ボーナス時に支払う方法

[　]年[　]か月間，毎年[　　]月及び[　　]月の[　　]日限り，各[　　　]の割合による金額を支払う（合計　　回）。

□ その他の方法

再生計画による弁済総額が[　]万円以下の再生債権者に対しては，上記確定日の属する月の翌月の[　]日限り，[　]の割合による金額を支払う（合計　回）。

3　共益債権及び一般優先債権は，随時支払う。

（上記債権[特に公租公課等]で未払分がある場合には，下記にその種目，金額を記載する）

(4) 再生計画案による弁済計画表の作成

ア　弁済率と再生計画による弁済総額の算出

上記再生計画案によれば，免除率が73.56％なので，

弁済率は，100％－73.56％＝26.44％となります。

債権者1の弁済総額は，確定債権額に弁済率を乗じて，

96万3,193円×0.2644＝25万4,668.2292円となり，再生計画案では「免除額に1円未満の端数が生じたときは，切り捨てる」と定めていますから，弁済額を算出する際の端数処理は，反対に1円未満の端数は切り上げることになり，「再生計画による弁済総額」は25万4,669円となります。

以下同様の計算で算出すると

　　債権者2　　42万2,188円は11万1,627円
　　債権者3　　164万7,575円は43万5,619円
　　債権者4　　41万7,582円は11万0,409円
　　債権者5　　13万5,081円は3万5,716円
　　債権者6　　19万7,603円は5万2,247円
　　合計　　　　　　　　　100万0,287円 (※2) となります。

[この（※2）の金額が前記「★弁済率と弁済方法の計算方法と結果」の（※1）の金額と違いますが，（※2）は債権者ごとに計算した各弁済総額を合算して算出しているので，このような僅差の誤差は生じます。]

イ　各回の弁済額の算出

次にアで算出された額に基づき，各回の弁済額を算出してみましょう。

前記計画案の場合，1回の割合は，各12分の1ですから，債権者1の弁済総額である25万4,669円を12で割ります。

25万4,669円÷12＝2万1,222.4166666…円となり，前記計画案に従い，100円未満を切り上げて，各回の額は2万1,300円となります。再生計画案では，最終

回（12回目）で端数調整をしますから，最終回の金額を算出すると以下のとおりです。

　　2万1,300円×11＝23万4,300円

　　25万4,669円－23万4,300円＝2万0,369円となります。

　　以下同様に算出すると

債権者2	各回	9,400円,	最終回	8,227円
債権者3	各回	3万6,400円,	最終回	3万5,219円
債権者4	各回	9,300円,	最終回	8,109円
債権者5	各回	3,000円,	最終回	2,716円
債権者6	各回	4,400円,	最終回	3,847円
合計		8万3,800円,	最終回	7万8,487円となります。

(5) その他の留意点

　ア　免除率が高すぎる。これは算出するときに，小数点以下は切り捨てなければならないのに切り上げていることが原因です。

　イ　再生計画案に基づいて弁済計画表を作成していない。

　　端数調整の単位が，再生計画案では100円未満切上げ（切捨て）と定めているのに，弁済計画表では10円未満切上げ（切捨て）で計算されている。また，1回の弁済額の算出方法が以下の例のように，再生計画案で定めた方法で計算していないことがあります。

　㈠　再生計画案では各[8.34パーセント]と定めているのに弁済計画表の「各回の弁済額」を算出する際，12分の1で計算している。

　　<u>8.34％と定めたら弁済総額に8.34％を乗じて各回の弁済額を計算しなければならないことに注意してください。</u>

　　上の計算方法を間違えると，各回の弁済額が異なる場合があります。

　（計算例）　　端数処理は10円未満切り上げ

　　弁済総額　　　　　　　　　　　各回の弁済額
　　26,983円×0.0834＝2,250.3822　　2,260円
　　26,983円÷12　　＝2,248.5833……2,250円

　ウ　再生計画案に免除率ではなく，弁済率を記載している。

　　このような誤りは，再生計画案に基づいて弁済計画表が作成されているか，検算・確認していないことが原因です。必ず計画案を提出する前には，これらを行ってください。

(再生債権承継届出書)

平成　年（再イ・再ロ）第　　号
再生債務者＿＿＿＿＿＿＿＿＿＿

再生債権承継届出書

　　　　　　　　　　　　　　　　　　平成　　年　　月　　日

　　旧債権者＿＿＿＿＿＿＿＿＿＿＿＿＿＿＿
　　新債権者＿＿＿＿＿＿＿＿＿＿＿＿＿＿＿

　下記のとおり再生債権の承継の届出をします。（正副2通提出）

　　　変更の原因　平成　　年　　月　　日
　　　□債権譲渡　　□代位弁済　　□その他　　（印を付したもの）

　　　　　　　　　　　　記

　　　　　　　（〒　　　－　　　）
　　旧債権者（住所）＿＿＿＿＿＿＿＿＿＿＿＿＿＿＿
　　　　　　（氏名）＿＿＿＿＿＿＿＿＿＿＿＿＿＿＿印
　　　　　　（〒　　　－　　　）
　　新債権者（住所）＿＿＿＿＿＿＿＿＿＿＿＿＿＿＿
　　　　　　（氏名）＿＿＿＿＿＿＿＿＿＿＿＿＿＿＿印

大阪地方裁判所　第6民事部個人再生　係御中

　　担当事務　　　　　　連絡電話番号

（単位：円）

届出番号	債権の種類	届出債権額	変更額	残額	備考

21 少額債権の定め

Q 少額債権の定めをする場合に、どのような点に留意しなければならないですか。

A 1 法は、再生計画による権利の変更の内容について、少額の再生債権の弁済の時期につき別段の定めをすることを認めています（小規模個人再生について法229条1項、給与所得者等再生について法244条）。これは、「少額の債権」、すなわち、当該事件における他の再生債権と比較して格段に額の少ない債権について、他の債権と同様に、3か月に1回以上の割合による原則3年（最長5年）の分割弁済を要求すると（法229条2項）、1回当たり弁済額が少額になり、送金手数料さえ下回るという経済合理性を欠く事態を生じかねませんので、これを避けるために、弁済の時期について、別異の取扱いを認めたものです。

法は、通常の再生手続についても、再生計画による権利変更の平等の例外として、少額債権につき別段の定めをすることを認めています（法155条1項ただし書）。もっとも、同項は、再生債権者間の実質上の衡平を図るべく、弁済時期のみならず弁済率についても別異の定めを置くことを認めており、個人再生手続についての規定と異なります。

このような違いが生ずるのは、個人再生手続についての規定が、個別具体的な権利の内容についての実質上の衡平を目指したものではないからです。すなわち、個人再生手続では、①債権額の上限が5,000万円で債権者数も少数に止まると考えられること、②再生債権者間で形式的平等原則を適用することによって、衡平が害されることはほとんど考えられないこと、③本人申立ても予想されるところ、再生債務者本人に、再生債権者間の衡平を考慮した再生計画立案を期待するのは困難であること、④多数の事件の簡易迅速な処理が要請されるところ、権利の内容に個別具体的に踏み込んで実質的衡平に適合するかどうかを判断することは、この要請に反すること等から、原則として、形式的平等によることとし、ただし、前記のような実際上の不都合を避けるため、個人再生手続について認められた取扱いだからです。これにより、他の再生債権者に比して、その弁済期間の差の利息相当額の利益を得ることにはなるものの、その弁済を受ける再生債権の絶対額が少額であるところか

ら、利息相当額も僅少で事実上無視し得る金額にとどまり、実質的平等に反しない、などと説明されています。

2 また、破産手続において債権者に対する個別の配当額が1,000円に満たない場合、債権届出時に受領の意思を明らかにしている場合を除いてその債権者に対する配当をしないこととされたこと（破201条5項、破規32条1項等）を考慮すると、1回当たりの弁済額が1,000円に満たない場合にこれを避けるために少額の再生債権の弁済の時期について別段の定めを設けることは、多くの場合、合理的なものと思われます。

3 この度、大阪地方裁判所第6民事部においては、次のような運用基準を設けることとしました。

まず、1か月当たりの弁済額が1,000円に満たないことを基準とします（1か月に1回の弁済期を設けた場合と3か月に1回の弁済期を設けた場合との均衡も考慮し、1回の弁済当たり1,000円とはせず、1か月当たり1,000円と考えることとしました。したがって、例えば、3年間で弁済する場合は3万6,000円、5年間なら6万円ということになります。）。そして、このような基準の範囲内の額について少額債権の定めをした場合には、補足説明を計画案の別紙として付すことは求めません。

これに対し、上記基準を超える額の再生債権について少額債権の定めをする場合には、そのような少額債権の定めをした理由について、再生債権者に対する補足説明を計画案の別紙として添付することを求めます。そして、この場合、付議した際又は意見聴取の際の債権者の意見の有無・内容をも考慮した上で、当該事案に応じて、認可・不認可の判断をします。

なお、再生債務者が将来再生計画を履行できなくなる危険（リスクプレミアム）も考慮すれば、短期間で弁済を受けられることは、利息相当額以上に有利だとも考えられますので、少額の再生債権について別段の定めをする場合にも、弁済に便宜であればよいというわけではなく、また、上記基準に形式的に適合すればよいというわけではありませんから、他の再生債権者とのバランスにも配慮するようにしてください。特に、①計画弁済総額が1万円となる再生債権者を3回での弁済としつつ、計画弁済総額が3万円となる再生債権への弁済を1回とする場合や、②少額の債権の弁済を最終回のみとする場合などは許されません。

22　全額弁済の再生計画案

Q 再生計画案においては清算価値を保障しなければなりませんが，資産を清算価値で評価しても債務と同価値かそれ以上の資産がある場合，個人再生手続開始の申立てを行うことは可能でしょうか。

このような場合，再生計画案に債務免除条項を入れることはできないと思いますが，債務の全額を弁済するような再生計画案は認められるのでしょうか。

A 1　まず，第1は個人再生手続開始の要件の問題です。

個人再生手続開始の要件は，①債務者に破産手続開始の原因たる事実の生ずるおそれがあるとき，あるいは，②債務者が事業の継続に著しい支障を来すことなく弁済期にある債務を弁済することができないときのいずれかです（法21条）。

(1)　破産手続開始の原因たる事実の生ずるおそれがあるとき

破産原因たる事実とは，債務者の支払不能を指します（破15条）。

債務者の支払不能とは，債務者の弁済能力が欠乏して金銭調達の見込みがなく，弁済期にある債務を一般的かつ継続的に弁済することができない客観的状況をいいます。

債務者に一定の資産があっても，その換価が容易にできないような場合は，結局は金銭の調達ができないことになりますから，弁済能力が欠如する場合に該当し，支払不能と評価できます。

支払不能が生ずるおそれがあるときとは，事態がこのまま推移すれば支払不能が生ずることが客観的に予想されることをいいます。破産原因が生ずる前に手続を開始して，債務者の再生を図るという趣旨から，早期の申立てが認められています。

(2)　債務者が事業の継続に著しい支障を来すことなく弁済期にある債務を弁済することができないとき

これは，債務の弁済のための資金調達は可能であるが，そのためには製品の投

げ売りや事業の継続に必要な重要財産の処分を必要とするなど、事業の継続に重大な支障を生ずる場合であって、破産原因が生ずる以前の状態をいいます。

(3) 以上より、本問のように資産が負債を上回るような場合であっても、前記(1)あるいは(2)の要件に該当する場合には、個人再生手続開始の申立ては可能です。

2 次は、再生計画案の立案の問題です。

再生計画が再生債権者の一般の利益に反するとき（法174条2項4号）には、小規模個人再生では裁判所はその再生計画案を決議に付することができませんし（法230条2項）、給与所得者等再生では、裁判所は再生計画不認可の決定をすることになります（法240条1項1号・241条2項2号）。

再生計画が再生債権者の一般の利益に反するときとは、債権者が再生計画によって取得すべき利益と債務者の破産・清算によって取得すべき配当とを比較して前者の方が不利益である場合をいいます。つまり、これによって債権者は債務者の破産・清算の場合に得られる以上の利益を保障されており、通常これを清算価値保障原則といいます。清算価値が保障されているか否かの判断の際には、弁済額の大小のみならず、据置期間や分割弁済期間の長さ、利息の有無、担保の有無、履行の確実性などを総合的に勘案する必要があります。

清算価値保障原則からは、本問のような破産・清算をすれば全額弁済が予想されるケースにおいては、全額弁済の再生計画案を立てざるを得ません。

この場合、個人再生手続を選択することが債務者にとって利益となるのかという疑問が出てきます。しかし、債務者は個人再生手続申立時には支払不能のおそれあるいは事業継続が困難な状況にあったわけですから、計画的な分割弁済を行うことができるという点で、個人再生手続を利用するメリットがあるものと考えられます。

また、債権者にとっても、履行期にある債務を確実に支払える状況にない債務者が全債務を確実に履行するための弁済計画を立てるということは望ましいことです。つまり、履行の確実性が高まった再生計画案は再生債権者一般の利益となるものと考えらます。

したがって、本問のようなケースにおいて個人再生手続を選択することは、十分検討に値すると思われます。

23　債権者からの少額支払残額免除の申出

Q 個人再生手続開始決定後，あるクレジット会社が債権額の3％（5,000円）をすぐ払ってくれたら残額は放棄すると言ってきました。再生計画案の弁済は，2割の予定です。この申出に応じることはできますか。
　また，開始決定前に債権者からこのような申出があった場合に，これに応じることはできますか。

A　1　開始決定後については，応じることができません。
　　個人再生において，開始決定がなされても，債務者は自己の財産の管理処分権限を有します（法38条1項）。
　　しかし，一方で再生債権については，手続開始後は，法律に定めがある特別な場合を除き，再生計画の定めるところによらなければ，弁済をすることはできないと規定されています（法85条1項・弁済禁止効）。したがって，前記のような申出があっても，応じられないのです。平成14年の民事再生法の一部改正（平成14年法律第155号）で法85条5項後段に「債務者の事業の継続に著しい支障を来す場合の少額債権の弁済許可」が追加され，個別の再生債権の許可による弁済が可能になりましたが，本件がこれに該当するとはいえません。

2　これに対して，開始決定前については，弁済禁止効は生じていませんし，個人再生では弁済禁止の保全処分は発しない運用となっています。したがって，開始決定前は債権者からの申出に応じることは可能です。
　そして，個人再生においては，手続が簡易であることから，個人再生委員には，否認権を行使する権限が付与されていません（法238条及び245条で第6章第2節の適用が除外されています。）。したがって，一部の債権者に弁済をしても，個人再生ではこの否認権が行使されることがありません。
　そこで，前記のような一部の債権者に弁済があった場合には，他の債権者が民法424条に基づき，債権者取消権を行使することが考えられます。
　また，他の債権者の利益を害する場合には，小規模個人再生においては，再生計

画案が否決される可能性があります。

　さらに，不当な目的での申立てであるとして棄却されたり（法25条），債権者の一般の利益に反するとして再生計画が不認可となることもあり得ます（法231条1項・174条2項4号・241条2項2号）。また，清算価値が上乗せされることにもなります。

　もっとも，本問においては，債権額の3パーセント，かつ5,000円ですので，割合においても金額においても僅少といえますので，債権者の一般の利益を害するとまではいえず，この弁済があったことのみで不認可になることはないと考えられます。

3　なお，開始決定前にこのような処理をする場合，債権者一覧表の記載によって届出があったとみなされています（法225条）から，債権者一覧表を差し替えるか，そうでない場合には，その債権者から取下書を出してもらうことが必要です。

24 住宅資金特別条項を定める場合の留意点

Q 住宅資金特別条項を定める場合の留意点について教えてください。

A 1 民事再生法の一部改正（平成14年法律第155号）により新たに設けられた住宅資金貸付債権に関する弁済許可（法197条3項）制度が平成15年4月1日に施行されました。

　この制度は，再生債務者が，再生計画に住宅資金特別条項を定める旨の申述をしたときに，再生手続開始後に住宅資金貸付債権の一部を弁済しないと住宅資金貸付債権の全部又は一部について期限の利益を喪失する場合は，裁判所の許可により弁済をすることができるというものです。

　この制度の施行後は，再生計画に住宅資金特別条項を定める旨の申述をした場合であっても，裁判所の許可がない限り，再生手続開始後に住宅ローンの支払いをすることはできません。

　なお，この手続においては，住宅資金特別条項を定めた再生計画が認可される見込みがある場合でなければ，許可を受けることができないことにも注意してください（法197条3項）。

　弁済許可の手続については，個人再生手続開始の申立てと同時に，弁済許可申立書2通（正本・副本各1通）を提出してください（【書式⑲　116頁】）。

2　なお，再生計画に住宅資金特別条項を定める旨の申述をしている個人再生事件については，住宅資金貸付債権者と事前協議（規則101条）を十分行うことが必要であり，併せて①住宅資金貸付債権者との事前交渉の経過，②住宅ローンの支払状況，③予定している住宅資金特別条項の内容を記載した報告書を裁判所に提出する取扱いになっています。この報告書は，住宅資金貸付債権に関する弁済許可の判断にとっても必要なものですから，個人再生手続開始の申立てをする際に，必ず提出すべきです。

　また，同意型（法199条4項）を予定している場合，同意は作成権限を有するものが作成した書面でしなければならず（規則100条1項），当該同意書面（原本）は再生計画案の提出時に併せて提出する必要がある（規則100条2項）ことにも注意してください。

25 「住宅」について

Q
① 「自己の居住の用に供する」建物の意義について教えてください。
② 二世帯住宅や店舗兼居宅に関連して「床面積の2分の1以上に相当する部分が専ら自己の居住の用に供されるもの」の意義について教えてください。

A
1 質問①について
(1) この要件は工場用建物のように専ら事業の用に供する建物，賃貸アパートのように専ら他人の居住の用に供する建物等を「住宅」から除外するためのものです。
　したがって，この要件を充足する建物は，通常は，債務者が現に居住している建物であると考えられます。
　しかし，我が国におけるサラリーマンの実情としては，生活の本拠となる持ち家を取得した後も転勤等の理由により自宅に家族を残して単身赴任することや，一時的に自宅を他人に賃貸することもあり得ます。したがって，現に居住の用に供しているという表現を使うと勤務等の都合で一時的に当該要件を満たさないために，住宅資金特別条項を利用できないという不都合が生じます。そこで，「居住の用に供する」という表現を採用し，現に居住していることまでは要しないことにしました（以上，始関正光編著『一問一答個人再生手続』（商事法務研究会，平13）57頁）。
(2) そうすると，原則としては，債務者自身が現に居住をしていることを要しますが，債務者が単身赴任で家族は居住している場合，債務者が転勤で現在のところは誰も居住していませんが，転勤終了後に自己の居住の用に供するであろうことが客観的に明らかである場合には，なお本特則の適用対象となるものと解されます。

2 質問②について
(1) 前記のように，自己居住用物件である必要がありますが，二世帯住宅等の一部をその家族その他の第三者が利用し，又は建物の一部を事業用に利用したとしても，それだけで住宅資金貸付債権に関する特則の適用対象外とはなりません。

同特則の目的が住宅ローンを抱えて経済的な破綻に瀕した個人債務者が，その生活の本拠である住宅を手放すことなく経済的再生を図ることができるようにすることにありますから，その一部が事業用であったり，一部を第三者が利用している建物を一律に対象外とすることは相当でないからです。

(2) しかし，債務者の居住部分がほんの一部である場合までこの特則を適用できるとすることは，本特則の目的からして相当ではありませんし，事業用の建物との均衡を失することになります。

そこで，法は，住宅ローンの租税減免措置に関する特別措置法の規定（税特措41条1項，税特措令26条1項2項）を参考に，建物の床面積の2分の1以上を専ら自己の居住用に利用していることが必要とする形で明確な規律を図りました。

したがって，この要件を満たす建物については，その一部を事業の用に供している建物であっても，この特則の対象となる「住宅」に該当します。また，二世帯住宅についても，それぞれの世帯の居住部分が物理的に独立しており，かつ，生活の実態としてもそれぞれの世帯が別々に暮らしているような場合には，債務者の居住部分が床面積の2分の1以上であれば，この特則の「住宅」に該当します。

(3) そして，債務者は住宅資金特別条項付きの再生計画案を提出する場合において，建物に自己の居住の用に供されない部分があるときには，「当該住宅のうち専ら再生債務者の居住の用に供される部分及び当該部分の床面積を明らかにする書面」を併せて提出するものとされています（規則102条1項5号）。具体的には，建物の間取図や各階の平面図等が考えられますが，一律に土地家屋調査士等の専門家が作成した図面等詳細なものの提出を要求するものではありません。したがって，上記要件を満たすことが疎明できる程度のものであれば，債務者自身が作成したものであっても構いません。

26 住宅資金特別条項を定めない場合の留意点

Q 住宅ローンを負担しているのに，住宅資金特別条項を定めない場合の留意点について教えてください。

A
1 個人債務者が，住宅ローンを負担している場合に，法198条の要件を具備するときには，住宅資金特別条項を定めることができますが，これを定めるか否かは再生債務者において任意に選択することができますので，これを定めないことも可能です（もっとも，この場合には，住宅資金貸付債権者又は当該債権に係る債務の保証人（再生債務者に対する求償権を担保するための抵当権を有している者）による抵当権の実行を止めることはできず，いずれ住宅を手放すことを覚悟しなければなりません。）。

2 しかし，住宅資金特別条項を定めない場合には，以下の諸点について留意が必要です。
(1) 5,000万円要件
　個人債務者の民事再生手続においては，負債総額が5,000万円を超えないことが手続開始及び再生計画認可の要件とされていますが（法221条1項・231条2項2号・239条1項・241条2項5号。以下「5,000万円要件」といいます。），住宅資金特別条項を定めない場合でも，5,000万円要件の算定上，住宅資金貸付債権はその全額が除外されますから，それ以外の再生債権が5,000万円を超えなければ，個人債務者の民事再生手続を利用することができます。
　ただし，住宅資金貸付債権について別除権が行使されたことにより住宅の所有権を失うと，住宅資金貸付債権の残額（別除権の行使によっても弁済を受けることができなかった部分）は住宅資金貸付債権とはいえなくなると解され（Q＆A〔27〕「住宅の処分と住宅資金特別条項」255頁参照），当該残額は5,000万円要件との関係で除外することができなくなります。したがって，このように住宅の所有権を失った場合，別除権行使により弁済を受けることができなかった残額と他の債務額との合計額が5,000万円を超えることとなった場合には，個人再生手続を利用することができなくなります。

(2) 再生計画案作成における履行可能性の検討

再生計画案の作成に当たっては，①基準債権額，②清算価値保障原則，③可処分所得額（給与所得者等再生の場合）のそれぞれの観点から最低弁済額を検討する必要がありますが，住宅資金特別条項を定めない場合には，①の基準債権額との関係で注意が必要です。

すなわち，住宅資金特別条項を定めない場合には，最低弁済額を定める基準債権には住宅資金貸付債権も担保不足見込額（別除権の行使によって弁済を受けることができないと見込まれる再生債権の額）の限度で含まれることになりますが，住宅資金貸付債権の額は，相当程度多額となることが通常ですから住宅資金特別条項を定めないで再生計画案を作成する場合，基準債権額との関係における最低弁済額が，相当程度高額となる場合が多くなると思われます（もっとも，負債総額が3,000万円を超え5,000万円以下の場合には，住宅資金特別条項の定めの有無にかかわらず，最低弁済額の算出基準が負債総額の10分の1になります。）。

したがって，再生計画案作成に当たっては，履行可能性の観点からも慎重な検討が必要です。

(3) 適確条項

再生計画案提出時に，住宅資金貸付債権の担保不足額（別除権の行使によって弁済を受けることができない債権の部分）が確定していない場合には，再生計画案に，担保不足額が確定した場合における再生債権者としての権利行使に関する適確な措置を定める必要があります（法160条）。

(4) 認可された再生計画案の効力

住宅資金特別条項を定めない場合，住宅資金貸付債権も再生計画によって変更されるべき再生債権となりますので，再生計画が認可された場合には，住宅資金貸付債権（別除権付の場合には担保不足見込額分）についても再生計画に定める割合の債務免除を受けられることになります。

3 住宅資金特別条項を利用しない場合の留意点は前記2で述べたとおりですが，個人再生手続の申立てに当たって債権者一覧表を作成する際（Q＆A〔11〕「債権者一覧表作成上の留意点」207頁参照）にも，以下の点にご注意ください。

(1) 前記2(1)のとおり，5,000万円要件の算定上，住宅資金貸付債権は控除されますので，債権者一覧表上部の欄（この欄は，5,000万円要件を検討するための欄です。）中に「住宅資金貸付債権合計額（②）」を記載する必要があります。なお，住宅資

金貸付債権者が同時に別除権者である場合で，その余の別除権者がいない場合には，「別除権の行使により弁済が見込まれる額の合計額（③）」の部分は，「②に該当するもの以外になし」と記載し，あるいは空欄にしてください。

　なお，5,000万円要件との関係では，陳述書の「第5　履行可能性」，6【5,000万円要件】欄中にも，前記と同様の方法で記載をしてください。

(2)　基準債権額に住宅資金貸付債権も担保不足見込額の限度で含まれることについては前記2(2)で述べたとおりですが，債権者一覧表の作成に即してより具体的に説明すると以下のとおりとなります。

　①　住宅資金貸付債権者が同時に担保権者である場合には，住宅資金貸付債権のうち，担保不足見込額分が基準債権額に含まれることになります。したがって，債権者一覧表には，住宅資金貸付債権の現在額を記載するとともに，左下部の「別除権付債権」欄中に「別除権の行使により弁済が見込まれる額」及び「担保不足見込額」を記載してください。

　②　保証会社が担保権者であり代位弁済がまだ行われていない場合には，住宅資金貸付債権の全額が基準債権額に含まれることになります。この場合，債権者一覧表には，住宅資金貸付債権の現在額及び保証会社の債権（ただし，現在額は「0円」）を記載し，左下の「別除権付債権」欄中の「別除権の行使により弁済が見込まれる額」及び「担保不足見込額」についても「0円」と記載した上，「保証会社の債権については代位弁済が行われていないため債権額は0円となっている。代位弁済がなされた場合には，別除権の行使により弁済が見込まれる額は〇〇万円，担保不足見込額は〇〇万円となる。」といった記載をしてください。

　③　保証会社による代位弁済が既に行われた場合には，保証会社の債権を債権者一覧表に記載することになります。この場合，左下の「別除権付債権」欄の記載方法は前記①の場合と同様になります。

　④　なお，基準債権との関係では，陳述書の「第5　履行可能性」，6【最低弁済額】欄中の「住宅資金特別条項を定めない場合」のところに，前記①ないし③にしたがって算出した結果を記載していただくことになります。

(3)　上記の点については誤記を生じやすいところですので，正確な債権者一覧表の作成がなされるよう十分な注意が必要です。

27　住宅の処分と住宅資金特別条項

Q　次のような場合，再生計画に住宅資金特別条項を設けることはできますか。
① 住宅ローンに係る抵当権が設定された建物の全部を，個人再生手続の申立前又は申立後に，離婚した妻に財産分与した場合
② 住宅ローンに係る抵当権が設定された建物は，購入時には，同居する母親の所有であったが，個人再生手続の申立てをする前に，再生債務者が母親から当該建物を譲り受けて自己名義にした場合

A　1　住宅資金貸付債権については，再生計画において，住宅資金特別条項を定めることができます（法198条1項本文）。住宅資金貸付債権とは，住宅の建設若しくは購入に必要な資金又は住宅の改良に必要な資金の貸付けに係る分割払いの定めのある再生債権であって，当該債権又は当該債権に係る債務の保証人の主たる債務者に対する求償権を担保するための抵当権が住宅に設定されているものをいいます（法196条3号）。

すなわち，住宅資金貸付債権といえるためには，①「住宅」の建設等に必要な資金の貸付けであること，②「住宅」に抵当権が設定されていることが少なくとも必要になります。

前記の「住宅」とは，個人である再生債務者が所有し，自己の居住の用に供する建物であって，その床面積の2分の1以上に相当する部分が専ら自己の居住の用に供されるものをいいます（法196条1号）。

そうすると，質問①の場合は，個人再生手続の申立ての時点において，抵当権が設定された建物について，既に財産分与がされてしまっており，再生債務者の所有ではなくなっていること，他方，質問②では，建物の建設等がされた当時又は抵当権が設定された当時は，再生債務者所有の建物ではなかったことから，いずれも「住宅」に当たらず，住宅資金貸付債権とはいえないのではないかという点が問題になります。

2　住宅資金貸付債権に関する特則が設けられた趣旨は、住宅ローンを抱えて経済的な破綻に瀕した個人債務者が、その生活の本拠である住宅を手放すことなく経済生活の再生を図ることを可能にするところにあります。この特則の適用を受ける住宅の範囲については、個人債務者が所有する建物であることを前提にして、この特則の趣旨に適合するものに限定するため、前記のような要件が設けられたのです。

　そうすると、再生債務者が住宅資金特別条項に係る建物を所有していることは最低限の必要条件というべきですから、この点について、安易に拡張的な解釈が採られることのないように留意する必要があります。もっとも、ここにいう「所有」とは共有であってもよく、共有持分の割合も関わりないので、再生債務者の持分が極めてわずかというときも対象になり得ると解されています（園尾・小林・山本編『解説・個人再生手続』（弘文堂、平13）165頁参照）。

3(1)　以上を踏まえて、まず、質問①について検討します。この場合、申立時点では既に建物全部について財産分与がされており、共有持分も残っていないということですから、当該建物が法196条1号の「住宅」に当たらないことは文言上明らかです。したがって、「抵当権が住宅に設定されているもの」という要件（法196条3号）を満たさないので、住宅資金貸付債権とはいえないと考えるべきでしょう。

　それでは、財産分与が申立後であったときはどうでしょうか。申立時においては、再生債務者の所有であるわけですから、その他の要件を満たせば、当該住宅に係る住宅ローンは、住宅資金貸付債権と認定されることになります。しかし、その後財産分与が行われたとすれば、認可決定時には、やはり「抵当権が住宅に設定されているもの」という要件を欠くこととなるので、結局住宅資金貸付債権とはいえないと解すべきです。したがって、住宅資金特別条項を設けることはできません。

　この点、開始決定時において住宅資金貸付債権と認定され、その認定が誤りでない場合、認可決定時までに担保物が処分されても住宅資金貸付債権としての性質を変ずるものではないという考え方もありますが（前掲書38頁参照）、賛成できません。住宅を保持したまま経済生活の再生を図ることができるようにするという制度の目的を達成し得ないという点では、申立前に処分（財産分与）がされた場合と何ら変わることがないからです。また、住宅資金特別条項を定めた再生計画については、例えば、住宅に対して租税債権等に基づく滞納処分がされていて、公売が行われる見通しであるという場合のように、再生計画が成立しても再生債務者が住宅の所有権等を失うと見込まれる場合にも、再生計画不認可の決定をす

るとされていること（法202条2項3号）と比較しても，認可の段階で既に住宅の所有権が失われている事案において，再生計画が認可されるという結果は，いかにもバランスを失しているように思われます。

(2) 次に，質問②についてですが，住宅の建設等に必要な資金の貸付けに係る債権（法196条3号）という条文の文言からすると，建設，購入又は改良の時点においてその対象建物が「住宅」，すなわち再生債務者所有の建物であることを要すると読むべきでしょう。したがって，建物の建設等が行われた時点で他人所有となっている場合には，原則として，住宅資金貸付債権には当たらないと考えられます。

　もっとも，申立ての時点で，当該建物が，再生債務者が所有する「住宅」となっているケースでは，住宅を保持したまま経済生活の再生を図るという制度目的からすると，住宅資金特別条項の利用を認める必要性は決して低くないといえます。また，貸付資金が住宅の建設等に必要なものであることという要件は，事業資金や教育ローンの担保等，生活の基盤である居宅の確保とは無関係な場合を除外するためのものですが，再生債務者自身の居宅とすべき建物を建設等するに当たってその資金の貸付けを受けたが，建物の所有名義は便宜上第三者（本質問では，同居者である母親）としたような場合には，実質的にみると，生活の基盤を確保するための資金の貸付けであったものと評価できます。

　以上の2点にかんがみますと，例えば，①申立て（及び認可決定）の時点において，対象建物の所有権が再生債務者にあり，②当初から自己の居住の用に供する目的で建物の建築等をし，そのための資金の借入れを行っているという特段の事情がある場合においては，建設等の時点で当該建物が第三者の所有に係るものであったとしても，解釈上，「住宅の建設等に必要な資金の貸付けに係る債権」すなわち住宅資金貸付債権に当たるとするのが相当ではないかと考えます。

　これを本質問②についてみますと，申立時には，再生債務者が当該建物の所有権を取得していますので，購入当初からその建物を居住の用に供しており，自己の居宅を購入する目的で資金の貸付けを受けたといえるような場合には，住宅資金貸付債権に当たり，住宅資金特別条項を設けることができることとなります。

28 ペアローンと住宅資金特別条項

Q ペアローンでは，住宅資金特別条項は利用できないのでしょうか。

A 1 住宅ローンの方式の1つとしてペアローンがあります。これは同じ金融機関から親のローン部分と子のローン部分に分けて（親子ペアローンの場合），あるいは夫のローン部分と妻のローン部分に分けて（夫婦ペアローンの場合），2本立ての金銭消費貸借契約を締結して，親子あるいは夫婦が共同して住宅購入資金を調達し，共有不動産である住宅（土地・建物）の全体にそれぞれを債務者とする抵当権を設定するローンのことをいいます。

2 このペアローンの場合は，親子が連帯債務者となって1本立ての金銭消費貸借契約を締結した上で住宅購入資金を調達し，その債務を担保するために親子の共有不動産に1個の抵当権を設定する親子ローン（親子リレー方式によるローン）の場合と異なり，このローン利用者（親子あるいは夫婦）が住宅資金特別条項を利用できないのではないかということが指摘されています。なぜなら，親子ローン（親子リレー方式によるローン）の場合は，親子それぞれが主債務者であり，抵当権も親子それぞれの共有持分のすべてを対象としているので，親子が共有し，同居している住宅であれば，親子の双方が住宅資金特別条項を定めて再生手続開始の申立てをすることができます。しかし，夫婦ペアローンあるいは親子ペアローンの場合で，例えば，夫あるいは親が申立てをする場合，法198条1項ただし書の文言を形式的に当てはめれば，夫以外の者（妻）あるいは親以外の者（子）の債務を担保するために夫あるいは親は住宅の自己の共有持分に抵当権を設定していることになりますから，他人の債務を担保するために自己所有住宅（共有持分）に抵当権を設定していることを理由にして住宅資金特別条項の適用を認めるべきではないということになるからです。

3 この点につき，法198条1項ただし書の趣旨は，当該担保権が実行されることにより住宅資金特別条項が無意味になってしまうのを回避することにありますから，当

該担保権の実行が法律上あるいは事実上なされないような場合にはこれを認めて差し支えないはずであるとの考え方に基づき、同一家計を営んでいる夫婦あるいは親子のペアローンの場合には、①同一家計を営んでいる者が、いずれも個人再生手続の申立てをし（必ずしも同時申立てである必要はありません。）、②いずれも住宅資金特別条項を定める旨の申述をすること、の2要件を満たすことを原則として、住宅資金特別条項の利用を認めてよいとの見解が大阪地方裁判所第6民事部の考え方として示されています（判タ1119号99頁）。ペアローンを利用している債務者にとって今後の裁判所の対応を予測する上で、大いに参考になりますので、ここに紹介します。

　現時点では、数は少ないですが、大阪地方裁判所第6民事部に対してペアローンによる債務者から住宅資金特別条項の適用を求めた上での個人再生手続の申立てがなされたケースも実際に存在しています。今後、ペアローン方式による住宅の購入が増加することが予想され、それに伴い、ペアローン債務者による住宅資金特別条項の利用例が多くなる可能性も否定できません。この問題については、ペアローンの一方当事者である住宅ローン債権者の意向も踏まえた上で、今後多くの議論、検討が必要になると思われます。

29　連帯債務型の住宅ローンと住宅資金特別条項

Q　連帯債務型の住宅ローンで再生計画案を定める場合に住宅ローンの返済額は，半分ずつでもよいのでしょうか。

A　半分ずつとすることは，住宅ローン債権者の同意がない限り許されません（同意型の場合は許されます。）。なぜなら，半分ずつの返済でよいとすることは個人再生手続申立前での住宅ローン債権者の期待（どちらか一方から全額を支払ってもらえるという期待）を個人再生手続の申立てによって裏切ることになってしまうからです。

　従来，親子ローンの返済において親と子が半分ずつ負担し合ってローンを返済していたとしても，それは住宅ローン債務者（連帯債務者）の内部間の問題にとどまるものであって，内部でそのような負担をしていたからといって，そのままの負担割合にとどまる返済を個人再生手続申立後に住宅ローン債権者に主張できるものではありません。

　この連帯債務型の住宅ローン（親子ローンが典型です。）のケースだけ，通常の一般再生債権のケースで主たる債務者に連帯保証人が付いている場合に，あるいは，連帯債務者2名が存在する場合に，どちらか一方あるいは両方の債務者が個人再生手続を申し立てた場合（これらの場合には支払対象額は全額になります。）と別個に取り扱う合理的理由はありません。

　また，親子の連帯債務者のうち親子が一緒に申し立てる場合だけでなく，片方だけが申し立てる場合もあり得ることを考えれば，片方だけ申し立てた場合に半額だけ返済すればよいとすることは住宅ローン債権者を不当に不利に扱うことになって，許されないということになり，そうであれば両方が一緒に申し立てた場合も片方だけの場合と同じように扱う（すなわち全額返済を内容とする再生計画案でなければならない。）べきであることになります。したがって，双方申立て，片方だけの申立てのいずれの場合でも半額返済を内容とした再生計画案の提出では「全額を支払う」という住宅資金特別条項の要件（法199条）を充足せず，許されないのです。

　もっとも，以上で述べたことについて誤解がないようにしていただきたいのは，連帯債務型の住宅ローンにおいては，片方だけが申し立てる場合も，両方が一緒に申し

立てる場合も，再生計画案自体は半額返済ではなく全額返済を内容としたものでなければなりませんが，それぞれが，月々実際に支払わなければならないのは，その再生計画案どおりの金額ではなくて，連帯債務者2名の返済額の「合計額」が再生計画案どおりのものであればよいということです。例えば，親子ローンで親子が一緒に個人再生手続の申立てを行った場合で，従前に1か月10万円のローン返済をしていたのが，全額返済を内容とした親子それぞれの再生計画案では，返済期間を延長してもらって1か月8万円ずつの返済となる場合に，親子それぞれが8万円ずつを支払わなければならないのではなくて，親が8万円を支払えば，子はその月の返済をしなくてもよいのです（このことは連帯債務における弁済の絶対効から導かれます。）。なお，この例で親だけが個人再生手続の申立てを行った場合でも，再生債務者である親が従前10万円のところを再生計画案で8万円を支払うことで認可決定が確定した場合は，個人再生手続の申立てをしなかった連帯債務者である子も1か月の返済額は8万円になります（法203条1項は再生債務者が連帯債務者の1人であるときは，住宅資金特別条項による期限の猶予は，他の連帯債務者に対しても効力を有するとしています。）。そして，この場合でも親が8万円を支払えば，子はその月の返済をしなくてもよいのです。

つまり，親子ローンのような連帯債務型の住宅ローンの場合には，連帯債務者の両方が個人再生手続の申立てを行い，2人が「全額」返済を内容とする再生計画を立てても，あるいは，片方だけが個人再生手続の申立てを行って「全額」返済を内容とする再生計画を立てても，各支払時期ごとに，「2人合わせて」全額を支払えばよいのです。再生計画が全額返済を内容としたものにしなければならないこと自体は債務者にとって不利なように見えますが，他の連帯債務者と合わせて全額返済を内容とする返済を行えばよいのですから実質上は不利というものではありません。

いずれにしても，連帯債務型の住宅ローンの場合は，住宅ローン債権者から見れば，全額返済を内容とする再生計画による毎月の返済額が連帯債務者両方のどちらかから支払われればよいとはいうものの，各月によって，どちらが支払ってくるのかわからないということでは困るでしょうし，債務者自身も住宅ローンにつき全額返済を内容とする再生計画を立てなければならないことによって，一般再生債権者への弁済計画に支障が生じることもあるでしょうから，連帯債務者それぞれの返済負担額を決めて住宅ローン債権者に同意してもらうという同意型の住宅資金特別条項を定める方法も考えられます。その意味でも，連帯債務型の住宅ローン債務者としては，個人再生手続を申し立てる場合に住宅ローン債権者とよく協議しておくことが必要なケースが多いといえるでしょう。

30　巻戻し及び競売中止命令

Q 住宅ローンの支払いを遅滞して保証会社から住宅ローン債権の代位弁済をしたとの通知が届きました。このような場合でも住宅資金特別条項を定めることができる場合があると聞いたのですが，どのような点に注意したらよいか教えてください。

A

1　巻戻しの制度

住宅資金特別条項は，保証人が保証債務を履行することにより代位取得した住宅資金貸付債権を対象として定めることはできないのが原則ですが（法198条1項本文），その例外として，保証会社が保証人である場合には，代位弁済がされた後も，住宅資金特別条項を定めることができることとし（法198条2項），当該住宅資金特別条項を定めた再生計画の認可の決定が確定したときは，当該保証債務の履行はなかったものとみなすこととしています（巻戻し。法204条1項）。

しかし，このような巻戻しを伴う住宅資金特別条項を定めようとする場合には，以下の点に留意が必要です。

2　申立ての期間制限

保証会社による代位弁済が行われた場合，保証債務の全部を履行した日から6か月を経過する日までの間に再生手続開始の申立てをする必要があります（法198条2項）。

この期間制限は，債務者が代位弁済の事実について知っていたか否かにかかわりませんから，注意が必要です。

通常，保証会社は，代位弁済をする場合は，原則として債務者にその旨の通知をするものと考えられます（民460条参照）が，債務者はその点を保証会社等に確認した上で申立てを検討すべきです。

なお，この点を確認するため，個人再生の申立てをする際には，代位弁済により保証債務が消滅した日を明らかにする書面を併せて提出すべきものとされています（規則115条1項・102条1項6号）。

3　住宅に関する競売手続との関係
(1)　競売中止命令

巻戻しを伴う場合，保証会社が住宅につき抵当権実行としての競売を申し立て，

民事再生手続の申立時点で，既に競売手続が開始されていることも多くあります。

他方，個人再生手続は，迅速性を重視した手続構造を採用しているとはいえ，申立てから再生計画認可確定に至るまでには一定の期間を要しますから，その間に住宅が競落されてしまうと，住宅資金特別条項を利用する余地がなくなってしまいます。そこで，法は，再生手続開始の申立てがあった場合において，住宅資金特別条項を定めた再生計画の認可の見込みがあると認めるときは，再生債務者の申立てにより，相当の期間を定めて，住宅又は再生債務者が有する住宅の敷地に設定されている抵当権の実行の中止を命じることができる「中止命令」の制度を置いています（法197条1項）。

① この抵当権実行の中止命令を行うに当たっては，競売申立人の意見を聴取した上でしなければならないこととされています（法197条2項・31条2項）。

② 抵当権実行の中止を命じる際，裁判所は，「相当の期間」を定めることになります。この「相当の期間」とは，再生計画の認可決定までに要するであろう期間を考慮して定めることになりますが，実務上は，3か月ないし4か月程度を定めるのが通常です。

なお，この中止命令の裁判は，執行停止文書（民執183条1項7号）となり，再生債務者は上記命令の謄本を執行裁判所に提出して執行の停止を求めることになりますが，裁判所の定めた期間が経過すると当然に失効し，競売手続は再度進行することになります。

(2) 競売費用の取扱い

住宅資金特別条項を定めた再生計画認可決定が確定すると，競売手続は取り消されることになりますが，このこととの関係で，実務上，申し立てられた競売にかかる費用について再生債務者の負担とすることを求められたり，住宅資金特別条項にその旨の条項を定めることを求められたりすることがあるようです。

しかし，住宅資金特別条項は，住宅資金貸付債権に関する変更の定めであります。そもそも競売費用は，住宅資金貸付債権に該当しないことから，住宅資金特別条項に競売費用に関する定めを置くことはできません。

しかも，競売費用は，執行手続が取消しや取下げ等により終了した場合，それまでの手続及びその準備に要した費用については，結局必要であったものではないことに帰し，競売申立人の負担に帰すると解される（鈴木忠一，三ケ月章編『注解民事執行法(1)』（第一法規，S59）722頁）ところ，住宅資金特別条項の制度及び巻戻し（保証会社による競売の場合）の制度を認めた以上，上記のような結果は，法が当然に予定しているというべきです。

このような点からすれば，競売費用について，手続外で弁済を受け得るものとする根拠はないというべきでしょう。

4 債権者一覧表の提出，住宅ローン債権者との協議及び再生計画案の提出について
　住宅資金特別条項は，巻戻しの効果により保証債務の弁済がなかったものとみなされた後の債権者，すなわち，元の住宅ローン債権者を対象として定めることになります。
　(1) 債権者一覧表の提出について
　　債権者一覧表の記載方法については，Q＆A〔11〕「債権者一覧表作成上の留意点」207頁参照のとおりですが，「住特条項」欄の「○」印は，元の住宅ローン債権者の部分に記載してください（保証会社の部分に記載してはいけません。）。
　(2) 住宅ローン債権者との協議及び再生計画案の提出について
　　また，巻戻しを伴う場合の協議（規則101条1項）の相手方は，元の住宅ローン債権者になります。
　　ところで，巻戻しを伴う場合，既に住宅ローンの支払いを遅滞して代位弁済がされて遅延損害金が相当額発生していることも多く，住宅資金特別条項を定める際の金利計算等については相当複雑となることが予想されますし，手続の進行が遅滞すると，競売中止命令の期間が経過して再度競売が進行したり，遅延損害金がさらに発生して遂行可能な再生計画案を作成することが困難となるおそれもあります。
　　したがって，住宅資金特別条項につき，法199条1項から4項までのどの条項を選択するにせよ，通常の場合に増して，住宅ローン債権者との協議を綿密に行い，適切な再生計画案を迅速にとりまとめて提出する必要があるといえます。
　　なお，このことは，保証会社との交渉が不要であることを意味するものではありません。保証会社も，競売中止命令の申立てをする場合の意見聴取の対象となるなど，巻戻しを伴う手続を行うに当たり，多大な利害関係を有していますから，このような手続を申し立てる際には，保証会社との間でも十分な事情説明や協議を行っておくべきですし，実務上，保証会社を住宅ローン債権者との協議の窓口としている例もあるようです。

5 このように，巻戻しを伴う手続を行う際には，住宅ローン債権者，保証会社と十分な協議を経た上で行っていく必要があり，また，申立てから再生計画認可決定確定までの手続を迅速に遂行する必要性は極めて高いといえます。

31　個人再生手続と不動産の仮差押え

Q 再生計画案の認可決定が確定しましたが，不動産に債権者の仮差押えがついたままになっています。これを抹消するにはどうすればよいのでしょうか。

A 1　仮差押えについて，再生手続の開始決定後は法39条2項により取消しの申立てができることはQ&A〔4〕「申立前の給与の仮差押え」193頁参照のとおりです。
　　取消しの申立てをしなくても，認可決定が確定すると仮差押えは失効します（法184条）が，当然に仮差押えの登記が抹消されるものではありませんし，個人再生手続は終結しているので法上の手続は利用できません。

2　仮差押債権者に取下げしてもらうことができない場合の方法ですが，1つは，民事保全法38条により事情変更による取消申立てを行い，取消決定を得ることによって，仮差押えの登記を抹消することができます。申立権者は債務者ですが，保全対象物の特定承継人にも取消申立権を認めるのが通説ですので，もし，仮差押えのついたまま不動産が譲渡されているような場合には譲受人からも事情変更による取消申立てをすることができます。

3　もう1つの方法は，認可決定とその確定証明書が民事執行法39条1項1号あるいは6号の文書に該当すると考えて，それを裁判所に提出して執行処分の取消し（民執40条1項）を求めることです。差押えについてですが，現在大阪地方裁判所第14民事部（執行部）では，認可決定正本とこの決定の確定証明書の提出があれば執行処分を取り消す取扱いです。仮差押えについても，民事保全法46条で前記の民事執行法の規定は準用されていますので，同じ方法が考えられます。

32　個人再生における再生計画の変更

Q 個人再生における再生計画の変更手続における，再生変更計画案の作成方法について教えてください。

A　1　個人再生手続においては，再生債務者は，その将来の収入の中から破産の場合の配当総額又は最低弁済額のいずれか多い額（給与所得者等再生の場合は，さらに，可処分所得の2年分の額とのいずれか多い額）を原則3年間で弁済する再生計画案を作成しなければならないことから，再生手続終了後（再生計画認可決定の確定後）に，リストラにより収入が減少するなどの事情の変更が生じると，直ちに再生計画の遂行が不可能になるという事態に至るおそれがあります。そこで，このような事態の発生を避け，再生計画で定められた弁済総額をできる限り完済できるようにするため，再生手続終了後に，再生計画を変更することができることとしています。

2　再生計画の変更の要件
　再生計画の変更は，やむを得ない事由で再生計画を遂行することが著しく困難となったときに認められます（法234条1項・244条）。
(1)　「やむを得ない事由」というのは，当初の再生計画を作成する段階では予測できず，再生債務者のコントロールできない事情であることを要するものと解されます。したがって，再生債務者が自己都合で退職したような場合や，当初の再生計画の作成時に収入の減少が予測されていた場合は，この要件に該当しないと考えられます。
(2)　再生計画を遂行することが「著しく困難となったとき」としているのは，債務者は，生活を切りつめて，3年から5年にわたって弁済を行うため，計画遂行に多少の困難が生じることはもともと予定されているからであり，単に困難になったとか，少しくらい苦しくなったという程度では，この要件に該当しないというべきです。
(3)　再生計画の変更をなし得る場合の具体例としては，再生計画を作成した時以降に給与の引下げが行われた場合などを挙げることができます。

3 住宅資金特別条項の変更の可否

　ところで，変更前の再生計画が，住宅資金特別条項を定めるものであった場合において，再生計画の変更を行おうとする場合，住宅資金特別条項を変更することができるかという問題があります。

　この問題は，結局，法234条にいう「再生計画で定められた債務の期限」という文言が，一般の再生債権の期限のみを指すのか，それとも住特条項の対象となる住宅資金貸付債権の期限をも含むのか，という点に帰するところ，住宅資金特別条項については，再生計画における期限の猶予の定めの内容を規制する法155条3項や同229条2項の規定は適用されず（法199条5項・229条4項），住特条項の対象となる住宅資金貸付債権の弁済期については，「約定最終弁済期」との定義付けが別途されている（法199条2項4項）ことからすると，再生計画の変更において，住宅資金特別条項を変更することは想定されていないというべきです。したがって，再生計画の変更において，住宅資金特別条項に関する変更を行うことはできないものと考えられます。

4 再生変更計画案の作成方法（総論）

　個人再生における再生計画の変更の方法については，下記の点につき規定があります。

(1) 再生計画案作成の場合と同様の制約（法229条2項・244条）

　① 3か月に1回以上弁済期が到来すること

　② 弁済方法において，再生債権者間で平等であること（少額債権の定め等を除く）

(2) 再生計画の変更の場合に特有の制約（法234条・244条）

　① 変更内容は，再生計画で定められた債務の期限の延長に限られること

　　したがって，計画弁済総額を増加させたり，減少させたりすることは認められません。

　② 延長の期間が，変更前の再生計画を基礎として2年以内であること

5 再生変更計画案の作成方法

　再生変更計画案は，上記4のような要件を充たすものであれば足りるということになりますが，再生変更計画案の具体的な作成方法として分かりやすいものとしては，次の2つが考えられますので，参考にしてください（なお，既に述べたとおり，

計画弁済総額（免除率）の増減や，住宅資金特別条項の変更はできませんから，変更をなし得る部分は，定型書式を用いる場合，「支払方法」の部分のみとなりますので，以下では，「支払方法」の部分のみの記載例について説明します。）。
(1) 再生変更計画の認可確定日以降の支払割合と通算期間を変更する方法
　① 再生変更計画案の作成方法（例）
　　　変更前の再生計画が，3か月ごとに合計12回弁済する（弁済期間3年）内容であった場合に，6回目（再生計画認可確定から1年6月経過）まで弁済期が来た時点で弁済期間を1年延長する再生計画の変更を行う場合

　　☑ 3か月ごとに支払う方法
　　　　［再生計画認可確定の日の属する月の翌］月を第1回目として，以後3か月ごとに合計6回，毎月28日限り，各［12分の1］の割合による金額を支払う（合計1年6か月）。
　　☑ 3か月ごとに支払う方法
　　　　［上記第6回目の弁済日の属する月の3か月後の］月を第7回目として，以後3か月ごとに合計10回，毎月28日限り，各［20分の1］の割合による金額を支払う（合計2年6か月）。
　　　　（【延長期間1年，通算4年】）

と記載する。
　② 再生変更計画案作成上の留意点
　　　再生計画の変更の手続は，再生計画案の付議及び意見聴取，認可の手続に関する規定が準用される（法234条2項）ことから，再生計画の変更の申立てから，認可決定の確定までには早くても3か月程度の期間を要します。他方，個人再生手続の再生計画案は，3か月に1回以上弁済期が到来するように作成しなければなりませんが，上記の期間からすれば，変更の手続中に少なくとも1回は従前の計画案に基づく弁済期が到来することになります。
　　　したがって，これを見込んだ上で再生変更計画案を作成し，また，実際の支払原資を確保しておく必要があります。
(2) 変更前の計画案の各回の支払割合と通算期間を変更する方法
　① 再生変更計画案の作成方法（例）
　　　変更前の再生計画が，3か月ごとに合計12回弁済する（弁済期間3年）内容であった場合に，弁済期間を2年延長する再生計画の変更を行う場合

　　☑ 3か月ごとに支払う方法
　　　　［再生計画認可確定の日の属する月の翌］月を第1回目として以後3か月

ごとに合計［20］回，各月の［28日限り］，各［20分の1］の割合による金額を支払う（通算5年0か月【延長期間2年】。）。

と記載する。
② 再生変更計画案作成上の留意点
　ア　この方法によると，再生変更計画認可確定の時点で，変更前の再生計画に基づき支払いを行った額が，変更計画に基づいて支払っていなければならない額を上回ることがあります。この場合の充当関係の調整は当事者間での処理に委ねるほかないので，この点申立代理人から各債権者に対して周知する必要があります。

　　例：変更前の再生計画案【弁済総額120万，一般弁済期間3年間（弁済期3か月に1回（合計12回）】の弁済期が6回目まで到来した時点で，弁済期間を2年間延長する再生計画の変更の申立てをした場合（6回目までは遅滞なし）

　　　→弁済回数が12回から20回（期間は3年から5年）になるので，変更後の計画における1回当たりの弁済額は6万円になりますが，他方，変更前の計画案に基づき，6回目まで弁済をしている（合計60万円）ので，これを変更後の計画に当てはめると，既に10回目までの分の支払いを終えてしまっていることになります（後掲書式「再生変更計画による弁済充当表」273頁参照）。

　イ　また，アとは逆に，再生変更計画認可確定時において，変更計画に基づき支払っていなければならない額が，変更前の再生計画に基づき支払済の額を上回ることもあり得ます。この場合，遅くとも再生変更計画認可確定後の最初の弁済期までには，遅滞分を含めて既に履行期の到来した部分を弁済しておく必要があります。

　　例：変更前の再生計画案【弁済総額120万，一般弁済期間3年間（弁済期3か月に1回（合計12回）】の弁済期が7回目まで到来した時点で，弁済期間を2年間延長する再生計画の変更の申立てをした場合（4回目までは払ったが，5回目以降遅滞）

　　　→弁済回数が12回から20回になるので，変更後の計画における1回当たりの弁済額は6万円になります。そうすると，既に行った弁済額（40万円）を変更後の計画案に当てはめると，7回目までの弁済分に相当する金額（42万円）を弁済できていないため，この2万円の弁済を行っておく必要があります。

③ 前記ア，イいずれの場合においても，再生変更計画案及び弁済計画表に記載した支払金額と，実際に支払う金額との間にずれが出ることは避けられませんから，申立代理人において，再生変更計画案及び再生変更計画による弁済計画表に加え，従前の支払金額及び今後の支払金額及び内容を記載した「再生変更計画による弁済充当表」を作成した上で，各債権者に送付して，内容の説明をしておくべきです（これにより，無用な紛議を避けることができます。）。

6 申立時の提出書類等

(1) 再生計画の変更の申立て

再生計画の変更の申立てに際しては，所定の事項（規則132条1項2項・94条2項）を記載した申立書を提出するとともに，同時に，再生変更計画案を提出する必要があります（規則132条2項・94条3項）。なお，官報公告費用の予納も必要です。

また，「やむを得ない事由」や「再生計画の遂行が著しく困難になった」との要件を充足するか否か及び変更後の再生計画の遂行可能性に関する判断のため，これを疎明する資料（少なくとも，①家計収支表（直近2か月分）及び②収入の変動を生じた前後の給与明細等は必須です。）の提出が必要です。

(2) 申立後の手続

再生計画の変更については，再生計画案の提出があった場合の手続に関する規定が準用されます（法234条2項）。

したがって，変更前の計画案が，小規模個人再生の手続で認可された場合には書面決議（法230条），給与所得者等再生の手続で認可された場合には，意見聴取（法240条）の手続を経た上，再生計画の変更をするか否かを判断することになります。

(別紙　再生変更計画案例)

大阪地方裁判所　　平成　年（再　）第　　号

再 生 変 更 計 画 案　（平成　年　月　日）

再　生　債　務　者
再生債務者代理人弁護士　　　　　　　印
（電話　06－〇〇〇〇－〇〇〇〇）

1　再生債権に対する権利変更として，次の額について免除を受ける。免除額に1円未満の端数が生じたときは，切り捨てる。

　(1)　元本及び再生手続開始決定日の前日までの利息・損害金の［ 80 ］パーセント相当額
　(2)　再生手続開始決定日以降の利息・損害金の［ 100 ］パーセント相当額

2　上記1による権利変更後の再生債権について，再生計画認可決定確定日の属する月の翌月以降，下記の□に印を付した項に記載した方法により分割弁済をする。ただし，これより算出される［ 100 ］円未満の端数は［切上げ］，［最終回］で調整する。

　　☑　3か月ごとに支払う方法
　　　　上記確定日の属する月の［翌］月を第1回目として，以後3か月ごとに合計［ 20 ］回，各月の［ 28 ］日限り，各［20分の1］の割合による金額を支払う（［延長期間2年］通算期間　5　年　0　か月間）。
　　□　毎月支払う方法
　　　　上記確定日の属する月の［　］月を第1回目として，毎月［　］日限り，各［　］の割合による金額を支払う（通算期間［　］年［　］か月間）。
　　□　ボーナス時に支払う方法
　　　　［　］年［　　］か月間，毎年［　　］月及び［　　］月の［　　］日限り，各［　　］の割合による金額を支払う（合計＿＿回）。
　　□　その他の方法
　　　　再生計画による弁総額が［　　］円以下の再生債権者に対しては，上記確定日の属する月の翌月の［　　］日限り，［　　　］の割合による金額を支払う（合計　　回）。

3　共益債権及び一般優先債権は，随時支払う。
　　（上記債権［特に公租公課等］で未払分がある場合には，下記にその種目，金額を記載する。）

以　上

再生変更計画による弁済計画表

大阪地方裁判所　平成☆☆年（再イ）第○○○○号
　　　　　　　　平成☆☆年（モ）第○○○○号

再生債務者の氏名　　勤　勉　一　郎

1　再生計画による弁済率　[　20　] パーセント
2　弁済期間・弁済方法は、再生変更計画案記載のとおり
3　弁済金の支払方法
　　振込送金（振込先口座は再生債権者が指定、振込手数料は再生債務者が負担）

照会先	
弁護士	勤　勉　一　郎
照会先電話番号・ファックス番号	
電話　06-0000-0000	
ＦＡＸ　06-0000-0000	

＊この弁済計画表に関する問い合わせは、上記照会先に直接連絡をしてください。

債権者番号	届出のあった再生債権者	確定債権額：円	不足	協定	再生計画による弁済総額：円	各回の弁済額：円		
						1回目の額	2回目〜19回目の額	最終回の額
1	株式会社○○	6,000,000			1,200,000	60,000	60,000	60,000
2								
3								
4								
5								
6								
7								
8								
9								
10								
11								

（注意）
1　「確定債権額」欄には確定した元本及び開始決定日の前日までの利息・損害金の合計額を記載する。
2　「再生計画による弁済総額」欄記載の各金額は、再生計画により算出される弁済額について1円未満の端数が生じたときは、切り上げた金額を記載する。
3　この弁済計画表は、「住宅資金特別条項」を定めた場合には、同条項による弁済以外のものである。
4　「不足」欄に○印がある場合、「確定債権額」の金額は「担保不足見込額」であることを表し、「再生計画による弁済総額」の金額も見込みであるため、確定した不足額の金額によっては変動することがある。
5　「協定」欄に○印があるものは、「弁済協定」を締結したことを表し、その協定によって支払う場合である。

再生変更計画による

大阪地方裁判所　　平成☆年（再イ）第
　　　　　　　　　平成☆年（モ）　第
再生債務者の氏名　● ● ● ●

1　再生計画による**弁済率**［　２０　］パーセント
2　弁済期間・弁済方法は，再生変更計画案記載の
3　弁済金の支払方法
　　振込送金（振込先口座は再生債権者が指定，振

債権者番号	届出のあった再生債権者名	確定債権額	変更後の各回の弁済額		
			11回目の額 （平成☆年〇月）	12回目〜19回目の額 （平成☆年〇月〜 平成☆年〇月）	最終回の額 （平成☆年〇月）
1	株式会社〇〇	6,000,00	60,000	60,000	60,000
2					
3					
4					
5					
6					
7					
8					
9					
10					
11					
合　計					

（注　意）

　　1　「確定債権額」欄には確定した元本及び
　　2　「再生計画による弁済総額」欄記載の各
　　3　この弁済計画表は，再生計画案で「住宅
　　4　平成☆年〇月〇日付再生計画案について

再生変更計画による弁済充当表

大阪地方裁判所　平成☆年（再イ）第◇◇◇◇号
　　　　　　　　平成☆年（モ）第◇◇◇◇号
再生債務者の氏名　●●●●

照会先	照会先電話番号・ファックス番号
弁護士　勤勉一郎	電話　06-○○○○-○○○○ ＦＡＸ　06-○○○○-○○○○
＊　この弁済計画表に関する問い合わせは，上記照会先に直接連絡をしてください。	

1　再生計画による**弁済率**[　２０　]パーセント
2　弁済期間・弁済方法は，再生変更計画案記載のとおり
3　弁済金の支払方法
　　振込送金（振込先口座は再生債権者が指定，振込手数料は再生債務者が負担）

債権者番号	届出のあった再生債権者名	確定債権額	再生計画による弁済総額(A)	変更前(3年12回)の月額	変更後(5年20回)の月額	既払額(B)（変更前の月額×6回）	既払額(B)を5年に充当した場合		残額(A-B)	変更後の各回の弁済額		
								1回目〜10回目（平成☆年○月〜平成☆年○月）		11回目の額（平成☆年○月）	12回目〜19回目の額（平成☆年○月〜平成☆年○月）	最終回の額（平成☆年○月）
1	株式会社○○	6,000,000	1,200,000	100,000	60,000	600,000	10回目（平成☆年○月）まで完了	600,000	600,000	60,000	60,000	60,000
2												
3												
4												
5												
6												
7												
8												
9												
10												
11												
合計												

（注意）
1　「確定債権額」欄には確定した元本及び開始決定前日までの利息・損害金の合計を記載する。
2　「再生計画による弁済総額」欄記載の各金額は，再生計画により算出される弁済額について1円未満の端数が生じたときは，切り上げた金額を記載する。
3　この弁済計画表は，再生計画案で「住宅資金特別条項を定めた場合」には，同条項による弁済以外のものである。
4　平成☆年○月○日付再生計画案については，再生計画の変更申立時に第△回まで支払済みである。

資料等

一部過去の運用が記載されているものもあります。

資料等

【資料①　申立書を提出する前のお願い】

申立書を提出する前のお願い

　　　　　　　　　　　　　　　　　　　　大阪地方裁判所　第6民事部個人再生係

1　申立前の書類の順番

　申立編チェックリストのすべての項目について検討した上でチェックを記入し，陳述書等の記載漏れ及び個人再生添付書類一覧表の添付書類に提出漏れがないかを最終確認した上，添付書類一覧表，チェックリスト，申立書と以下添付書類一覧表に記載のある書類の順に従って，当係の受付に書類を提出してください（なお，住特条項を定める場合の書類の順番は，後記4に従ってください。）。

2　準備しておくもの

　印紙　1万円，予納金　1万1,928円，①申立代理人事務所が遠隔地の場合　郵便切手1,020円分（100円切手×6枚，80円切手×4枚，10円切手×10枚），事務所宛住所シール5枚，②申立代理人事務所が近隣の場合　郵便切手及び住所シールは不要です。

3　付箋の貼付

(1) 債権者一覧表，財産目録，家計収支表及び可処分所得額算出シート（給与所得者等再生の場合）には，付箋を貼付してください（付箋には「債」，「財」，「家」，「可」と記載してください。）。

(2) 給与(仮)差押，担保権実行等の強制執行手続や訴訟が現に進行中であったり，される予定がある事件は，陳述書の該当部分に付箋を貼付してください（付箋に「裁」と記載してください。）。

4　住特条項を定める場合の書類

　住宅資金特別条項を定める場合，関係書類（金銭消費貸借契約書，保証委託契約書，ローン償還表，登記簿謄本，固定資産評価証明書，査定書，弁済許可申立書の正本副本［正本には債権者毎に付箋（「弁許・1【債権者一覧表の債権者番号】」と記載してください。）を貼付ください］等は，添付書類の最後の部分に一括しておいてください。

5　電話による問い合わせ

　申立前の電話による問い合わせは，ご遠慮ください。また，申立後の問い合わせについても，「改正法対応　事例解説個人再生～大阪再生物語～」（新日本法規）や「はい六民です　お答えします」（大阪弁護士協同組合）等を調べた上で，なお必要がある場合には書面で問い合わせするようにしてください。

【資料②　簡易説明書】

再生計画案の作成上の簡易解説

　この簡易説明は，これまでの実例を基に解説をしたものです。特殊な事例も含め，多くのケースに対応できるよう心掛けましたが，あくまで簡易説明であるため，おのずとその限度があります。利用者においては，事例A，B，Cモデルの該当箇所を参照の上，少なくとも該当する箇所は誤りのないようにしていただければと思い作成しました。なお，本文等の条文については，特に法令名を表示しない限り民事再生法を，規則と表記したものは民事再生規則を指します。

基本的注意事項

Ⅰ　再生計画案と同時に提出する書類
　　①弁済計画表　②積立金の通帳写し（表紙も含む）　③積立状況等報告書　④家計収支表（開始決定時に提出の指示をされた場合）　⑤事業収支実績表（前同）
Ⅱ　提出期限より早期に提出すること。届出債権に異議を出しても，当初の提出期限は延長されないので，開始決定時に定められた期限までに必ず提出する。**期限までに再生計画案の提出がない場合は，再生手続は必ず廃止される。**
Ⅲ　再生計画案自体に修正不能，軽微とはいえない違法等があった場合などは，廃止又は不認可となることもある（191条2号）。
Ⅳ　再生計画案，弁済計画表の**事前のチェックのための提出やファックスによる提出は認めない。**

第1　基本的な再生計画案記載例

　本例は，免除率を54.5％とし，3か月ごとに支払う方法で，端数を100円未満で切り上げ，最終回で調整したもので，少額債権の定めや滞納の公租公課のないもっともベーシックな例示である。

大阪地方裁判所　　平成☆年（再イ）第○○○○号

再　生　計　画　案（平成☆年○月○日）（*1）

再　生　債　務　者　　　●　●　●　●
再生債務者代理人弁護士　□　□　□　□　印
（電話　06－○○○○－○○○○）

1 再生債権に対する権利変更として，次の額について免除を受ける。免除額に1円未満の端数が生じたときは，切り捨てる。(＊2)
　(1) 元本及び再生手続開始決定日の前日までの利息・損害金の［　54.5　］(＊3)パーセント相当額
　(2) 再生手続開始決定日以降の利息・損害金の［　100　］パーセント相当額

2 上記1による権利変更後の再生債権について，再生計画認可決定確定日の属する月の翌月以降，下記の□に印を付した項(＊4)に記載した方法により分割弁済をする。ただし，これにより算出される［　100　］円未満の端数は［　切り上げ　］(＊5)，［　最終回　］(＊6)で調整する。
　☑　3か月ごとに支払う方法(＊7)
　　　上記確定日の属する月の［　翌　］月(＊8)を第1回目として，以後3か月ごとに合計［　12　］回，各月の［　25　］日限り，各［　12分の1　］(＊9)の割合による金額を支払う（通算期間　3　年　0　か月間）(＊10)。
　□　毎月支払う方法
　　　上記確定日の属する月の［　　］月を第1回目として，毎月［　　］日限り，各［　　］の割合による金額を支払う（通算期間［　　］年［　　］か月間）。
　□　ボーナス時に支払う方法
　　　［　　］年［　　］か月間，毎年［　　］月及び［　　］月の［　　］日限り，各［　　］の割合による金額を支払う（合計　　回）。
　□　その他の方法
　　　再生計画による弁済総額が［　　］万円以下の再生債権者に対しては，上記確定日の属する月の翌月の［　　］日限り，［　　］の割合による金額を支払う（合計　　回）。

3 共益債権及び一般優先債権は，随時支払う。
　（上記債権［特に公租公課等］で未払分がある場合には，下記にその種目，金額を記載する。）

（＊1）　修正した再生計画案を提出する場合，修正した再生計画案を作成した日付にする。前に提出した再生計画案と同一日付にすると，どの再生計画案を付議・意見聴取したのかが不明となるからである。なお，「修正許可申請書」は，再生計画案提出期限の前後を問わず不要である（40頁＊19参照）。
（＊2）　免除した額は，必ず切り捨てる。免除率の算出方法は，Q＆A〔20〕237頁参照。
　　ア　再生計画案の免除率と弁済計画表の弁済率を合計して，100％になっているかを

確認すること。
　　イ　免除率と弁済率に誤りはないかを確認すること。
　　※　弁済計画表では弁済率を20％で作成していても，再生計画案に免除率を誤って20％と記載し，それが付議・意見聴取に付され，再生計画案が認可確定した場合，弁済計画表により支払うのではなく，確定した再生計画（免除率20％，弁済率80％）により支払うことになるので注意が必要である。
（＊3）　切り捨ての桁数は，検算の便宜からも小数点以下「2桁」以内にするのが望ましい。弁済率の算出も同様である。
（＊4）　複数の項目を定める場合には，□の必要な箇所に印を付す。
（＊5）　定型書式では，端数調整は切り上げとなっている。なお，切り上げ，切り捨ては選択できる。ただし，四捨五入は不可である。また，切り上げの単位について，例えば，100円未満を切り上げ調整すると，最終回を待たずに完済となる場合があるが，そのときは，切り上げを10円未満にすることで，最終回で完済となる場合がある。
（＊6）　弁済総額の調整は，最終回で行うことが一般であるが，特に事情がある場合には，初回で調整することも可能である。その場合には，弁済計画表の「各回の弁済額：円」欄が，「初回の額」，「毎月（回）の額」となる。
（＊7）　弁済期の定めは，3か月に1回以上到来するものとする必要がある（229条2項1号）。したがって，書式の中には，「ボーナス時に支払う方法」があるが，これのみで支払う方法を定めることはできず，これを利用する際には，「毎月支払う方法」と「3か月ごとに支払う方法」を併用することとなる。
（＊8）　再生計画認可決定の確定日が月末となった場合には，支払開始日を確定月の月末と定めている再生計画では，支払いが困難となるので，初回の支払いは「翌月」以降3か月以内にする。また，支払開始日を月初めと定めたとき，認可決定確定日が月末となった場合には，支払いまでの期間が少ないので，認可決定確定日の確認を速やかに行い，支払いを滞ることのないように注意する。そういった点から，この場合には，初回の支払いは確定月の「翌々月」と定めることも考えられる。
（＊9）　この数値は，弁済する額の1回あたりの割合を表すものである。3か月ごとに支払う場合，支払期間が3年なら各[12分の1]，4年なら各[16分の1]，5年なら各[20分の1]となる。その記載は，分数表記でもパーセント表記でもいいが，後者の場合には次の点に注意する。
　　ア　小数点以下3桁で切り下げ（100％÷12回＝8,333…）をして，各[8.33パーセント]で定めると，法定の最低弁済額に不足し手続は廃止となるので，切り上げた8.34パーセントとする。
　　イ　定めた割合に弁済回数を乗じて100％以上になっているか，必ず検算すること。
（＊10）　一般弁済期間は，3年を原則とするが，特別の事情があれば5年以内にすることができるので（229条2項2号），3年の場合には3年0か月と記載する。

第2　特別な条項の記載例

1　少額債権の定め

　☑　その他の方法

　　再生計画による弁済総額が［　1万　］円以下の再生債権者(＊)に対しては，上記確定日の属する月の翌月の［　25　］日限り，［　100パーセント　］の割合による金額を支払う（合計1回）。

> （＊）　少額債権の定めは，少額債権を早期に弁済するものであることから，支払時期を一般弁済期間の途中や最後とすることは認められない。少額債権を定める場合には，Q＆A〔21〕243頁を参照。なお，少額債権の定めについても，一般基準を定めるものなので，債権者名や債権者番号は記載しない。

2　共益債権等

共益債権及び一般優先債権は，随時支払う。（＊1）
　　（上記債権［特に公租公課］で未払分がある場合には，下記にその種目，金額を記載する。）

　　（例1）　一般優先債権（公租公課等）の記載例（＊2）
　　　　　自動車税　　35,000円，市府民税　10,000円
　　　　　固定資産税　10,000円

　　（例2）　弁済協定の記載例（＊3）
　　　　　適塾医療機器リース株式会社のリース料債権について，平成〇〇年12月8日締結の弁済協定により，平成〇〇年1月から平成〇〇年12月まで，毎月末日限り，1万円ずつ，合計24万円を支払う。

> （＊1）　滞納がない場合は，この一文のみでよい。その場合でもかっこ書きの文言は不動文字として残したままにし，余白には記載しない。
> （＊2）　一般優先債権とは，一般の先取特権その他一般の優先権がある債権（122条1項）である。個人再生手続で該当するのは主に公租公課であり，通常は滞納税金を記載することになる。なお，開始決定前の罰金は，一般優先債権ではなく，一般弁済期間後に支払うことになるので記載しない。また，雇用関係の先取特権（申立人が個人事業者

の場合の開始前の未払給料）も一般優先債権であり，未払分は，この項に記載する。なお，これらの債権は再生債権ではないので，債権者一覧表には記載しない。共益債権及び一般優先債権は，開始前後や認可後，いずれも再生手続によらずして随時に弁済できる（121条1項，122条2項）。共益債権（119条）とは，特に再生債務者の業務，生活，財産管理，処分に関する費用（119条2号）などに必要な費用である。

(＊3)　弁済協定は，開始決定後に別除権付再生債権者と被担保債権である再生債権の分割弁済の合意を締結し，その債権を共益債権化した上で（119条5号），同協定にしたがって支払うものである。債務者は，再生計画案を提出する際には，弁済協定書も提出し，事前に，債権者には，当該債権についての取下書を裁判所に提出する旨，連絡しておく（〔Cモデル〕④138頁，弁済計画表173頁参照）。

3　特殊な支払い方法

1回目にまとまった金額を支払う場合(＊1)

記載例
　　毎月払い

　上記1による権利変更後の再生債権について，再生計画認可決定確定日の属する月の［　翌月　］以降，毎月［　25　］日限り，下記の方法により分割弁済をする。ただし，これにより算出される［　10　］円未満の端数は［　切り捨て　］(＊2)，[　最終回　](＊3)で調整する。

　第1回目に［　40パーセント　](＊4)，第2回目以降，各［　1.72パーセント　](＊5)の割合による金額を支払う（合計［　36　］回，通算期間［　3　年　0　］か月間）。

記載例
　　3か月毎払い

　上記1による権利変更後の再生債権について，下記の方法により分割弁済をする（下記(1)，(2)の合計［　13　］回，通算期間［　3　年　0　］か月間）。

(1)　第1回目の支払

　　再生計画認可決定確定日の属する月の［　翌　］月の［　末　］日限り，［　16分の4　］の割合による金額を支払う。ただし，これにより算出される［　1,000　］

円未満(＊6)の端数は［　切り捨て　］,［　最終回　］で調整する。
(2) 第2回目以降の支払
　　上記確定日の属する月の［　3か月後の月　］(＊7)を第2回目として，以降3か月ごとに合計［　12　］回，各月の［　末　］日限り，各［　16分の1　］の割合による金額を支払う。ただし，これより算出される［　100　］円未満の端数は［　切り捨て　］,［　最終回　］で調整する。

(＊1)　手持ち現金や保険の解約返戻金などから，ある程度の金額が確保できている場合に，早い時期にまとめて支払い，後の弁済に余裕を持たせる方法の記載例である。なお，3か月ごとに支払う方法を選択する場合には，「3か月ごとに支払う方法」の例に当てはめて作成する。なお，参考までに触れておくと，まとまった金額を，早期に支払うことは認められるが，一般弁済期間の途中や一般弁済期間終了間際にまとめて支払うことは，履行の可能性の点から問題が生じることがある。
(＊2)　端数調整は，切り捨て，切り上げを選択できるが，記載例は，切り捨てた例である（280頁(＊5)を参照）。
(＊3)　280頁(＊6)を参照。
(＊4)　初回に支払いが可能な金額の率，割合を決定し，パーセントか分数で記載する。
(＊5)　弁済総額100％から初回に支払う割合を控除し，それを残りの分割回数で割ることで，1回当たりの割合を算出する。記載例では，2回目から最終回（36回目）までの35回で残り60％を支払うことになるので，60％を35回で割ると，「1.71428…」となり，小数点以下3桁目を切り上げ「各1.72パーセント」となる。なお，各割合の合計が100％未満になると，最低弁済額に達しない再生計画案を定めたことになって，手続が廃止されることがあるので注意する必要がある。
(＊6)　記載例は，初回に1,000円未満を切り捨て，2回目以降で100円未満を切り捨てることで端数調整をしている。このように，第1回目と第2回目以降の端数調整の単位を変えたり，切り捨てや切り上げを別々に行うことは可能であるが，検算の便宜などからなるべく統一的な処理が望ましい。
(＊7)　1回目を認可決定確定日の属する月の翌月とし，2回目を同確定月から3か月後（1回目の支払月から2か月後）とすることによって，通常3か月に1回の支払いと同様に，3年間で支払うこととした例である。

4　適確条項の記載例

　再生債権額が確定していない再生債権に対する措置（＊１）（＊２）

(1)　再生債権者○○○○信用保証協会の再生債権について，別除権が行使されていない。（＊３）
(2)　別除権の行使によって弁済を受けることができない債権の部分（以下，「不足額」という。）が確定したときは，前記［　１，２　］の定めを適用する。（＊４）
(3)　再生債権者○○○○信用保証協会から不足額が確定した旨の通知を受けた日に既に弁済期が到来している分割金については，当該通知を受けた日から２週間以内に支払う。

（＊１）　これを「適確条項」（160条１項）といい，別除権付債権（例えば，抵当権付不動産や所有権留保付物件）が存在し，その不足額が確定していない場合には，のちの権利行使により不足額が確定した場合の支払方法を定めなければならない。債権者一覧表の別除権付債権欄に記載のある事案で，別除権が実行されていない場合には，本条項の記載を忘れないよう注意する。なお，本条項の記載箇所については，滞納がある公租公課を定める一般優先債権や共益債権を支払う旨の条項の後に定めることも可能である。

（＊２）　個人再生手続では，再生債権は手続内で確定するにすぎないことから，訴訟等が係属している場合も，特段の記載は不要である。また，権利変更の一般的基準を定めるにすぎないことから，評価申立て，評価の結果待ちの債権についても特段の記載を要しない（238条，245条による159条の適用除外）。

（＊３）　別除権者に権利行使をされて，「抵当権実行中」，「換価中」の場合も，不足額が確定していないので，その記載は必要である。

（＊４）　「１，２の定め」との表記の方が適切であろうが，「２の定め」でもよい。

第３　住宅資金特別条項の記載例

１　期限の利益回復型

　住宅資金特別条項（民事再生法199条１項）（＊１）

(1)　住宅資金貸付債権を有する債権者の氏名又は名称（民事再生規則99条１号）
　　株式会社○○○○銀行（旧商号　株式会社△△△△）（＊２）

(2) 対象となる住宅資金貸付債権
　　平成　年　月　日付○○契約書及び平成　年　月　日付同変更契約書（以下，合わせて「原契約書」という。）（＊3）に基づき，上記債権者が再生債務者に対して有する貸金債権
(3) 住宅及び住宅の敷地の表示（同規則99条2号）
　　別紙物件目録記載のとおり
(4) 抵当権の表示（同規則99条3号）
　　別紙抵当権目録記載のとおり
(5) 住宅資金特別条項の内容
　　上記(1)の住宅資金貸付債権の弁済については，再生計画認可決定の確定した日以降，原契約書の各条項に従い支払うものとする（＊4）。

（＊1）　199条1項型は，住宅ローンの滞納がない場合や再生計画認可決定確定までの滞納分を当初の契約に基づく履行分と合わせて一般弁済期間内で支払い，それ以降は当初の契約どおり支払いをしていく場合の型である。

（＊2）　住宅ローン債権者に商号（名称）変更などがあり，契約当時の商号等と異なる場合は旧商号等を併記する。なお，支店名の記載は不要である。

（＊3）　ここには，契約書に記載されている契約書名をそのとおり記載する。住宅ローン契約について，変更契約があった場合や債権譲渡契約があった場合は，必ず全部の契約を特定して記載する。

　　　ア　[債権譲渡の場合の記載例]
　　　　　平成　年　月　日付け○○住宅ローン契約書（以下「原契約書」という。）書に基づく，株式会社◇◇銀行が再生債務者に有していた貸付債権につき，平成　年　月　日債権譲渡により上記(1)の債権者が再生債務者に対して有する貸金債権

　　　イ　[金利の特約書を締結している場合]
　　　　　平成　年　月　日付け金銭消費貸借抵当権設定契約証書及び平成　年　月　日付け変動金利による特約書（以下合わせて「原契約書」という。）に基づき，上記債権者が再生債務者に対して有する貸金債権

　　　ウ　再生手続開始後，再生計画案提出前に変更契約を締結した場合も，その変更契約書を裁判所に提出した上，同様に記載する。

　　　エ　複数の契約書がある場合は，「合わせて（又は，共に）」などに変えて「原契約書等という」としてもよい。その場合には，(5)項にも「原契約書等」と記載する。

（＊4）　これは，滞納がない場合の条項である。滞納はあったが弁済許可により，再生計画認可決定確定までに滞納分全額を支払う場合も，記載例(5)項と同じ記載になる。

2 同意型

住宅資金特別条項（民事再生法199条4項）

(1)ないし(4)は，1項型を参照

(5) 住宅資金特別条項の内容

上記(1)の住宅資金貸付債権の弁済については，再生計画認可決定の確定した日以降，以下の各条項に従い支払うものとする。

　　［以下，この部分に①，②…などの番号を付して，項目別に住宅ローン債権者との同意の内容を具体的に記載する。（＊1）］

(6) 住宅資金特別条項によって権利の変更を受ける者の同意

上記住宅資金特別条項を定めることについて，これらの条項により権利の変更を受けることとなる債権者は同意をしている。（＊2）（＊3）

（＊1） 記載する同意内容については，住宅資金貸付債権に関するものに限る。それに該当しない団体信用保証の追加保証料の承諾，印紙，その負担金額，または，当事者・保証人間の負担などの合意内容は記載してはならない。

（＊2） 同意書は，199条4項同意型のみに必要で，書面により，かつ計画案と同時に，原本を，裁判所に提出する（規則100条）。したがって，規則101条1項では，事前協議が定められているが，再生手続開始後から協議すると時間的余裕がないので，できる限り，申立て前から予め再生計画案のシュミレーションをした上で，同意書面の取得の準備をする必要がある。なお，1項型から3項型の場合は，記載例(6)の同意条項は，事実上事前の同意を得ていても上記規則による同意ではないので，住特条項には記載しない。

（＊3） 同意書面は，代表者か登記のある支配人等権限ある者が作成することを要し，その資料として「資格証明書等」を添付する。

3 物件目録の記載例

物 件 目 録(＊1)　　　　（マンション）

一棟の建物の表示
　　所　　　在　　　　大阪市北区絹笠一丁目1番地1
　　建物の名称　　　　コーポ西天満（＊2）
専有部分の建物の表示
　　家 屋 番 号　　　　絹笠一丁目1番地の1
　　建物の名称　　　　321
　　種　　　類　　　　居　宅
　　構　　　造　　　　鉄筋コンクリート造1階建
　　床　面　積　　　　3階部分　65.00平方メートル
敷地権の表示
　　土地の符号（＊3）　1
　　所在及び地番　　　大阪市北区絹笠一丁目1番1
　　地　　　目　　　　宅　地
　　地　　　積　　　　9000.1平方メートル
　　敷地権の種類（＊4）　所有権
　　敷地権の割合　　　12345分の456

　　　　（●●●●共有持分3分の1，◇◇◇◇共有持分3分の2）（＊5）

（＊1）　マンションと一戸建てとは，登記簿の記載方法が異なるので，記載例を参考にそれぞれ登記簿どおりに記載する（規則99条）。
（＊2）　登記簿が「建物の番号」となっている場合があるので注意する。マンションの築年数が古いものは，建物の名称（マンションの名前）がなく番号のみの場合があるので，その番号を記載すればよい。
（＊3）　マンションの底地が分筆されたままの登記の場合は，土地の符号が数個になるが登記簿どおり全部記載する。
（＊4）　特にマンションは，土地の符号がいくつあっても，「敷地権の種類」，「敷地権の割合」については通常は一種類なので，符号は列挙して種類と割合を記載すればよい（登記簿は必ず確認する）。
（＊5）　再生債務者が，単独で所有している場合には，氏名は記載しなくてもよい。共有の場合には，共有者全員の氏名，持分割合も登記簿どおり記載する。

物 件 目 録　　　　　　　　　　　　　　　（一戸建て）

1　主たる建物の表示
　　　所　　在　　大阪市北区絹笠一丁目1番地1
　　　家屋番号　　789番
　　　種　　類　　居　宅
　　　構　　造　　鉄筋コンクリート造陸屋根2階建
　　　床 面 積　　1階　　55.6平方メートル
　　　　　　　　　2階　　44.5平方メートル
　付属建物の表示（＊1）
　　　符　　号　　1
　　　種　　類　　倉　庫
　　　構　　造　　鉄筋造・ブロック造スレート葺平家建（＊2）
　　　床 面 積　　12.3平方メートル
　　　　　　　　　　　　　　　　　　（所有者●●●●）

2　土地の表示（＊3）
　　　所　　在　　大阪市北区絹笠一丁目
　　　地　　番　　1番
　　　地　　目　　宅　地
　　　地　　積　　78.9平方メートル

　　　　　　　　　　　　　　　（所有者◇◇◇◇）（＊4）

（＊1）　車庫や倉庫等，抵当権が設定されている付属建物が登記されている場合には必ず記載する。
（＊2）　いわゆる「平屋建」は，登記簿上は「平家建」と表記されているので，登記簿上の表記どおり記載する。
（＊3）　共同担保になっている土地，建物は，共同担保目録を確認した上，全て記載する。例えば，公衆用道路等に，抵当権が設定されている土地についても記載する。
（＊4）　再生債務者が，単独で所有している場合には，氏名は記載しなくてもよい。共有の場合には，共有者全員の氏名，持分割合も登記簿どおり記載する。また，敷地が他人名義の場合（敷地については物上保証）にも，それぞれ所有名義を記載する。

4 抵当権目録の記載例

抵 当 権 目 録(＊1)　　　　　　　　　　　　　（求償権担保型）

[　〇〇保証株式会社（登記簿上の表示△△△△株式会社）(＊2)　]が有する抵当権

原　　　因　　平成☆年〇月〇日付け保証委託契約(＊3)により平成☆年〇月〇日設定した抵当権
登記簿上の債権額　2,000万円
損　害　金　　年14.6パーセント（年365日日割計算）(＊4)
債　務　者　　● ● ● ●(＊5)
登　　　記　　大阪法務局　北大阪支局(＊6)
　　　　　　　平成☆年〇月〇日受付　第56789号

(＊1)　抵当権が何種類かある場合には抵当権者を特定して,「抵当権目録」に列挙すればよい。なお,債権者による直接貸付型,保証会社による求償権担保型が混在する場合は,上記の記載例を参考に抵当権別に特定し,記載の違いに注意して登記簿どおりに記載する。
(＊2)　求償権担保型の場合は,抵当権者は保証会社を記載し,直接の住宅資金貸付債権者を記載しない（抵当権の表示につき,規則99条）。なお,登記簿と現在の商号（名称）が異なっている場合は,記載例を参考にしてかっこ書きで併記する。
(＊3)　契約名も登記簿乙区欄どおりに記載する。
(＊4)　保証会社は,事前求償権の行使の場合は別として,原則は遅滞後に権利を行使するから,「損害金」登記のみで「利息」登記はないのが通常である。しかし,「利息」登記がある場合,逆に「損害金」登記がない場合もあるので,登記簿どおり記載する。なお,「年365日日割計算」などの日割特約の表示も忘れずに記載する。
(＊5)　債務者住所の記載は不要である。
(＊6)　土地所在地を管轄する法務局又は支局以外の法務局,支局等で登記事項証明書を入手した場合は,ここに記載する法務局名は,認証している法務局ではなく,「〇〇法務局△△出張所管轄」とある法務局名を記載することになる。

抵 当 権 目 録　　　　　　　　（直接貸付型）

[　○○金融公庫（登記簿上の表示　▽▽▽▽公庫）（＊１）　]が有する抵当権

原　　　　因　　平成☆年○月○日付け金銭消費貸借契約（＊２）により平成☆年○月○日設定した抵当権
登記簿上の債権額　1,500万円
利　　　　息　　年2.2パーセント（年365日日割計算）（＊３）
損　害　金　　年14.5パーセント（年365日日割計算）
債　務　者　　●●●●
登　　　　記　　大阪法務局　天王寺出張所
　　　　　　　　平成☆年○月○日受付　第98765号

（＊１）　住宅資金貸付契約等により直接住宅ローン債権者が抵当権者となる場合（公庫や協同組合などの場合に例が多い。），当該貸付債権者を記載する。なお，直接貸付けの住宅ローン債権者に商号（名称）変更等があれば，保証会社の場合と同様にかっこ書きで併記する。
（＊２）　登記簿乙区欄記載どおりの契約名を記載する。
（＊３）　直接貸付けの住宅ローン債権者は，記載例のように原則的には利息を付すから，「利息」登記があればその記載も必要である。また，乙区の１つの抵当権欄で，債権額，利息・損害金などが何種類かに分けて記載（「住宅金融公庫」など）されている場合も登記簿どおりに全て記載する。

第4　住宅資金特別条項の解説

1　総　則
　① 　住宅資金特別条項（以下「住特条項」という。）を定める再生計画案については，再生計画の遂行の可能性が積極的に認められなければならない（202条2項2号）。
　② 　規則101条1項において住宅ローン債権者と協議することとされている。期限の利益回復型（199条1項），弁済期間延長（リスケジュール）型（199条2項），元本猶予期間併用型（199条3項）において同債権者の同意は必要とされていないものの同意型（199条4項）と同様に，必ず協議して策定するべきである。もし再生債務者側のみで策定して，同債権者に対する意見聴取手続において，滞納額を含め全額の支払いの条項になっていない等の欠陥を指摘され，再生手続に反対する旨の意見や不履行の可能性が高いなどの回答がされた場合は，同債務者の釈明等の結果を考慮した上で廃止，不認可の判断をしなければならない場合もあるからである。

2　期限の利益回復型（199条1項）…98頁①参照

　① 　未履行分がある場合には，必ずその支払方法を記載しなければならない。その支払方法等を再生計画案に記載せず，また，同案を決議等に付した後に滞納分支払いの記載忘れや滞納があることが判明した場合も，手続は廃止もしくは不認可になる。
　② 　未履行分の支払方法等は，履行の可能性を前提に，一括弁済でも分割弁済でも自由であるが，期限の利益回復型は滞納の元本，利息，損害金及び確定後の利息の全額を認可決定確定日から一般弁済期間終了時までに完済しなければならない。
　③ 　滞納がある場合は，再生計画案提出時に，具体的な金額を記載することができないので，支払方法（滞納分を通常のローン金額に加算して支払うことなども含む。）を記載して，一般弁済期間中に滞納分全額を支払う条項にしなければならない。

3　弁済期間延長（リスケジュール）型（199条2項）…98頁②参照

　① 　弁済期間延長型と元本猶予期間併用型は，条文上は住宅ローン債権者の同意な

しに原契約の期間を変更できる（最終弁済期の延長により、支払金額は当然変更を受ける）。また、ボーナス払いの廃止なども可能である。弁済期間延長型は、期限の利益回復型では認可の見込みがない場合に認められるという条件が課されているので（199条2項本文）、その理由を主張、疎明する必要がある。一般弁済期間中の支払額を確認し、履行の可能性を判断するため、住宅ローン債権者から、償還予定表やその承諾を得ている旨の書面を取得し、債務者から計画案等とともに提出されれば、判断するにあたり便宜である。

② 最終弁済期の延長は、約定最終弁済期から10年を超えないこと、かつ債務者の年齢が70歳（71歳の誕生日の前日）までであることが必要である。10年内なら自由に最終弁済期を定めることができる。

③ 最終弁済期を延長して一般弁済期間の月額の返済額を少なくして、認可決定確定時までの滞納分を同確定時以降に加算して支払えばよい。

④ 上記の条項を定めるについては、必ず住宅ローン債権者と協議しておく。

4 元本猶予期間併用型（199条3項）…99頁③参照

① 元本猶予期間併用型は、弁済期間延長型では認可の見込みがない場合に認められるのであり（199条3項本文）、その理由を主張、疎明する必要がある（元本猶予期間併用型は、元本猶予期間の元本と利息、元本猶予期間経過後の支払額の関係から、特に住宅ローン債権者作成の償還予定案や同債権者から承諾を得ていることの書面等の提出があれば、判断するにあたり便宜である。）。

② 最終弁済期の延長は、約定最終弁済期から10年を超えないこと、かつ債務者の年齢が70歳（71歳の誕生日の前日）までであることは、弁済期間延長型と同様である。

③ 延長の条件も弁済期間延長型と同じだが、特に年齢的に延長ができない場合にも、一般弁済期間中は、一部元本を猶予できることから履行の可能性が高くなる。反面、元本猶予期間中の住宅ローンの支払額が低額になれば、一般弁済期間後の支払いが厳しくなることも考えられ、その結果その後の住宅ローンの滞納が生じる可能性もあるため、猶予する元本額の設定についても住宅ローン債権者との協議が不可欠である。

④ 滞納の利息・損害金の支払いも弁済期間延長型と同様で，認可決定確定日以降はいつでもいかなる方法でもよい（この点も住宅ローン債権者との協議は必要）。なお，同確定日以前の滞納元本は，元本猶予期間後から残債務に加算して支払うことになる。

⑤ 元本猶予期間中は，元本のみ一部猶予できるが，残元本総額に対する利息は全く猶予できないことに注意する。したがって，利息額は一般弁済期間中の猶予された元本額に対するものではなく，残元本総額に対するものである。つまり，通常の月額払いの場合では，総債権額に対する利息を総支払月で割った利息額を支払うことになる。

⑥ 元本猶予期間と一般弁済期間は一致させる必要はないが，元本猶予期間は一般弁済期間を超えてはならない（199条3項本文）。例えば，元本猶予期間を4年間，一般弁済期間を5年間とするのは許されるが，逆は不可である。

⑦ 上記の条項を定めるについては，必ず住宅ローン債権者と協議しておく。

資料等　簡易説明書

この弁済計画表は、規則130条の2で求められているものである。再生債権者にとって重要な書面であるので、再生債務者は、同表についても計画案に基づいて正確、適切な作成をすべきである。

再生計画による弁済計画表

大阪地方裁判所　平成☆☆年（再イ）第 3000 号

再生債務者の氏名　●●●

照会先	
弁護士・司法書士 □□□	照会先電話番号・ファックス番号 06－0000－0000 06－0000－0000

＊この弁済計画表に関する問い合わせは、上記照会先に直接連絡をしてください。

1　再生計画による弁済率　[20] パーセント
2　弁済期間・弁済方法は、再生計画案記載のとおり
3　弁済金の支払方法
　振込送金（振込先口座は再生債権者が指定、振込手数料は再生債務者が負担）

債権者番号	届出のあった再生債権者名	不足	協定	確定債権額：円	再生計画による弁済総額：円	各回の弁済額：円	
						毎月（回）の額	最終回の額
4	㈱○○ファイナンス			50,000	10,000	(以下、略)	(以下、略)
5	㈲山城屋			125,000	25,000		
6	大塩㈱			750,000	150,000		
7	五代商事と○○○○			800,000	160,000		
39	阪神○○○○			9,000,000	1,800,000	▲▲▲▲	◇◇◇◇◇
	合計			10,725,000	2,145,000		

a）計画案記載の免除率との合算が100％か点検する。

b）旧様式（ver2.0）の（注1）から（注3）の記載は不要である。

c）債権届出期間に届出がなかった場合も債権者一覧表に記載していれば、その金額で届出があったとみなされる。なお、債権の移転があった場合でその金額で届出があったとみなされる。

d）端数調整を初回で行った場合は、「初回の額」と「毎月（回）の額」となる。

資料等　簡易説明書　295

も、債権者から裁判所に対し、新旧債権者の連名かつ双方押印の承継届・名義変更届の提出がされない限り、債務者が代位弁済の通知を受けただけでは新債権者として記載せず、旧債権者を記載する。また、代位弁済をしていない保証債権など債権額「0円」の債権は記載しない。

f) 債権者一覧表の番号を記載し、同一債権者で枝番の各債権は合算するが、同一債権者でも債権毎に管理部門や送達先が異なっている場合には、合算しなくてもよい。また、債権者が、債権届や上申書で同一債権者の枝番別に、弁済場所を2か所以上指定してきた場合も同様である。

e) 毎回の額は計画案の定めに従い、切り上げまたは切り捨てして算出する。四捨五入をしてはならない。

g) 基準となる法定弁済額、清算価値（偏頗弁済等の加算も含む）、可処分所得額（給与所得者等再生のみ）のいずれをも上回っている必要がある。弁済総額は最低弁済額以上であればよいので、強いて同弁済額に限りなく近づける必要はない。したがって、弁済率は小数点以下2桁を限度に算出するのが望ましい。

（注意）
1　「確定債権額」欄には確定した元本及び開始決定日の前日までの利息・損害金の合計額を記載する。
2　「再生計画による弁済総額」欄記載の各金額は、再生計画により算出される弁済額について1円未満の端数が生じたときは、切り上げた金額を記載する。
3　この弁済計画表は、再生計画案で「住宅資金特別条項」を定めた場合には、同条項による弁済以外のものである。
4　「不足」欄に○印がある場合、「確定債権額」の金額は「担保不足見込額」であることを表し、「再生計画による弁済総額」の金額も見込みであるため、確定した不足額の金額によっては変動することがある。
5　「協定」欄に○印があるものは、「確定債権額」の金額によらず、「弁済協定」を締結したことを表し、その協定によって支払う場合である。

（注意）　1項～5項は、不動文字として必ず記載する。

[1 共益債権等] (弁済協定を締結した債権者がある場合)

債権者番号	届出のあった再生債権者名	協定	不足	確定債権額：円	再生計画による弁済総額：円	各回の弁済額：円 毎月(回)の額	各回の弁済額：円 最終回の額
1	○○商事㈱			20,000	5,000	****	○○○○
3	適塾医療機器リース㈱	○		0	0	0	0
(以下，省略)							

h) 弁済協定をした相手方は債権者として必ず記載する。

i) 弁済協定を締結した場合は、この欄に「○」印を付す。なお、当該債権者の債権届は取り下げさせるが、計画案の「共益債権」の条項には、当弁済協定の債権者名、支払内容等を必ず記載しなければならない。

j) 弁済協定を支払うため、確定債権額以下の欄は、「0」とする。

[2 特殊な支払方法] (毎月支払う方法で、1回目にまとまった金額を支払う場合)

債権者番号	届出のあった再生債権者名	協定	不足	確定債権額：円	再生計画による弁済総額：円	各回の弁済額：円 1回目	各回の弁済額：円 2回目〜35回目	各回の弁済額：円 最終回
4	㈱○○ファイナンス			50,000	10,000	4,000	(以下，略)	(以下，略)
5	㈲山城屋			125,000	25,000	10,000		
6	大塩㈱			750,000	150,000	60,000		
7	五代商事こと○○○○			800,000	160,000	64,000		
39	阪神○○○○			9,000,000	1,800,000	720,000	▼▼▼▼▼	◇◇◇◇◇
合計				10,725,000	2,145,000	858,000		

k) 1回目で支払う金額を基準に、その弁済の割合を決めて債権額を算出する。本例は、第1回に40％を、2回目から最終回まで残り60％を分割して支払い、最終回で端数調整する例である。本文「3 特殊な支払い方法(*4)(*5)」参照

l) 残額の端数処理を2回目でする場合は、「2回目」「3回目〜最終回」となる。

資料等　簡易説明書

[3 適確条項を定める場合]（担保付不動産や所有権留保付物件など別除権付債権があり、担保不足額が確定していない場合）

債権者番号	届出のあった再生債権者	不足協定	確定債権額：円	再生計画による弁済総額：円	各回の弁済額：円 毎月（回）の額	各回の弁済額：円 最終回の額
1	○○ファイナンス㈱	○	2,000,000	400,000		
(以下、省略)						
合計						

m) 抵当権付不動産を手放したり、所有権留保付物件がある場合、別除権付債権であることを明らかにするため［不足］欄に［○］を記載する。また、計画案には必ず不足額が確定した場合の［適確条項］を記載する。

n) 債権者が、担保不足見込額の届出をしていればその金額を記載し、届出をしていなければ債権者一覧表の別除権付債権欄の［担保不足見込額］を記載する。

o) 担保不足見込額を基準に算出し、この欄に記載する。

p) 弁済総額が確定していないため、各回の弁済額の欄は、空欄にするか、斜線を引き、弁済協定の場合と異なることに注意する。

[総合例 4]（少額債権の定め及び上記例1～3を組み合わせた例）

債権者番号	届出のあった再生債権者名	確定債権額：円	不足	協定	再生計画による弁済総額：円	各回の弁済額：円 初回の額	各回の弁済額：円 2回目以降の額	各回の弁済額：円 最終回の額
1	○○ファイナンス㈱	25,000	○		5,000		0	0
3	適塾医療機器リース㈱	0		○	0	0	0	0
4	㈱○○ファイナンス	50,000			10,000	10,000		
5	㈲山城屋	125,000			25,000	***	××××	○○○○
6	大塩㈱	750,000			150,000	***	××××	△△△△
7	五代商事㈱	800,000			160,000	***	××××	□□□□
39	阪神○○○○○	9,000,000			1,800,000	▲▲▲▲	◇◇◇◇	○○○○
	合計	10,725,000			2,145,000			●●●

q）計画案で、少額債権の定め（弁済総額が1万円以下の再生債権について、1回払い）をした場合の記載例。2回目以降の欄は空白にするか、斜線を引く。

(注意)
1 「確定債権額」欄には確定した元本及び開始決定日の前日までの利息・損害金の合計額を記載する。
2 「再生計画による弁済総額」欄記載の各金額は、再生計画により算出される弁済額について1円未満の端数が生じたときは、切り上げた金額を記載する。
3 この弁済一覧表は、再生計画案で「住宅資金特別条項」を定めた場合には、同条項による弁済以外のものである。
4 「不足」欄 この印がある場合、「確定債権額」の金額は「担保不足見込額」であることを表し、再生計画による弁済額の金額も見込みであるため、確定した不足額によって変動することがある。
5 「協定」欄 この印があるものは、「確定債権額」を変動したことを表し、弁済協定を締結したことを表し、その協定によって支払う場合である。

【資料③ 積立状況等報告書】

記載例

平成☆年（再イ・ロ）第〇〇〇号
再生債務者　大　阪　太　郎

積立状況等報告書

大阪地方裁判所第6民事部
個人再生〇係　御中

平成☆年〇月〇〇日
再生債務者代理人弁護士　勤　勉　一　郎　㊞

当該事件について，再生債務者が申立書（陳述書）第5（4）に記載した積立についての状況，（5）履行の可能性については，以下のとおりです。

1．積立状況
　□　申立人は，別紙通帳のとおり，現在〇〇，〇〇〇円の積立を実施しています。
　□　申立書（陳述書）第5（4）に記載したとおり積立が実施されていませんが，これは
　　□　滞納公租公課の支払を再生計画認可確定前に終了する旨の合意をしており，これに基づいて支払をしていることが原因であり，その支払状況は別紙のとおりです。
　　□　給料の（仮）差押えを受けており，現在，月額約〇〇，〇〇〇円が勤務先に保留されているからです。
　　□　その他※（
　　　　　　　　　　　　　　　　　　　　　　　　　　　　　　　　　　　）

2．履行の可能性
(1)□　本件再生計画案は，以下のとおり最大額である〔②〕以上の額である〇，〇〇〇，〇〇〇円を最低弁済額として作成しました。
　　　①弁済計画表に記載した債権額の合計〇，〇〇〇，〇〇〇円の5分の1
　　　　　　　　　　　　　　　　　　　　　　　　〇，〇〇〇，〇〇〇円
　　　②財産目録記載の総合計　　　　　　　　　　〇，〇〇〇，〇〇〇円
　□　給与所得者等再生事件の場合
　　　③可処分所得額算出シート記載の計画弁済総額の最低基準額
　　　　　　　　　　　　　　　　　　　　　　　　〇，〇〇〇，〇〇〇円
(2)□　同計画案は，弁済期間を3年で作成し，1か月あたり〇〇〇，〇〇〇円を返済していくことになりますが，以下のとおり弁済していくことは十分可能です。

収　　　　入	金　　　額	支　　　出	金　　　額
債務者（給与手取額）	〇〇〇，〇〇〇円	計画案による返済額	〇〇，〇〇〇円
配偶者（同　　上）	〇〇，〇〇〇円	生　活　費　等	〇〇，〇〇〇円
		住宅ローン返済額	〇〇，〇〇〇円
		滞納税，弁済協定額	〇〇，〇〇〇円
合　　　　計	〇〇〇，〇〇〇円	合　　　　計	〇〇〇，〇〇〇円

　　上記表の金額については，提出している家計収支表から平均的な値で計上しています。
※積立ができなかった具体的事情を詳しく記載してください。別紙を付けられても結構です。

【資料④　趣旨変更の申立書】

平成☆年（再ロ）第〇〇〇〇号
再生債務者　〇　〇　〇　〇

大阪地方裁判所　第６民事部個人再生　係　御中

趣旨変更の申立書

　頭書事件について，給与所得者等再生による再生手続開始の申立をしましたが，今般，都合により申立の趣旨を下記のとおり変更することを申し立てます。

記

「申立ての趣旨」

　申立人について，小規模個人再生による再生手続を開始する（なお，通常の再生手続の開始は求めない）。

　　　　　　　　　　　平成☆年〇〇月〇〇日

　　　　　　　　　　　　再生債務者代理人　〇　〇　〇　〇　㊞

【資料⑤　確定証明申請書】

印紙１５０円

平成☆年(再イ)第〇〇〇〇号
再生債務者　〇　〇　〇　〇

大阪地方裁判所　第６民事部個人再生〇係　御中

再生計画認可決定確定証明申請書

　　上記の者に対する平成☆年〇〇月〇〇日付再生計画認可決定が，平成☆年〇月〇〇日に確定したことを証明してください。

　　　　平成☆年〇〇月〇〇日

　　　　　　　　申請人　再生債務者代理人　〇　〇　〇　〇　　㊞

受　　領　　書

　　上記証明書を１通，受領しました。

　　　　平成☆年〇〇月〇〇日

　　　　　　　　再生債務者代理人　〇　〇　〇　〇　　㊞

※　提出される際，裁判所証明用の副本を１通提出してください。
　　ただし，副本には受領書以下の文言を記載しないでください。

【資料⑥　確定証明書】

平成☆年(再イ)第〇〇〇〇号
再生債務者　〇　〇　〇　〇

大阪地方裁判所　第6民事部個人再生〇係　御中

再生計画認可決定確定証明申請書

　上記の者に対する平成☆年〇〇月〇〇日付再生計画認可決定が，平成☆年〇〇月〇〇日に確定したことを証明してください。

　　　平成☆年〇〇月〇〇日

　　　　　　　　　　申請人　再生債務者代理人　〇　〇　〇　〇

　上　記　証　明　す　る。

　　　平成☆年〇〇月〇〇日
　　　　大阪地方裁判所第6民事部個人再生〇係
　　　　　裁判所書記官　　　〇　〇　〇　〇　㊞

〔政令（平成13年政令第50号）に基づく居住地域区分・各費用額の早見表〕

[表①　都道府県別の居住地域区分一覧表]

都道府県別の居住地域区分一覧表

	第1区	第2区	第3区	第4区	第5区	第6区
北海道		札幌市，江別市	函館市，小樽市，旭川市，室蘭市，釧路市，帯広市，苫小牧市，千歳市，恵庭市，北広島市	夕張市，岩見沢市，登別市	北見市，網走市，留萌市，稚内市，美唄市，芦別市，赤平市，紋別市，士別市，名寄市，三笠市，根室市，滝川市，砂川市，歌志内市，富良野市，伊達市，石狩市，上磯郡上磯町，亀田郡七飯町，山越郡長万部町，桧山郡江差町，虻田郡京極町及び倶知安町，岩内郡岩内町，余市郡余市町，空知郡奈井江町，上砂川町及び上砂川町，雨竜郡鷹栖町，東神楽町，神川町，東川町，朝日町及び新得町，中川郡音威子府村，中川町及び幌加内町，古冠村及び音威子府村，幌別町，天塩郡天塩町及び遠別町，枝幸郡浜頓別町及び歌登町，斜里郡斜里町，常呂郡常呂町，滝上町，白滝村，興部町，紋別郡遠軽町，丸瀬布町，浦上村，沙流郡日高町，雄武町，有珠郡大滝村，河東郡鹿追町，浦河郡浦河町，足寄郡陸別町，釧路郡釧路町，川上郡弟子屈町，阿寒郡阿寒町，白糠郡芽室町，標津郡中標津町及び標津町，目梨郡羅臼町	第1区から第5区までは以外の市町村
青森県			青森市		弘前市，八戸市，黒石市，五所川原市，十和田市，三沢市，むつ市	第1区から第5区までは以外の市町村
岩手県			盛岡市		宮古市，大船渡市，水沢市，花巻市，北上市，久慈市，遠野市，一関市，陸前高田市，釜石市，江刺市，二戸市，岩手郡滝沢村	第1区から第5区までは以外の市町村

資料等　政令に基づく居住地域区分・各費用額の早見表

	第1区	第2区	第3区	第4区	第5区	第6区
宮城県		仙台市		塩竈市、名取市、多賀城市	石巻市、古川市、気仙沼市、白石市、角田市、岩沼市、柴田郡大河原町及び柴田町、宮城郡七ヶ浜町及び利府町、黒川郡富谷町	第1区から第5区までに以外の市町村
秋田県			秋田市		能代市、横手市、大館市、本荘市、湯沢市、大曲市、鹿角市、男鹿氏	第1区から第5区までに以外の市町村
山形県			山形市		米沢市、鶴岡市、酒田市、新庄市、寒河江市、上山市、村山市、長井市、天童市、東根市、尾花沢市、南陽市	第1区から第5区までに以外の市町村
福島県			福島市		会津若松市、郡山市、いわき市、白河市、原町市、須賀川市、喜多方市、相馬市、二本松市	第1区から第5区までに以外の市町村
茨城県			水戸市	日立市、土浦市、古河市、取手市	石岡市、下館市、竜ヶ崎市、常陸太田市、高萩市、つくば市、牛久市、ひたちなか市、鹿嶋市、那珂郡東海村、稲敷郡三浦村及び茎崎町、北相馬郡守谷町、藤代町及び利根町	第1区から第5区までに以外の市町村
栃木県			宇都宮市	足利市	栃木市、佐野市、鹿沼市、日光市、今市市、小山市、真岡市、大田原市、矢板市、黒磯市、河内郡上三川町、南河内町及び河内町、下都賀郡壬生町、石橋町及び国分寺町、塩谷郡藤原町、那須郡西那須野町及び塩原町	第1区から第5区までに以外の市町村
群馬県			前橋市、高崎市、桐生市		伊勢崎市、太田市、沼田市、館林市、渋川市、藤岡市、富岡市、安中市、群馬郡群馬町、北群馬郡伊香保町、多野郡新町、吾妻郡草津町、利根郡水上町、邑楽郡大泉町	第1区から第5区までに以外の市町村

資料等　政令に基づく居住地域区分・各費用額の早見表

	第 1 区	第 2 区	第 3 区	第 4 区	第 5 区	第 6 区
埼玉県	川口市、さいたま市	所沢市、蕨市、戸田市、鳩ヶ谷市、朝霞市、和光市、新座市	川越市、熊谷市、岩槻市、春日部市、狭山市、上尾市、草加市、越谷市、入間市、志木市、桶川市、八潮市、富士見市、上福岡市、三郷市、入間郡大井町及び三芳町		行田市、秩父市、飯能市、加須市、本庄市、東松山市、羽生市、鴻巣市、深谷市、久喜市、北本市、蓮田市、坂戸市、幸手市、鶴ヶ島市、日高市、吉川市、北足立郡伊奈町及び吹上町、入間郡毛呂山町及び越生町、比企郡嵐山町、小川町及び鳩山町、南埼玉郡宮代町及び白岡町、北葛飾郡栗橋町、鷲宮町、杉戸町、松伏町及び庄和町	第1区から第5区までの以外の市町村
千葉県		千葉市、市川市、船橋市、松戸市、習志野市、浦安市	野田市、佐倉市、柏市、市原市、流山市、八千代市、我孫子市、鎌ヶ谷市、四街道市		銚子市、館山市、木更津市、佐原市、茂原市、成田市、東金市、八日市場市、旭市、勝浦市、鴨川市、君津市、富津市、袖ヶ浦市、東葛飾郡沼南町、印旛郡酒々井町及び白井町	第1区から第5区までの以外の市町村
東京都	特別区、八王子市、立川市、武蔵野市、三鷹市、府中市、昭島市、調布市、町田市、小金井市、小平市、日野市、東村山市、国分寺市、国立市、田無市、保谷市、福生市、狛江市、東大和市、清瀬市、東久留米市、多摩市、稲城市	青梅市、武蔵村山市	羽村市、あきる野市、西多摩郡瑞穂町		西多摩郡日の出町、桧原村及び奥多摩町、大島村、利島村、新島村、神津島村、三宅村、御蔵島村、八丈町、青ヶ島村、小笠原村	第1区から第5区までの以外の市町村

資料等　政令に基づく居住地域区分・各費用額の早見表

	第 1 区	第 2 区	第 3 区	第 4 区	第 5 区	第 6 区
神奈川県	横浜市，川崎市，鎌倉市，藤沢市，逗子市，大和市，三浦郡葉山町	横須賀市，平塚市，小田原市，茅ヶ崎市，相模原市，三浦市，秦野市，厚木市，座間市	伊勢原市，海老名市，南足柄市，綾瀬市，高座郡寒川町，中郡大磯町及び二宮町，足柄上郡松田町，足柄下郡開成町，足柄下部箱根町，真鶴町及び湯河原町，津久井郡城山町		足柄上郡中井町及び山北町，愛甲郡愛川町及び清川村，津久井郡津久井町，相模湖町及び藤野町	第 1 区から第 5 区までの以外の市町村
新潟県			新潟市	長岡市	三条市，柏崎市，新発田市，新津市，小千谷市，加茂市，十日町市，見附市，村上市，燕市，栃尾市，糸魚川市，新井市，五泉市，両津市，白根市，豊栄市，上越市，中蒲原郡亀田町，北魚沼郡小出町，南魚沼郡湯沢町，刈羽郡刈羽村，中頸城郡大潟町，妙高高原町及び中郷村，西頸城郡青海町	第 1 区から第 5 区までの以外の市町村
富山県			富山市，高岡市		新湊市，魚津市，氷見市，滑川市，黒部市，砺波市，小矢部市，上新川郡大沢野町及び大山町，中新川郡舟橋村，上市町及び立山町，下新川郡宇奈月町，朝日町及び入善町，婦中町及び細入村，射水郡小杉町，大門町，下村及び大島町，東砺波郡城端町，庄川町，井波町及び福野町，西砺波郡福光町及び福岡町	第 1 区から第 5 区までの以外の市町村
石川県			金沢市	小松市	七尾市，輪島市，珠洲市，加賀市，羽咋市，松任市，江沼郡山中町，能美郡根上町，寺井町及び辰口町，川北町，石川郡美川町，鶴来町，野々市町，河内村，吉野谷村，鳥越村，尾口村及び白峰村，河北郡津幡町，高松町，七塚町，宇ノ気町及び内灘町	第 1 区から第 5 区までの以外の市町村

資料等　政令に基づく居住地域区分・各費用額の早見表　307

	第1区	第2区	第3区	第4区	第5区	第6区
福井県			福井市		敦賀市, 武生市, 小浜市, 大野市, 勝山市, 鯖江市, 吉田郡松岡町, 永平寺町及び上志比村, 坂井郡三国町, 芦原町, 金津町, 丸岡町, 春江町及び坂井町, 今立郡今立町, 南条郡南条町, 丹生郡朝日町, 宮崎村, 織田町及び越前町	第1区から第5区まで以外の市町村
山梨県			甲府市		富士吉田市, 塩山市, 都留市, 山梨市, 大月市, 韮崎市, 東山梨郡春日居町, 東八代郡石和町, 中巨摩郡竜王町, 玉穂町, 昭和町及び田富町, 北都留郡上野原町	第1区から第5区まで以外の市町村
長野県			長野市, 松本市	上田市, 岡谷市, 諏訪市	飯田市, 須坂市, 小諸市, 伊那市, 駒ヶ根市, 中野市, 大町市, 飯山市, 茅野市, 塩尻市, 佐久市, 南佐久郡臼田町, 北佐久郡軽井沢町, 小県郡丸子町及び東部町, 諏訪郡下諏訪町及び富士見町, 上伊那郡辰野町及び箕輪町, 木曽郡木曽福島町, 東筑摩郡明科町及び波田町, 南安曇郡豊科町及び穂高町, 更級郡上山田町, 埴科郡坂城町及び戸倉町, 上高井郡小布施町, 上水内郡豊野町	第1区から第5区まで以外の市町村
岐阜県			岐阜市	大垣市, 多治見市, 瑞浪市, 土岐市, 各務原市, 笠原町	高山市, 関市, 中津川市, 美濃市, 恵那市, 美濃加茂市, 可児市, 羽島市, 羽島郡岐南町及び笠松町, 安八郡墨俣町, 本巣郡北方町及び穂積町	第1区から第5区まで以外の市町村
静岡県			静岡市, 浜松市, 沼津市, 清水市, 熱海市, 伊東市	三島市, 富士市	富士宮市, 島田市, 磐田市, 焼津市, 掛川市, 藤枝市, 御殿場市, 袋井市, 天竜市, 浜北市, 下田市, 裾野市, 湖西市, 田方郡伊豆長岡町, 戸田村, 土肥町, 函南町, 韮山町, 大仁町, 修善寺町, 天城湯ヶ島町及び中伊豆町, 駿東郡清水町, 長泉町及び小山町	第1区から第5区まで以外の市町村

資料等　政令に基づく居住地域区分・各費用額の早見表

	第1区	第2区	第3区	第4区	第5区	第6区
愛知県	名古屋市		豊橋市, 岡崎市, 一宮市, 春日井市, 刈谷市, 豊田市, 尾張旭市, 日進市	瀬戸市, 豊川市, 安城市, 東海市, 大府市, 岩倉市, 豊明市, 西春日井郡西枇杷島町, 師勝町, 清洲町及び新川町	半田市, 津島市, 碧南市, 蒲郡市, 犬山市, 常滑市, 江南市, 尾西市, 小牧市, 稲沢市, 新城市, 知多市, 高浜市, 愛知郡東郷町及び長久手町, 西春日井郡豊山町, 西春日井郡春日町及び西枇杷島町, 丹羽郡大口町及び扶桑町, 葉栗郡木曽川町, 中島郡祖父江町及び平和町, 海部郡七宝町, 美和町, 美郷村, 蟹江町, 十四山村, 飛島村, 佐屋町及び佐織町, 知多郡阿久比町, 東浦町, 南知多町, 美浜町及び武豊町, 幡豆郡一色町, 吉良町及び幡豆町, 額田郡幸田町, 西加茂郡三好町, 東加茂郡足助町及び旭町, 北設楽郡設楽町, 藤岡町及び小原村, 南設楽郡鳳来町, 宝飯郡音羽町, 一宮町, 小坂井町及び御津町, 渥美郡田原町	第1区から第5区までの以外の市町村
三重県			津市, 四日市市	松阪市, 桑名市	伊勢市, 上野市, 鈴鹿市, 尾鷲市, 亀山市, 鳥羽市, 熊野市, 名張市, 久居市, 桑名郡長島町及び木曽岬町, 員弁郡東員町, 三重郡菰野町及び川越町, 安芸郡芸濃町, 楠町, 朝日町及び御薗村, 度会郡小俣町及び御薗村, 志摩郡阿児町	第1区から第5区までの以外の市町村
滋賀県		大津市	草津市		彦根市, 長浜市, 近江八幡市, 八日市市, 守山市, 滋賀郡志賀町, 栗太郡栗東町, 野洲郡中主町及び野洲町, 甲賀郡石部町, 甲西町及び水口町	第1区から第5区までの以外の市町村
京都府	京都市	宇治市, 向日市, 長岡京市		城陽市, 八幡市, 京田辺市, 乙訓郡	福知山市, 舞鶴市, 綾部市, 宮津市, 亀岡市, 綾部市, 福井手町及び宇治田原町, 相楽郡山城町, 木津町, 相楽郡山城町, 綴喜郡, 相楽郡	第1区から第5区までの以外の市町村

資料等　政令に基づく居住地域区分・各費用額の早見表

	第 1 区	第 2 区	第 3 区	第 4 区	第 5 区	第 6 区
			大山崎町, 久世郡久御山町		加茂町及び精華町, 北桑田郡京北町, 船井郡園部町及び八木町	
大阪府	大阪市, 堺市, 豊中市, 池田市, 吹田市, 高槻市, 守口市, 枚方市, 茨木市, 八尾市, 寝屋川市, 松原市, 大東市, 箕面市, 門真市, 摂津市, 東大阪市	岸和田市, 泉大津市, 貝塚市, 和泉市, 高石市, 藤井寺市, 四條畷市, 泉南市, 泉北郡忠岡町	泉佐野市, 富田林市, 河内長野市, 柏原市, 羽曳野市, 泉南市, 大阪狭山市, 交野市, 三島郡島本町, 泉南郡熊取町及び田尻町, 南河内郡美原町		阪南市, 豊能郡豊能町及び能勢町, 泉南郡岬町, 南河内郡太子町, 河南町及び千早赤阪村	第1区から第5区までの以外の市町村
兵庫県	神戸市, 尼崎市, 西宮市, 芦屋市, 伊丹市, 宝塚市, 川西市	姫路市, 明石市		加古川市, 高砂市, 加古郡播磨町	洲本市, 相生市, 豊岡市, 龍野市, 赤穂市, 西脇市, 三木市, 小野市, 三田市, 加西市, 川辺郡猪名川町, 加古郡稲美町, 揖保郡揖保川町, 御津町及び太子町	第1区から第5区までの以外の市町村
奈良県			奈良市, 生駒市	橿原市	大和高田市, 大和郡山市, 天理市, 五條市, 御所市, 香芝市, 生駒郡平群町, 三郷町, 斑鳩町及び安堵町, 磯城郡川西町, 三宅町及び田原本町, 宇陀郡大宇陀町, 菟田野町及び榛原町, 高市郡高取町及び明日香村, 北葛城郡新庄町, 當麻町, 王寺町, 広陵町及び河合町, 吉野郡吉野町, 大淀町及び下市町	第1区から第5区までの以外の市町村
和歌山県			和歌山市		海南市, 橋本市, 有田市, 御坊市, 田辺市, 新宮市, 海草郡野上町, 那賀郡岩出町, 伊都郡高野口町及び高野町, 有田郡湯浅町, 日高郡美浜町, 西牟婁郡白浜町及び串本町, 東牟婁郡那智勝浦町, 太地町及び古座町	第1区から第5区までの以外の市町村

資料等　政令に基づく居住地域区分・各費用額の早見表

	第1区	第2区	第3区	第4区	第5区	第6区
鳥取県			鳥取市		米子市, 倉吉市, 境港市, 西伯郡日吉津村	第1区から第5区までの以外の市町村
島根県			松江市		浜田市, 出雲市, 益田市, 大田市, 安来市, 江津市, 平田市, 八束郡東出雲町及び玉湯町, 隠岐郡西郷町	第1区から第5区までの以外の市町村
岡山県		岡山市, 倉敷市		玉野市	津山市, 笠岡市, 井原市, 総社市, 高梁市, 新見市, 備前市, 赤磐郡瀬戸町及び山陽町, 和気郡日生町, 邑久郡牛窓町, 邑久町及び長船町, 児島郡灘崎町, 都窪郡早島町, 山手村及び清音村, 浅口郡船穂町, 金光町, 鴨方町, 寄島町及び里庄町, 小田郡矢掛町, 吉備郡真備町	第1区から第5区までの以外の市町村
広島県		広島市, 呉市, 福山市, 安芸郡府中町		三原市, 尾道市, 府中市, 大竹市, 廿日市市, 安芸郡海田町及び坂町	竹原市, 因島市, 三次市, 庄原市, 東広島市, 安芸郡熊野町, 江田島町及び音戸町, 佐伯郡大野町及び八千代町, 高田郡吉田町及び向原町, 賀茂郡黒瀬町, 宮島町, 豊田郡本郷町, 安浦町及び川尻町, 御調郡向島町, 深安郡神辺町, 芦品郡新市町	第1区から第5区までの以外の市町村
山口県			山口市, 下関市	宇部市, 徳山市, 防府市, 岩国市, 新南陽市	萩市, 下松市, 小野田市, 光市, 長門市, 柳井市, 美祢市, 玖珂郡和木町, 由宇町及び玖珂町, 熊毛郡大和町, 田布施町, 平生町及び熊毛町, 吉敷郡小郡町及び阿知須町, 厚狭郡山陽町, 豊浦郡豊浦町	第1区から第5区までの以外の市町村
徳島県			徳島市		鳴門市, 小松島市, 阿南市	第1区から第5区までの以外の市町村
香川県			高松市		丸亀市, 坂出市, 善通寺市, 観音寺市, 木田郡牟礼町, 香川郡直島町, 綾歌郡国分寺町及び宇多津町, 仲多度郡琴平町及び多度津町	第1区から第5区までの以外の市町村

資料等　政令に基づく居住地域区分・各費用額の早見表

	第 1 区	第 2 区	第 3 区	第 4 区	第 5 区	第 6 区
愛媛県			松山市		今治市、新居浜市、西条市、川之江市、伊予三島市	第1区から第5区まで以外の市町村
高知県			高知市			第1区から第5区まで以外の市町村
福岡県		福岡市、北九州市	久留米市	大牟田市、直方市、飯塚市、田川市、行橋市、中間市、筑紫野市、春日市、大野城市、太宰府市、宗像市、古賀市、筑紫郡那珂川町、糟屋郡宇美町、篠栗町、志免町、須恵町、新宮町、久山町及び粕屋町、宗像郡福間町、遠賀郡芦屋町、水巻町、岡垣町及び遠賀町、京都郡苅田町	柳川市、山田市、甘木市、八女市、筑後市、大川市、豊前市、小郡市	第1区から第5区までいかの市町村
佐賀県			佐賀市		唐津市、鳥栖市	第1区から第5区までいかの市町村
長崎県			長崎市	佐世保市、西彼杵郡香焼町、伊王島町、高島町及び崎戸町	諫早市、大村市、西彼杵郡長与町、時津町及び大島町	第1区から第5区までいかの市町村

資料等　政令に基づく居住地域区分・各費用額の早見表

	第 1 区	第 2 区	第 3 区	第 4 区	第 5 区	第 6 区
熊 本 県			熊本市	荒尾市		第1区から第5区まで以外の市町村
大 分 県			大分市、別府市		中津市	第1区から第5区まで以外の市町村
宮 崎 県			宮崎市		都城市、延岡市	第1区から第5区まで以外の市町村
鹿児島県			鹿児島市		川内市、鹿屋市、枕崎市、串木野市、阿久根市、名瀬市、出水市、大口市、指宿市、加世田市、国分市、西之表市、垂水市、鹿児島郡桜島町、日置郡伊集院町、姶良郡加治木町、姶良町及び隼人町	第1区から第5区まで以外の市町村
沖 縄 県			那覇市		石川市、具志川市、宜野湾市、平良市、石垣市、浦添市、名護市、糸満市、沖縄市	第1区から第5区まで以外の市町村

資料等　政令に基づく居住地域区分・各費用額の早見表

【表② 個人別生活費一覧表】

個人別生活費一覧表　（単位：円）

年齢（※）	居住地域の区分					
	第1区	第2区	第3区	第4区	第5区	第6区
1歳未満	279,000	268,000	257,000	247,000	233,000	223,000
1歳以上2歳未満	279,000	266,000	254,000	241,000	228,000	216,000
2歳以上3歳未満	310,000	296,000	282,000	268,000	254,000	240,000
3歳以上5歳未満	341,000	326,000	311,000	295,000	280,000	265,000
5歳以上6歳未満	398,000	381,000	365,000	348,000	331,000	315,000
6歳以上7歳未満	442,000	424,000	406,000	388,000	369,000	351,000
7歳以上8歳未満	429,000	411,000	392,000	374,000	356,000	338,000
8歳以上9歳未満	456,000	436,000	417,000	398,000	378,000	359,000
9歳以上11歳未満	482,000	462,000	441,000	421,000	400,000	380,000
11歳以上12歳未満	557,000	535,000	512,000	489,000	467,000	444,000
12歳以上13歳未満	615,000	591,000	566,000	541,000	517,000	492,000
13歳以上14歳未満	598,000	574,000	549,000	524,000	500,000	475,000
14歳以上15歳未満	606,000	580,000	555,000	529,000	503,000	478,000
15歳以上16歳未満	601,000	574,000	548,000	521,000	495,000	468,000
16歳以上17歳未満	588,000	562,000	535,000	509,000	482,000	456,000
17歳以上18歳未満	556,000	531,000	506,000	481,000	456,000	431,000
18歳以上19歳未満	524,000	500,000	477,000	453,000	430,000	406,000
19歳以上20歳未満	512,000	489,000	466,000	443,000	420,000	396,000
20歳以上40歳未満	499,000	477,000	454,000	432,000	409,000	387,000
40歳以上41歳未満	488,000	466,000	445,000	423,000	401,000	379,000
41歳以上59歳未満	478,000	456,000	435,000	413,000	392,000	370,000
59歳以上60歳未満	465,000	444,000	423,000	402,000	381,000	360,000
60歳以上69歳未満	452,000	432,000	412,000	391,000	371,000	351,000
69歳以上70歳未満	538,000	520,000	492,000	475,000	446,000	429,000
70歳以上	624,000	608,000	572,000	558,000	520,000	507,000

※再生債務者が再生計画案を提出した日以後の最初の4月1日における年齢による。

【表③ 世帯別生活費一覧表】

世帯別生活費一覧表　（単位：円）

居住人数（再生債務者及び被扶養者）	居住地域の区分					
	第1区	第2区	第3区	第4区	第5区	第6区
1人	527,000	503,000	480,000	456,000	432,000	408,000
2人	583,000	557,000	531,000	504,000	478,000	452,000
3人	647,000	618,000	588,000	559,000	530,000	501,000
4人以上	703,000	672,000	640,000	609,000	577,000	545,000

【表④　冬季特別生活費一覧表】

冬季特別生活費一覧表

(単位：円)

居住人数（再生債務者及び被扶養者）	冬季特別地域の区分		居住地域の区分					
			第1区	第2区	第3区	第4区	第5区	第6区
1人	第1級地	北海道，青森県，秋田県		118,000	112,000	107,000	101,000	95,000
	第2級地	岩手県，山形県，新潟県			80,000	76,000	72,000	68,000
	第3級地	宮城県，福島県，富山県，長野県		56,000	53,000	51,000	48,000	45,000
	第4級地	石川県，福井県			41,000	39,000	37,000	35,000
	第5級地	栃木県，群馬県，山梨県，岐阜県，鳥取県，島根県			28,000	27,000	26,000	24,000
	第6級地	その他の都府県	16,000	15,000	14,000	14,000	13,000	12,000
2人	第1級地	北海道，青森県，秋田県		152,000	145,000	138,000	131,000	124,000
	第2級地	岩手県，山形県，新潟県			104,000	99,000	93,000	88,000
	第3級地	宮城県，福島県，富山県，長野県		72,000	69,000	65,000	62,000	59,000
	第4級地	石川県，福井県			53,000	50,000	47,000	45,000
	第5級地	栃木県，群馬県，山梨県，岐阜県，鳥取県，島根県			37,000	35,000	33,000	31,000
	第6級地	その他の都府県	20,000	19,000	18,000	18,000	17,000	16,000
3人	第1級地	北海道，青森県，秋田県		182,000	173,000	165,000	156,000	147,000
	第2級地	岩手県，山形県，新潟県			124,000	118,000	112,000	105,000
	第3級地	宮城県，福島県，富山県，長野県		86,000	82,000	78,000	74,000	70,000
	第4級地	石川県，福井県			63,000	60,000	57,000	53,000
	第5級地	栃木県，群馬県，山梨県，岐阜県，鳥取県，島根県			44,000	42,000	39,000	37,000
	第6級地	その他の都府県	24,000	23,000	22,000	21,000	20,000	19,000
4人以上	第1級地	北海道，青森県，秋田県		206,000	196,000	187,000	177,000	167,000
	第2級地	岩手県，山形県，新潟県			140,000	133,000	126,000	120,000
	第3級地	宮城県，福島県，富山県，長野県		98,000	93,000	89,000	84,000	79,000
	第4級地	石川県，福井県			71,000	68,000	64,000	61,000
	第5級地	栃木県，群馬県，山梨県，岐阜県，鳥取県，島根県			50,000	47,000	45,000	42,000
	第6級地	その他の都府県	27,000	26,000	25,000	24,000	23,000	21,000

【表⑤　住居費一覧表】

住居費一覧表

（単位：円）

居住する建物の所在する地域	居住する建物の所在する居住地域の区分	居住人数（再生債務者及び被扶養者）	住居費の額
北海道（札幌市を除く。）	第2区から第4区まで	1 人	322,000
		2人以上7人未満	419,000
		7人以上	503,000
	第5区及び第6区	1 人	270,000
		2人以上7人未満	352,000
		7人以上	422,000
札幌市	第2区	1 人	407,000
		2人以上7人未満	529,000
		7人以上	635,000
青森県	第3区	1 人	366,000
		2人以上7人未満	475,000
		7人以上	570,000
	第5区及び第6区	1 人	270,000
		2人以上7人未満	352,000
		7人以上	422,000
岩手県	第3区	1 人	355,000
		2人以上7人未満	462,000
		7人以上	554,000
	第5区及び第6区	1 人	288,000
		2人以上7人未満	374,000
		7人以上	449,000
宮城県（仙台市を除く。）	第4区	1 人	416,000
		2人以上7人未満	541,000
		7人以上	649,000
	第5区及び第6区	1 人	329,000
		2人以上7人未満	427,000
		7人以上	512,000
仙台市	第2区	1 人	422,000
		2人以上7人未満	550,000
		7人以上	660,000
秋田県（秋田市を除く。）	第5区及び第6区	1 人	326,000
		2人以上7人未満	424,000
		7人以上	509,000
秋田市	第3区	1 人	358,000
		2人以上7人未満	464,000
		7人以上	557,000

資料等　政令に基づく居住地域区分・各費用額の早見表

居住する建物の所在する地域	居住する建物の所在する居住地域の区分	居住人数（再生債務者及び被扶養者）	住居費の額
山形県	第3区	1人	359,000
		2人以上7人未満	467,000
		7人以上	560,000
	第5区及び第6区	1人	325,000
		2人以上7人未満	422,000
		7人以上	506,000
福島県（郡山市及びいわき市を除く。）	第3区	1人	364,000
		2人以上7人未満	473,000
		7人以上	568,000
	第5区及び第6区	1人	332,000
		2人以上7人未満	432,000
		7人以上	518,000
郡山市	第5区	1人	344,000
		2人以上7人未満	448,000
		7人以上	538,000
いわき市	第5区	1人	334,000
		2人以上7人未満	434,000
		7人以上	521,000
茨城県	第3区及び第4区	1人	425,000
		2人以上7人未満	552,000
		7人以上	662,000
	第5区及び第6区	1人	406,000
		2人以上7人未満	527,000
		7人以上	632,000
栃木県（宇都宮市を除く。）	第4区	1人	386,000
		2人以上7人未満	502,000
		7人以上	602,000
	第5区及び第6区	1人	374,000
		2人以上7人未満	486,000
		7人以上	583,000
宇都宮市	第3区	1人	446,000
		2人以上7人未満	580,000
		7人以上	696,000
群馬県	第3区	1人	409,000
		2人以上7人未満	532,000
		7人以上	638,000
	第5区及び第6区	1人	366,000
		2人以上7人未満	476,000
		7人以上	571,000

資料等　政令に基づく居住地域区分・各費用額の早見表　317

居住する建物の所在する地域	居住する建物の所在する居住地域の区分	居住人数（再生債務者及び被扶養者）	住居費の額
埼玉県	第1区から第3区まで	1人	568,000
		2人以上7人未満	738,000
		7人以上	886,000
	第5区及び第6区	1人	493,000
		2人以上7人未満	641,000
		7人以上	769,000
千葉県	第2区及び第3区まで	1人	552,000
		2人以上7人未満	718,000
		7人以上	862,000
	第5区及び第6区	1人	446,000
		2人以上7人未満	581,000
		7人以上	697,000
東京都	第1区から第3区まで	1人	642,000
		2人以上7人未満	835,000
		7人以上	1,002,000
	第5区	1人	468,000
		2人以上7人未満	608,000
		7人以上	730,000
神奈川県（横浜市及び川崎市を除く。）	第1区から第3区まで	1人	550,000
		2人以上7人未満	714,000
		7人以上	857,000
	第5区	1人	517,000
		2人以上7人未満	672,000
		7人以上	806,000
横浜市及び川崎市	第1区	1人	642,000
		2人以上7人未満	835,000
		7人以上	1,002,000
新潟県（新潟市を除く。）	第4区	1人	382,000
		2人以上7人未満	497,000
		7人以上	596,000
	第5区及び第6区	1人	332,000
		2人以上7人未満	432,000
		7人以上	518,000
新潟市	第3区	1人	419,000
		2人以上7人未満	545,000
		7人以上	654,000
富山県	第3区	1人	370,000
		2人以上7人未満	480,000
		7人以上	576,000

居住する建物の所在する地域	居住する建物の所在する居住地域の区分	居住人数（再生債務者及び被扶養者）	住居費の額
富山県	第5区及び第6区	1人	256,000
		2人以上7人未満	332,000
		7人以上	398,000
石川県（金沢市を除く。）	第4区	1人	397,000
		2人以上7人未満	516,000
		7人以上	619,000
	第5区及び第6区	1人	368,000
		2人以上7人未満	479,000
		7人以上	575,000
金沢市	第3区	1人	406,000
		2人以上7人未満	528,000
		7人以上	634,000
福井県	第3区	1人	386,000
		2人以上7人未満	502,000
		7人以上	602,000
	第5区及び第6区	1人	286,000
		2人以上7人未満	371,000
		7人以上	445,000
山梨県	第3区	1人	324,000
		2人以上7人未満	421,000
		7人以上	505,000
	第5区及び第6区	1人	310,000
		2人以上7人未満	402,000
		7人以上	482,000
長野県	第3区及び第4区	1人	451,000
		2人以上7人未満	587,000
		7人以上	704,000
	第5区及び第6区	1人	370,000
		2人以上7人未満	480,000
		7人以上	576,000
岐阜県	第3区及び第4区	1人	382,000
		2人以上7人未満	496,000
		7人以上	595,000
	第5区及び第6区	1人	329,000
		2人以上7人未満	427,000
		7人以上	512,000
静岡県（静岡市及び浜松市を除く。）	第3区及び第4区	1人	422,000
		2人以上7人未満	550,000
		7人以上	660,000

資料等　政令に基づく居住地域区分・各費用額の早見表　319

居住する建物の所在する地域	居住する建物の所在する居住地域の区分	居住人数（再生債務者及び被扶養者）	住居費の額
静岡県（静岡市及び浜松市を除く。）	第5区及び第6区	1　人	403,000
		2人以上7人未満	524,000
		7人以上	629,000
静　岡　市	第　3　区	1　人	452,000
		2人以上7人未満	588,000
		7人以上	706,000
浜　松　市	第　3　区	1　人	432,000
		2人以上7人未満	562,000
		7人以上	674,000
愛　知　県（名古屋市及び豊田市を除く。）	第3区及び第4区	1　人	419,000
		2人以上7人未満	545,000
		7人以上	654,000
	第5区及び第6区	1　人	401,000
		2人以上7人未満	521,000
		7人以上	625,000
名　古　屋　市	第　1　区	1　人	430,000
		2人以上7人未満	559,000
		7人以上	671,000
豊　田　市	第　3　区	1　人	418,000
		2人以上7人未満	542,000
		7人以上	650,000
三　重　県	第3区及び第4区	1　人	388,000
		2人以上7人未満	504,000
		7人以上	605,000
	第5区及び第6区	1　人	367,000
		2人以上7人未満	478,000
		7人以上	574,000
滋　賀　県	第2区及び第3区	1　人	500,000
		2人以上7人未満	650,000
		7人以上	780,000
	第5区及び第6区	1　人	446,000
		2人以上7人未満	580,000
		7人以上	696,000
京　都　府（京都市を除く。）	第2区及び第3区	1　人	498,000
		2人以上7人未満	648,000
		7人以上	778,000
	第5区及び第6区	1　人	442,000
		2人以上7人未満	574,000
		7人以上	689,000

居住する建物の所在する地域	居住する建物の所在する居住地域の区分	居住人数（再生債務者及び被扶養者）	住居費の額
京都市	第1区	1人	502,000
		2人以上7人未満	653,000
		7人以上	784,000
大阪府	第1区から第3区まで	1人	502,000
		2人以上7人未満	653,000
		7人以上	784,000
	第5区	1人	370,000
		2人以上7人未満	480,000
		7人以上	576,000
兵庫県	第1区第2区及び第4区	1人	502,000
		2人以上7人未満	653,000
		7人以上	784,000
	第5区及び第6区	1人	370,000
		2人以上7人未満	480,000
		7人以上	576,000
奈良県	第3区及び第4区	1人	498,000
		2人以上7人未満	648,000
		7人以上	778,000
	第5区及び第6区	1人	418,000
		2人以上7人未満	542,000
		7人以上	650,000
和歌山県（和歌山市を除く。）	第5区及び第6区	1人	343,000
		2人以上7人未満	446,000
		7人以上	535,000
和歌山市	第3区	1人	418,000
		2人以上7人未満	544,000
		7人以上	653,000
鳥取県	第3区	1人	397,000
		2人以上7人未満	516,000
		7人以上	619,000
	第5区及び第6区	1人	374,000
		2人以上7人未満	486,000
		7人以上	583,000
島根県	第3区	1人	406,000
		2人以上7人未満	527,000
		7人以上	632,000
	第5区及び第6区	1人	330,000
		2人以上7人未満	430,000
		7人以上	516,000

資料等　政令に基づく居住地域区分・各費用額の早見表

居住する建物の所在する地域	居住する建物の所在する居住地域の区分	居住人数（再生債務者及び被扶養者）	住居費の額
岡山県（岡山市を除く。）	第2区及び第4区	1人	390,000
		2人以上7人未満	508,000
		7人以上	610,000
	第5区及び第6区	1人	334,000
		2人以上7人未満	434,000
		7人以上	521,000
岡山市	第2区	1人	422,000
		2人以上7人未満	550,000
		7人以上	660,000
広島県（広島市及び福山市を除く。）	第2区及び第4区	1人	385,000
		2人以上7人未満	500,000
		7人以上	600,000
	第5区及び第6区	1人	367,000
		2人以上7人未満	478,000
		7人以上	574,000
広島市	第2区	1人	484,000
		2人以上7人未満	629,000
		7人以上	755,000
福山市	第2区	1人	410,000
		2人以上7人未満	534,000
		7人以上	641,000
山口県	第3区及び第4区	1人	352,000
		2人以上7人未満	457,000
		7人以上	548,000
	第5区及び第6区	1人	323,000
		2人以上7人未満	420,000
		7人以上	504,000
徳島県	第3区	1人	346,000
		2人以上7人未満	450,000
		7人以上	540,000
	第5区及び第6区	1人	312,000
		2人以上7人未満	406,000
		7人以上	487,000
香川県（高松市を除く。）	第5区及び第6区	1人	365,000
		2人以上7人未満	474,000
		7人以上	569,000
高松市	第3区	1人	448,000
		2人以上7人未満	582,000
		7人以上	698,000

居住する建物の所在する地域	居住する建物の所在する居住地域の区分	居住人数（再生債務者及び被扶養者）	住居費の額
愛媛県	第3区	1人	365,000
		2人以上7人未満	474,000
		7人以上	569,000
	第5区及び第6区	1人	305,000
		2人以上7人未満	396,000
		7人以上	475,000
高知県（高知市を除く。）	第6区	1人	298,000
		2人以上7人未満	388,000
		7人以上	466,000
高知市	第3区	1人	376,000
		2人以上7人未満	488,000
		7人以上	586,000
福岡県（福岡市及び北九州市を除く。）	第3区及び第4区	1人	370,000
		2人以上7人未満	480,000
		7人以上	576,000
	第5区及び第6区	1人	310,000
		2人以上7人未満	403,000
		7人以上	484,000
北九州市	第2区	1人	371,000
		2人以上7人未満	482,000
		7人以上	578,000
福岡市	第2区	1人	426,000
		2人以上7人未満	553,000
		7人以上	664,000
佐賀県	第3区	1人	364,000
		2人以上7人未満	473,000
		7人以上	568,000
	第5区及び第6区	1人	332,000
		2人以上7人未満	432,000
		7人以上	518,000
長崎県（長崎市を除く。）	第4区	1人	347,000
		2人以上7人未満	451,000
		7人以上	541,000
	第5区及び第6区	1人	323,000
		2人以上7人未満	420,000
		7人以上	504,000
長崎市	第3区	1人	350,000
		2人以上7人未満	455,000
		7人以上	546,000

資料等　政令に基づく居住地域区分・各費用額の早見表

居住する建物の所在する地域	居住する建物の所在する居住地域の区分	居住人数（再生債務者及び被扶養者）	住居費の額
熊本県（熊本市を除く。）	第 4 区	1 人	362,000
		2人以上7人未満	470,000
		7人以上	564,000
	第 6 区	1 人	299,000
		2人以上7人未満	389,000
		7人以上	467,000
熊 本 市	第 3 区	1 人	371,000
		2人以上7人未満	482,000
		7人以上	578,000
大分県（大分市を除く。）	第 3 区	1 人	330,000
		2人以上7人未満	428,000
		7人以上	514,000
	第5区及び第6区	1 人	304,000
		2人以上7人未満	395,000
		7人以上	474,000
大 分 市	第 3 区	1 人	355,000
		2人以上7人未満	462,000
		7人以上	554,000
宮崎県（宮崎市を除く。）	第5区及び第6区	1 人	271,000
		2人以上7人未満	353,000
		7人以上	424,000
宮 崎 市	第 3 区	1 人	350,000
		2人以上7人未満	455,000
		7人以上	546,000
鹿児島県（鹿児島市を除く。）	第5区及び第6区	1 人	290,000
		2人以上7人未満	377,000
		7人以上	452,000
鹿 児 島 市	第 3 区	1 人	361,000
		2人以上7人未満	469,000
		7人以上	563,000
沖 縄 県	第 3 区	1 人	386,000
		2人以上7人未満	502,000
		7人以上	602,000
	第5区及び第6区	1 人	368,000
		2人以上7人未満	479,000
		7人以上	575,000

【表⑥　勤労必要経費一覧表】

勤労必要経費一覧表

(単位：円)

法241条2項7号イからハの規定により算出した収入の額	居住地域の区分		
	第1区及び第2区	第3区及び第4区	第5区及び第6区
200万円未満	490,000	476,000	455,000
200万円以上250万円未満	525,000	505,000	455,000
250万円以上	555,000	505,000	455,000

事項索引

事 項 索 引

注 頁中イタリック体（太字）は書式中の登載頁，明朝体は解説中の登載頁を示す。

あ

	ページ
アルバイト	30, 46, 194

い

異 議	
──の撤回	143, *170*, 237
──の撤回の通知	143
──の留保	35, 137, 208
異議申述	39, 142, *168*
──の日程	39(*18)
異議申述期間	25, 142
一般──	37, 109
特別──	12
異議通知書	*169*
異議の申述が行われた場合の手続の日程	39
意見聴取	40, *87*
意見聴取書	*88*, *126*
住宅資金貸付債権者に対する──	111(*13), *125*
一般優先債権	281
依頼文書（決議への賛同）	144(*2)

え

Aモデル（給与所得者等再生・住宅資金特別条項なし）	25

お

大阪弁護士会総合法律相談センター	26
親子ローン	258
恩　給	46, 194

か

外国人（申立て）	48
開始決定	36, *83*, 108, 140, *166*
──と強制執行	193
開始決定についての債権者宛通知書	*84* *167*
会社からの借入金	215
開始要件	9, 245
各回の弁済額の算出	240
確定証明書	302
確定証明申請書	*301*
家計収支表	*73*, 163
家計簿	49, 134
可決の要件	146
可処分所得額	
──がゼロの場合の履行の可能性	199
──と通勤手当，養育費	35(*9), 198
──の算出	35(*9), 41(*21), 197
可処分所得額算出シート	*74*, *119*
──記載要領	75
──作成ソフトについて	96(*5)
仮差押え	
──の登記抹消	265
給与の──	193
不動産の──	265
仮登記	95
官報公告（送達に代わる）	42
──の即時抗告期間	42
元本猶予期間併用型	99, 102

き

議決権の額（別除権者）	138
期限の利益回復型	98, 100
基準債権額	19
季節労働者	46
給与天引き	216

給与の仮差押え 193
給与所得者等再生
　——が認められない場合の手続に
　　ついての申述 36
　——給与又はこれに類する定期的
　　な収入を得る見込み 194
　——その額の変動幅が小さいと見
　　込まれるもの 194
　——と同居親族の収入 200
　——と一人会社の代表取締役 196
　——の利用要件 27, 44
共益債権 172, 222, 282
　——等・特殊な支払方法 296
　——と養育費 220
　——とリース料債権 231
強制執行等の中止・取消・失効 193
共同抵当 203
競売中止命令 262
競売費用 263
居住地域の区分 303
金融機関との事前協議 188
勤労必要経費一覧表 324
勤労必要経費の額 198

け

計画弁済総額 41
形式的平等原則 243
契約者貸付 187
兼業農家 30
検　算 238

こ

後順位担保権者 95
個人再生委員の選任 232
個人再生事件の申立状況 16
個人再生手続に関する改正点 3
個人再生申立の準備 185
個人債務者再生の個別チェックリス
　ト 45

個人別生活費一覧表 313
個人別生活費の額 75, 197
5,000万円要件 3, 20, 223, 252
雇用関係に基づいて生じた使用人の
　請求権 189

さ

債権者宛通知書（開始決定について
　の） 84, 167
債権者一覧表 69, 117, 159
　——作成上の留意点 207
　——住宅資金特別条項を定めない
　　場合 210, 252
　——住宅資金特別条項を定める場
　　合 104, 117, 209
　——将来の求償権 208
　——知れたる債権者を記載しない
　　場合には 212
　——の記載の訂正（不可） 208
　——法，規則の説明 34
　——巻戻しの場合 210
債権者からの少額支払残額免除の申
　出 247
債権者の一般の利益に反する 20, 217
　　246
債権調査
　——住宅資金貸付債権についての 110
債権調査手続に関する運用 11
債権届出
　——みなし届出の届出日 11, 39
　——要約書面の提出 39
債権届出期間 11, 37
　——規則 37
債権明細調査票 57, 185
財産分与 256
財産目録 38, 71, 161, 141
再生計画
　——に従った弁済方法 42
　——の履行 42, 112, 147
　——の立案 50

再生計画案	
——Aモデル計画案（少額債権の定め，一般優先債権がある場合）	*85*
——Bモデル計画案（同意型住宅資金特別条項）	*120*
——Cモデル計画案（適確条項，弁済協定がある場合）	*171*
——作成上の留意点	236
——住特（199条1項約定弁済型）の書式	*127*
——少額債権の定め	244
——と同時提出書類	278
——の可決	146
——の簡易説明書	278
——の決議	146
——の修正	40, 143
——の提出及び審査	12
——の提出期限	12, 40, 236
——の提出期限の伸長	12, 40, 143
——の認可要件	41
——の付議決定	146
全額弁済の——	245
再生計画案提出期間の末日	37
再生計画による弁済計画表	38, *86*, *124*, *173*, 294
——総合例4	298
再生計画認可決定	42, *89*
——住宅資金特別条項を定めた場合の効力	112(*14)
——その後の弁護士のサポート	50
——確定の日の確認	42
再生計画変更	
——案の作成方法	267, *271*
——の要件	266
再生債権	216, 218, 220, 222, 230
再生債権額が確定していない再生債権に対する措置（適確条項）	*172*, 284
再生債権の確定	145
再生債権の弁済禁止	136
再生債務者居住建物	76

再生変更計画による弁済計画表	*272*
再生変更計画による弁済充当表	*273*
最低弁済額	19, 238
再リース契約	135
更地価格	205
サラリーマン	46
残債推計表	33, *53*, *54*, *55*, *56*

し

Cモデル（小規模個人再生・適格条項・弁済協定）	132
敷金の充当	219
事業収支実績表	*164*
事業に関する報告書	*165*
自己の居住の用に供する	94, 250
自己破産	43
事前求償権	234
事前協議	
住宅資金貸付銀行との——	107, 109, 188
失　権	213
自動車税	*85*
借地権価格・割合	205
住居費一覧表	315
住居費の額	198
住　宅	94, 255
——について	250
——の共有	94, 256
住宅資金貸付銀行	
——との事前協議	107, 109, 188
住宅資金貸付債権	255
——についての債権調査・確定手続	110
——の債権譲渡の場合の記載例	285(*3)
——の定義	94, 255
——の弁済許可	109(*10), 249
——を有する債権者等に対する意見聴取	111
住宅資金特別条項	284
——が利用できない場合	95

——が利用できるか	15, 48, 94	小規模個人再生の利用者の職業	46
——元本猶予期間併用型（図解）	102	小規模個人再生の利用の可否	196
——期限の利益回復型（図解）	100	消極的同意	146
——その必要書面	107(*9)	将来において継続的に又は反復して収入を得る見込み	9, 194
——と競売費用	263	将来の求償権	208
——と銀行との事前協議	107, 109	職　業	46
——と認可	103	書面による審尋	8
——と保証人等への通知	112	知れたる債権者を債権者一覧表に記載しない場合の取扱い	212
——と連帯債務者（203条1項後段）	261		
——に関する問題点と運用	15	**せ**	
——の記載方法	110(*12)		
——の制度とは	93	清算価値	47, 186
——の対象債権者に対する意見聴取書	**125**	清算価値保障原則	20, 41, 191, 217, 246
——の同意書面	249, 286	生命保険の外交員	30
——の4類型	98	世帯別生活費一覧表	313
——巻戻し（204条1項）	262	全額弁済の再生計画案	245
——リスケジュール型（図解）	101	専業主婦	194
——を定めた再生計画案の提出	110		
——を定めた再生計画の認可決定	112(*14)	**そ**	
——を定めた場合に提出すべき書面	105	相　殺	215
——を定めない場合の債権者一覧表の記載について	253	相殺予約	216
——を定めない場合の留意点	252	租税等の請求権	189
——を定める場合の債権者一覧表の記載について	101(*6)	**た**	
——を定める場合の留意点	249	代位弁済	94(*1), 210, 254
住宅の処分と——	255	第三者弁済	219
ペアローンと——	258	退職金と財産目録	217
連帯債務型の住宅ローンと——	260	滞納公租公課の弁済交渉	187
収入額の変動の幅が小さい見込み	30, 194	滞納家賃の取扱い	218
趣旨変更の申立書	**300**	代表取締役　一人会社の——	196
受任時チェックリスト	28, 43	タクシー運転手	30
受任通知	28, **51**, 96	担保権	95(*4)
少額債権	243, 281	担保不足見込額	138, 210, 230
小規模個人再生	43		
——の利用要件	135		

事 項 索 引　　　　　　　　　　　331

ち

チェックリスト	77
中止命令	263
直接受任	28
賃金全額払の原則	215
賃金全額払の原則と相殺・控除	215
陳述書	*59*, *113*, *149*

つ

通勤手当の控除	198
積立状況等報告書	14, *299*
積立専用通帳	185

て

DIP型	8, 9
定期収入の要件	30
提出期限	
再生計画案の――	40
抵当権目録（求償権担保型）	*123*, *289*
抵当権目録（直接貸付型）	*130*, *131*, *290*
適確条項（160条）	253, 283, 297
撤回（異議の撤回）	143, 144
手続の日程	37
手続内確定	190, 208
手続の廃止	12, 40
添付書類一覧表	*58*
店舗兼居宅	250

と

同意型	99
同意型住宅資金特別条項	*120*
同意書面	249, 286
冬季特別生活費一覧表	314
冬季特別生活費の額	198
同居	
――可処分所得算出シートの記載	75
――の親族に収入がある場合	200

特定調停	43
特別異議申述期間	11
届出の追完	11, 213

に

二世帯住宅	250
日計表	49
日　程	
民事再生規則による手続の――	37(*13)
任意整理	43
認可決定	147
認可決定確定	
――後の仮差押えの登記の抹消	265
――の日の確認	42
認可要件	41, 103, 146

ね

年　金	46, 194
年収に5分の1以上の変動	30
年俸制の者	30
年　齢	
――可処分所得算出シートでの基準時	75

の

農業従事者	46

は

廃　止	
手続の――	12
破産免責	47
端数調整	145, 240, 280(*5)
パート	46, 194, 30(*2)

ひ

Bモデル（給与所得者等再生，住特あり）	90

否認対象行為　　　　　　　　187, 191
被扶養者　　　　　　　　　　 75, 201
非免責債権　　　　　　　　　 3, 189
評価の申立て　　　　　　　　143, 232

ふ

歩合給　　　　　　　　　　　 30, 46
ファイナンス・リース　　　　138, 230
付議決定
　　再生計画案の――　　　　　　146
負債総額　　　　　　　　　 9, 19, 45
物件目録（一戸建て）　　　　*129, 288*
物件目録（マンション）　　　*122, 287*
不動産
　　――の仮差押え　　　　　　　265
　　――の財産価値　　　　　 203, 205
不当な目的での申立て　　　　　　191
不認可事由　　　　　　　 13, 146, 217
フルペイアウト方式　　　　　　　230

へ

ペアローン
　　――と住宅資金特別条項　　　258
別除権付再生債権　　　　138, 224, 230
　　――債権者一覧表及び財産目録の
　　　記載方法　　　　　　 *159*, 229
　　――自動車の対抗要件　　　　229
　　――将来の求償権者が担保権を設
　　　定している場合の取扱い　　227
　　――所有権留保の扱い　　　　228
　　――担保不足見込額の算定方法と
　　　算出上の留意点　　　　　　225
　　――に関する再生計画の条項（適
　　　確条項）　　　　　　　145, 226
　　――の概要　　　　　　　　　224
　　――の弁済方法と留意点　145, 148, 226
　　――の目的物の受戻し　　　　228
　　――リース料債権　　　　　　138

別除権の行使により弁済が見込まれ
　　る額　　　　　　　　　 210, 230
別除権の目的　　　　　　　　　　230
弁護士
　　――による申立代理　　　　32(*5)
　　――等のサポート　　　　　　 50
弁済額
　　――の検討　　　　　　　　　105
　　各回の――　　　　　　　　　240
弁済期間延長型　　　　　　　　　188
弁済期間延長（リスケジュール）型　98
　　　　　　　　　　　　　　　　101
弁済協定　　　　　135, *172*, 219, 231, 282
　　　　　　　　　　　　　　 283(*5)
弁済協定の上申書（必要性）　　　231
弁済許可の申立て　　　　109, *116*, 188
弁済禁止効　　　　　　136, 216, 230, 247
弁済計画表　　　　　　　　　　　 38
弁済原資　　　　　　　　　　　　186
　　必要となる――の水準　　　31(*4)
弁済総額　　　　　　　　　　　　238
弁済率　　　　　　　　　　 238, 240
偏頗弁済　　　　　　　　　　　　191

ほ

法律相談　　　　　　　　　　　　 26
保証会社
　　――と異議留保　　　　　　　137
　　――への通知（再生債務者からの）
　　　　　　　　　　　　　　112(*15)
保証債務の評価　　　　　　　　　234

ま

毎月の返済可能額　　　　　　　　 46
巻戻し　　　　　　　　　　　94, 262
巻戻しを伴う場合の協議　　　　　264

み

みなし届出　　　　　　　　　 11, 34

む

無職（専業主婦参照） 195
無届債権 212

め

免除率 237, 238, 279(*3)

も

申立書・陳述書 **59**, **149**
申立書を提出する前のお願い **277**
申立代理 32
申立てチェックリスト **77**
申立ての準備 185
申立ての要件（法21条） 245

や

家賃収入 194

ゆ

床面積の2分の1以上 95, 251
床面積を明らかにする書面 251

よ

養育費
　——と可処分所得の個人別生活費 198
　——の取扱い 220
養育費請求権 221
予納金の納付 36(*12)
　本人申立ての場合の—— 36(*11)

り

利益回復型
　期限の—— 98, 100

履行

再生計画の—— 42, 112, 147
履行可能性 253
　可処分所得がゼロの場合の—— 199
　同居の親族に収入がある場合の
　　—— 200
リスケジュール型図解 101
リース物件 135, 139(*11), 230
リース料債権 138

れ

劣後的な取扱い 146, 213
連帯債務型の住宅ローンと住宅資金
　特別条項 260
連帯保証人 48

改正法対応　事例解説　個人再生
～大阪再生物語～

| 不許複製 | 平成18年2月2日　第一刷発行
平成27年4月8日　第三刷発行 |

編集　　大阪地方裁判所・大阪弁護士会
　　　　個人再生手続運用研究会
発行者　新日本法規出版株式会社
　　　　代表者　服部　昭三

発行所　**新日本法規出版株式会社**
本社　　　（460-8455）名古屋市中区栄1―23―20
総轄本部　　　　　　電話　代表　052(211)1525
東京本社　（162-8407）東京都新宿区市谷砂土原町2―6
　　　　　　　　　　電話　代表　03(3269)2220
支社　　札幌・仙台・東京・関東・名古屋・大阪・広島
　　　　高松・福岡
ホームページ　http://www.sn-hoki.co.jp/

50563　改正個人再生　　※落丁・乱丁本はお取替えします。※
Ⓒｺﾋﾟｰﾗｲﾄ2006　Printed in Japan
ISBN978-4-7882-0867-4